国家社会科学基金青年项目（项目编号12CZX061）

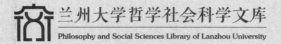

兰州大学哲学社会科学文库

Philosophy and Social Sciences Library of Lanzhou University

道德相对主义的挑战与克服

张言亮 著

兰州大学出版社

LANZHOU UNIVERSITY PRESS

图书在版编目(CIP)数据

道德相对主义的挑战与克服 / 张言亮著. -- 兰州 ：
兰州大学出版社，2024. 10. -- ISBN 978-7-311-06746
-5

Ⅰ．B82

中国国家版本馆CIP数据核字第2024VF8751号

责任编辑　马继萌　宋　婷
封面设计　张友乾

书　　名　道德相对主义的挑战与克服
　　　　　DAODE XIANGDUI ZHUYI DE TIAOZHAN YU KEFU
作　　者　张言亮　著
出版发行　兰州大学出版社　（地址:兰州市天水南路222号　730000）
电　　话　0931-8912613(总编办公室)　0931-8617156(营销中心)
网　　址　http://press.lzu.edu.cn
电子信箱　press@lzu.edu.cn
印　　刷　兰州人民印刷厂
开　　本　710 mm×1020 mm　1/16
成品尺寸　165 mm×238 mm
印　　张　15.5
字　　数　227千
版　　次　2024年10月第1版
印　　次　2024年10月第1次印刷
书　　号　ISBN 978-7-311-06746-5
定　　价　82.00元

出版说明

党的二十大报告提出的"加快构建中国特色哲学社会科学学科体系、学术体系、话语体系，培育壮大哲学社会科学人才队伍"的重要精神，为我国高校哲学社会科学事业发展提供了根本遵循，为高校育人育才提供了重要指引。高校作为哲学社会科学"五路大军"中的重要力量，承载着立德树人、培根铸魂的职责。高校哲学社会科学要践行育人使命，培养堪当民族复兴任的时代新人；要承担时代责任，回答中国之问、世界之问、人民之问、时代之问。

作为教育部直属的"双一流"建设高校，兰州大学勇担时代重任，秉承"为天地立心，为生民立命，为往圣继绝学，为万世开太平"的志向和传统，为了在兰州大学营造浓厚的"兴文"学术氛围，从而为"新文科"建设和"双一流"建设助力，启动了开放性的文化建设项目"兰州大学哲学社会科学文库"（简称"文库"）。"文库"以打造兰州大学高端学术品牌、反映兰州大学哲学社会科学研究前沿、体现兰州大学相关学科领域学术实力、传承兰州大学优良学术传统为目标，以集中推出反映新时代中国特色社会主义理论和实践创新成果、发挥兰州大学哲学社会科学优秀成果和优秀人才的示范引领作用为关键，以推进学科体系、学术体系、话语体系建设和创新为主旨，以鼓励兰大学者创作出反映哲学社会科学研究前沿水平的高质量创新成果为导向，兰州大学组织哲学社会科学各学科领域专家评审后，先后遴选出政治方向正确、学术价值厚重、聚焦学科前沿的思想性、科学性、原创性强的学术成果结集为"兰州大学哲学社会科学文库"分辑出版,第一辑共10种,第二辑共7种。

"士不可以不弘毅,任重而道远。"兰州大学出版社以弘扬学术风范为己任,肩负文化强国建设的光荣使命,按照"统一设计、统一标识、统一版式、形成系列"的总体要求,以极其严谨细致的态度,力图为读者奉献出系列学术价值厚重、学科特色突出、研究水平领先的精品学术著作,进而展示兰大学人严谨求实、守正创新的治学态度和"自强不息、独树一帜"的精神风貌,使之成为具有中国特色、兰大风格、兰大气派的哲学社会科学学术高地和思想交流平台,为兰州大学"新文科"建设和"双一流"建设,繁荣我国哲学社会科学建设和人才培养贡献出版力量。

兰州大学出版社

二○二四年十月

目　录

第 一 章

绪论：
道德相对主义之
隐忧

我们生活在一个百年未有之大变局的时代。在我们所生活的这个时代，道德相对主义对我们的道德生活构成了严峻的挑战。在这一章中，笔者论述了道德相对主义对我们这个时代的影响，梳理了中西方思想史上关于道德相对主义的研究状况，介绍了本书的主要思路、主要内容和主要研究方法。

第一节　道德相对主义
与我们的时代

在一百五十多年前，英国著名的批判现实主义小说家查尔斯·狄更斯在《双城记》的开篇写道："那是最好的年月，那是最坏的年月，那是智慧的时代，那是愚蠢的时代，那是信仰的新纪元，那是怀疑的新纪元，那是光明的季节，那是黑暗的季节，那是希望的春天，那是绝望的冬天，我们将拥有一切，我们将一无所有，我们直接上天堂，我们直接下地狱。"①在

---

① 查尔斯·狄更斯：《双城记》，石永礼、赵文娟译，人民文学出版社，2004，第1页。

这段话当中，充满矛盾、相互对立的内容融合在一起，社会的繁荣与危机跃然纸上。虽然这段话的写作发生在一百五十多年前，但是，用这句话来描述我们今天生活的时代仍然合适。

在当今这个时代，人类以加速度的方式发展着科学和技术。今天，我们借助于最新的科学技术方面的成就，不仅可以把人类送上太空，而且也可以把人类送到海洋的深处。随着生物技术和基因技术的发展，我们甚至可以扮演造物主的角色，按照人类的意志来创造出新的物种。但是，在科学技术突飞猛进的同时，人类生活的地球也变得千疮百孔，清洁的空气和水越来越少，甚至在有些大城市，自由地呼吸都成了一件非常奢侈的事情。不仅人与自然之间的关系变得越来越紧张，人与人之间的关系也变得越来越紧张。科技的发展让人类毁灭成为可能。随着科学技术的发展，人类目前已经掌握很多种毁灭自身的方式，例如，人类所拥有的核武器足以让人类毁灭。科学技术的发展让人类的灭亡不再是科幻小说的题材。科学技术的不断发展，也对人类的道德伦理关系产生了深远的影响。因为我们对于科学技术的过分看重和强调，所以直到今天还有很多人并没有意识到科学技术发展可能给人类带来的道德困境和道德难题，比如计算机网络技术的发展所带来的人对计算机网络技术的依赖和沉迷问题，生物技术发展所带来的克隆人问题，基因技术发展所带来的转基因食品安全等道德难题。这些道德难题成为当代伦理学反思的热点话题。

在一些科学至善主义者的眼中，科学技术是推动社会发展的根本力量，而伦理道德不过是为科学技术发展服务的。有些科学家提出"科学是脚，道德是鞋"这样的观点，认为伦理道德是一种需要随着科学发展不断得以调整的学科，没有自己的独立性，甚至有些时候还会阻碍科学技术的发展。当然，更多的科学家已经意识到科学技术发展给人类在伦理道德方面所带来的挑战，认识到"科学技术是一把双刃剑"，科学技术在一定程度上需要受到伦理道德的约束。科学技术的发展也在不断塑造人类新的行为方式。举个简单的例子，随着通信技术的发展，人类已经越来越离不开智能手机，甚至有些人成为手机的

"奴隶"。人们的社会交往模式和生活的中心已经无法摆脱智能手机的束缚，甚至有一些人完全沉迷于智能手机所带来的虚拟生活。很多人都在感慨，现在智能手机正在成为破坏家庭和谐的"杀手"。不管怎么说，科技在不断发展壮大的同时，也让人越来越迷茫，不知道人类社会发展的方向究竟应该走向何方。

查尔斯·狄更斯的名言描述了工业化给当时人们生活带来的欣喜、冲击、挑战和忧虑。我们今天所生活的时代也仍然处于社会剧烈的变革之中。现代化、全球化和科学技术发展以及社会政治制度变迁所带来的多重压力，在给我们这个古老的民族带来生机与活力的同时，也给我们带来了各种各样想象不到的挑战和忧虑。

在中国人当下的生活中，我们感受最为明显的是时代的不断变迁，每个人都担心被时代的潮流所吞没，因此不断学习和创新。在这样一种变迁的潮流之中，我们今天所生活的年代充满了各种风险和挑战，充满了各种不确定性，而最让人充满不确定性的恰恰是道德规范。随着时代的变迁，一些过去被认为是错误的行为方式，现在变成正确的了，一些过去被认为是正确的行为方式，现在反而变得不合时宜。很多人在变迁的潮流中失去了自己判断正确与错误的标准，觉得在道德上无所谓正确与错误，道德不过是立场问题和选择问题。

当然，这样的想法并不是今天才有，在整个20世纪思想发展的历程中，我们可以从很多思想家那里找到类似的表达。法国著名哲学家保罗·萨特所发展的存在主义就是一个典型的案例。萨特在1946年出版的《存在主义是一种人道主义》一书中曾经提到过一个非常有名的案例：在第二次世界大战期间，有一个法国的青年面临两个选择：参加军队来报效祖国和留在母亲身边照顾母亲。他不知道到底该如何去选择，为此去请教萨特。对于这个青年的问题，萨特给出的答案是："你是自由的，所以你选择吧——这就是说，去发明吧。没有任何普遍的道德原则能指点你应当怎样做：世界上没有任何的天降标志。"①萨特这样说的意思是，不管选择做什么，首要的是选择本身，每一种选择都是可能的，每一种选择都无法在道德上进行评价，但是，选择本身决定了我们的道德。也就是说，不是道德推理构成选择的前提，而是选择构成了道德推理的前提。我们每一个选择本身都意味着我们选择了某种关于道德的理解。萨特还说道："而当人一旦看出价值是靠他自己决定的，他在这种无依无靠的情况下就只能决定一件事情，即把自由作为一切价值的基础。"②从中，我们可以看出，萨特认为价值完全是由个人所决定的，虽然萨特和康德一样，将自由理解为道德的基础，但是萨特在这里所说的自由主要指的是人的主观性，人的主观的选择，这样一种自由完全不同于康德所理解的"自由"。萨特的这样一种存在主义所理解的道德判断在今天仍然有着广泛的市场。

然而，萨特并不会认为这是一种道德上无能的体现，恰恰相反，他会认为他所提出的存在主义开创了一种新的道德哲学。这样一种道德哲学也能够给人们以指导，告诉人们到底该如何去把自己的生活过好。但是，当我们把道德判断的基础诉诸个人选择的时候，实际上恰恰意味着道德哲学的失败。当代美国著名伦理学家麦金太尔教授在《追寻美德：伦理理论研究》一书中曾经详细探讨过这个问题，即把个人选择当作道德判断基础的这样一种做法。只是麦金太尔所批评的对象主要是丹麦哲学家克尔凯郭尔，而非萨特。作为存在主义之父，克尔凯郭尔同样将选择作为道德原则的基础，从这一点上来说，萨特和克尔凯郭尔是一脉相承的。麦金太尔在《追寻美德：伦理理论研究》一书中指出："《非此即彼》的学说却明显意味着，描绘伦理生活方式的那些原则之被采纳是不因任何理由的，而是出于一个超理由的选择，只因为我们把这个选择当成是一个理由。"③麦金太尔教授认为，现在

① 让-保罗·萨特：《存在主义是一种人道主义》，周煦良、汤永宽译，上海译文出版社，1988，第15页。

② 让-保罗·萨特：《存在主义是一种人道主义》，周煦良、汤永宽译，上海译文出版社，1988，第27页。

③ 阿拉斯戴尔·麦金太尔：《追寻美德：伦理理论研究》，宋继杰译，译林出版社，2003，第54页。

我们文化中所面临的诸多道德困境根源于启蒙时代对道德合理性论证的失败。克尔凯郭尔的《非此即彼》一书，即是启蒙运动对道德合理性进行论证所做系统努力的结果，也是其失败的墓志铭。麦金太尔在《追寻美德：伦理理论研究》一书的开篇，以一个令人忧虑的联想开始，揭开了现代社会道德无序的面纱。麦金太尔指出："当代道德话语最显著的特征乃是它如此多地被用于表达分歧；而这些分歧在其中得以表达之各种争论的最显著的特征则在于其无休无止性。"①按照麦金太尔的这一说法，现代社会的道德话语无疑已经充满了分裂和矛盾。麦金太尔在《追寻美德：伦理理论研究》的第二章中用三个在当今公共讨论中经常会遇到的在道德上具有争议的例子来告诉我们：在现代社会，我们已经很难在道德上达成某种共识。道德上的推理和论证变得贫乏而无力。当然，麦金太尔所说的道德话语的无序状况也同样适应于今天中国人所面临的道德现状。今天的中国人在很多道德问题上也很难达成共识，甚至很多人已经不知道"道德"这个术语到底意味着什么，我们这个时代的道德风气究竟是好还是不好。

在我们今天所生活的这个时代，不论是在西方的语境中，还是在

---

① 阿拉斯戴尔·麦金太尔：《追寻美德：伦理理论研究》，宋继杰译，译林出版社，2003，第7页。

中文的语境中，确实都很难否认这一点，即道德相对主义^①这样一种理念已经在现代社会中获得了一部分人的认同。为了了解中国社会思潮的变化情况，人民论坛问卷调查中心从2010年开始，每年都会通过调查问卷的形式来对社会思潮进行评选和调查，道德相对主义经常出现在中国当今社会的十大思潮之列[②]。在现代人的生活中，有一部分人不认为自己能够对他人的行为做出正确或错误的判断，认为正确与错误只不过是不同角度的理解和不同的立场而已。我们在日常生活中经常会听到这样的说法："这是我的做事方式，那是你的做事方式，我就这么做，你能把我怎么样？请你不要用你的方式来干涉我，我也不会用

　①　"道德相对主义"这个术语经常会出现在学者的口中，也经常会出现在大众媒体的宣传中，但是，很多人在使用这个术语的时候并没有给出清晰的界定，甚至很多普通人是在积极肯定的意义上来使用这个术语的。如果不对这个术语进行特殊的区分和强调，这个术语在很多场合可以和"伦理相对主义"这个术语替换使用。在朱贻庭教授所主编的《伦理学大辞典》的第8页，编者对"伦理相对主义"进行了详细的解释，在提到"道德相对主义"这一词条时建议参照"伦理相对主义"这一词条的解释。如果不进行特别的区分和强调，"伦理"和"道德"这两个术语在大多数语境之下都可以通用。当然，在整个道德哲学发展的历史进程中，有些学者出于某些特殊的目的对这两个术语进行了一些区分。对于大多数人来说，"伦理"这个词的适用范围比"道德"这个词的适用范围要更大一些。"moral"（对应的中文是道德）一词拉丁文词源是"mores"，这个词原本的意思是风俗、习惯等。"ethics"（对应的中文是伦理）一词拉丁语的词源是"ethos"，本意也跟风俗、习惯等有关。在大多数情况下，西方学者和中国学者并不会对这两个词进行明确区分，一般都可以互相替换使用。当然，也有一些学者会强调这两个词之间的区别，比如德国哲学家黑格尔、哈贝马斯等，当代美国哲学家伯纳德·威廉姆斯等。在国内，樊浩教授特别强调这两者之间的区分。笔者关于这两个词的词源考证参考了万俊人教授在一篇文章中提到的一些常识，具体参见万俊人：《儒家美德伦理及其与麦金太尔之亚里士多德主义的视差》，《中国学术》第二辑，商务印书馆，2001，第47页。笔者将在本书第二章中详细阐释什么是"道德相对主义"，为后面关于道德相对主义这一问题的讨论划定明确的界线。

　②　在2010年的调查中，道德相对主义位列十大思潮第五位。详细内容参见《人民论坛》，2011年1月（上）。2011年，道德相对主义位列十大思潮第四位。详细内容参见《人民论坛》，2012年1月（下）。2015年，道德相对主义位列十大思潮第十位。详细内容参见新华网的介绍。具体网址如下：http://www.xinhuanet.com/politics/2016-01/20/c_128648145.htm

我的方式来干涉你。"这样的言论很容易在社会生活的各个不同的场景中被听到。当然，更极端的做法是，将行为的对错跟"拳头"联系在一起，谁的"拳头"硬，谁就有道理。这很容易让我们想起柏拉图在《理想国》第一卷中出现的色拉叙马霍斯的观点。色拉叙马霍斯将"正义"界定为"强者的利益"[①]。色拉叙马霍斯在其他人的追问下对这一观点进一步解释道："每一种形式的政府都会按照统治者的利益来制定法律，民主政府制定民主的法律，独裁政府制定独裁的法律，其他也一样。他们通过立法对统治者宣布，正义就是对统治者有益，违反这条法律就是犯罪，就要受惩罚。"[②]简单来说，色拉叙马霍斯的观点即"强权就是真理"。虽然柏拉图所生活的时代离我们现在已经非常遥远，但是，色拉叙马霍斯的思想在今天仍然有着广泛的市场。

正如麦金太尔在《追寻美德：伦理理论研究》一书的开头部分对现代社会的道德话语和道德判断所批评的那样，我们在进行道德判断的时候也能够找到一些理论上的根据，只是，这些理论背后的形而上学假设并不相同，这些理论本身的核心概念也不相同。这样一来，当这些不同的道德理论在解释同样的行为的时候，往往会产生不一致甚至冲突，我们很难找到可靠的标准来衡量到底哪一种理论是正确的。这样产生的结果是，人们很难在道德推理和道德论证中获得客观一致的结果。就这样，道德相对主义对当今的伦理学界构成了非常严峻的挑战。在《追寻美德：伦理理论研究》一书中，麦金太尔教授曾经对当今社会道德的碎片化和相对化进行过严厉的批评。在他看来，"启蒙筹划"给道德哲学所提供的各种理论基础并不可靠。在道德哲学史的

---

① 柏拉图：《国家篇》，载柏拉图《柏拉图全集》（第二卷），王晓朝译，人民出版社，2003，第289页。王晓朝在其翻译的柏拉图著作中将"色拉叙马霍斯"翻译为"赛拉西马柯"。

② 柏拉图：《国家篇》，载柏拉图《柏拉图全集》（第二卷），王晓朝译，人民出版社，2003，第290页。

发展过程中有很多探讨道德相对主义的思想资源①，但是，总体上看来，在这个问题上聚集的困惑也最多，争论也最为激烈，对这个问题进行集中研究显得尤其必要。对于学者来说，任何困难和挑战都给我们提供了一次克服困难、解决问题、取得进步的机会。面对道德相对主义的挑战，我们有必要在理论上对什么是道德相对主义、为什么要克服道德相对主义，以及如何克服道德相对主义进行澄清。

在道德判断问题上，今天的人们似乎陷入困境当中，很难再找到统一的答案，剩下的只是个人的选择问题。那么，为什么今天的道德判断会陷入混乱？今天的人们为何会陷入道德相对主义的泥潭？道德相对主义是一种什么样的理论呢？都有哪些基本的观点？这样一种基本的观点在历史上是如何产生和发展起来的？道德相对主义会给人们的生活带来什么样的影响？如何更好地解决甚至超越道德相对主义？在现代这样一个时代我们是否还能够通过一定的方式达成道德共识，进而走出道德相对主义的泥潭？这些问题构成了笔者的思考路标。笔者希望在本书中能够通过理性的思考给出这些问题满意的答案。

当然，在解决这些问题之前，首先要对国内外关于道德相对主义这个问题的研究进行一个简单的述评，对国内国外关于道德相对主义问题的研究进行必要的文献综述。伦理学界的前辈们在这个问题上的思考构成了笔者进一步思考的基础，希望笔者能够在前辈的工作上推进对这一问题的理解和解决。

---

① 为什么道德相对主义如此难以在理论上得到彻底的克服，主要与道德知识的特殊性有关。道德知识与科学知识存在很大的差别，道德知识首先是一种地方性知识，其存在与社群、文化、历史传统、社会生活等因素密切相关。这就决定了道德知识不可能像科学知识那样确定。道德知识的这些特性决定了很多学者会持一种道德相对主义的态度和立场。其实，在道德相对性与道德相对主义之间仍然存在区别，笔者将在第二章第一节谈论"道德"的特性，对道德相对主义与道德相对性、道德地方主义、道德多元主义进行区分。

第二节　国外研究现状与文献综述

一、关于道德相对主义的简介

很多伦理学的教科书都会涉及对于道德相对主义的讨论。之所以要讨论道德相对主义的问题，主要是因为道德相对主义这个问题涉及对道德的本质和道德起源的理解。有些学者认为，道德价值来源于某些或某个超自然的存在，比如柏拉图所说的"至善"的理念，古代人所说的各种神，中国人所说的天道，基督教教徒所说的上帝，等等。这个或这些超自然的存在物给人们颁布了道德的律法，最为典型的就是《旧约》中所记载的十诫。根据《圣经·旧约》的记载，以色列民族的领袖摩西与上帝在西奈山上颁布十诫和律法，让犹太人遵守。十诫构成了犹太人的道德准则和法律基础，在基督教教徒心目中具有非常重要的地位，十诫也构成了基督教教徒重要的行为准则。当然，不仅仅是基督教，中国人过去也经常把天道理解为人道的基础。人们在现实社会中所遵守的三纲五常等基本的道德准则都源于天道的安排。不管我们是否能够理解这些准则，不管我们是否按照这些准则来做，这些准则都是实实在在地存在着的。这些人将道德理解为完全客观价值的做法并不认为道德是相对的，也不存在道德相对主义的问题。

但是，现在有很多学者认为，道德作为一种价值完全是人类自身设定的结果。只有人有了关于善恶的意识之后，才出现所谓的道德问题。这些人认为道德完全是主观的，并不像古人所想象的那样具有客观性，道德完全是为了人的存在而发明出来的一系列的规则。我们在讨论道德相对主义的时候，一般都会将普罗泰戈拉的这句名言作为道德相对主义最早出现的标志，即"人是世间万物的尺度，是一切存在的事物所以存在、一切非存在事物所以非存在的尺度"①。普罗泰戈拉的这句名言也为许多人所熟知，甚至被很多人当作自己的座右铭。按照普罗泰戈拉的理解，每个人对世界的认识同其自身的主观感受相关，知识只是相对于个人的感受而言，因而我们无法获得普遍确定的知识。对于人们生活中的道德，同样如此，每个人对于善恶好坏的理解也是一种个人行为，不存在绝对的善恶好坏标准。这样一种想法完全将个人作为评价万事万物的根据，看到了人的主观性之于道德评价的重要性，但是没有看到万事万物并不完全取决于人的主观判断。这种将道德的理解完全建立在个人主观性基础上的做法非常容易导致道德相对主义。当然，对于这种将道德完全理解为主观主义的做法一直以来也受到很多人的批评。我们也很容易看出，如果每个人的主观看法都成为道德的依据，那么我们就没有办法达成道德共识，道德的规范也就无法存在。现在关于道德的理解，一般认为道德是主观和客观的统一。在道德现象中，既有人的主观性存在，又有一些客观的因素存在，这些所谓客观的因素可以是各种宗教教义、法律条文、共同利益、共同需要、人类社会的繁荣等等。

在道德哲学展开的历史进程当中，人们很容易找到某些关于道德相对主义的争论。只是，在古代社会，关于道德相对主义的观点在人们的讨论中所占的比重比较小，而且大部分都是被当作批判的对象来对待的。随着人类社会进入现代社会，道德相对主义问题越来越引起人们的注意。虽然在前现代社会，也有一些关于道德相对主义的讨论，但是那样的讨论并不多见。那样的讨论之所以并不多见，主要是因为当时人们对于道德的理解跟超验存在有着密切的关联。在前现代社会，大部分人对于道德的理解都是基于神给人类颁布的法律。比如，最典型的就是前文中所提到的基督教的十诫。在中国，人们对于道德的理

---

① 周辅成主编《西方伦理学名著选辑》（上卷），商务印书馆，1996，第27页。清华大学的王路教授认为"人是万物的尺度"这句话应该翻译为"人衡量什么东西是这样的，（确定）它是这样的"。参见王路：《"是"与"真"——形而上学的基石》，人民出版社，2003，第77页。

解总是离不开对于天道的领悟。天道构成了人道的基础，所以西汉大儒董仲舒说："道之大原出于天，天不变，道亦不变。"董仲舒这里所理解的"道"主要是"人道"，体现为三纲五常这样的人伦秩序。在董仲舒看来，这样的人伦秩序背后的基础是天道，天道具有永恒性，不会随着时间和地点的改变而改变。这样一来，三纲五常这样的人伦秩序也不会随着时间和地点的改变而改变，因而具有了永恒性和客观性。

随着现代性问题的展开，道德相对主义问题在20世纪成为伦理学在理论和实践上面临的一个重大挑战，同时也构成了20世纪伦理学研究中的一个热点问题。正如理查德·J.伯恩斯坦在《超越客观主义与相对主义》一书中所说的："相对主义在过去两百年里是哲学的一条支脉，它开始是涓涓细流，近来已经成长为一股奔腾咆哮的洪流。"[1]20世纪出现了很多关于道德相对主义问题的研究，当然，也出现了各种不同的观点。芝加哥罗耀拉大学的保罗·莫泽（Paul K. Moser）和托马斯·卡尔森（Thomas L. Carson）两位学者在2001年曾经编了一本关于道德相对主义的读本。在这本书的导言中，两位学者提出："在当代的道德反思中，流行着很多不同版本和概念的道德相对主义。"[2]在这两位学者看来，"很多人会发现他们接受某些版本的道德相对主义，而反对另外一些版本的道德相对主义"[3]，他们认为："我们至少可以证明某些版本的道德相对主义是正确的，而某些版本的道德相对主义是错误的。"[4]由此，我们也可以看出关于道德相对主义问题争论的复杂性。所以，在我们谈论道德相对主义问题的时候，首要的是要明确我们所谈论的到底是何种道德相对主义。为了让讨论更精确和可靠，笔者将

---

[1] 理查德·J.伯恩斯坦：《超越客观主义与相对主义》，郭小平、康兴平、赵仁方、李怀林译，光明日报出版社，1992，第16页。

[2] Paul K. Moser, Thomas L. Carson, *Moral Relativism: A Reader* (New York: Oxford University Press, 2001), p.1.

[3] Paul K. Moser, Thomas L. Carson, *Moral Relativism: A Reader* (New York: Oxford University Press, 2001), p.1.

[4] Paul K. Moser, Thomas L. Carson, *Moral Relativism: A Reader* (New York: Oxford University Press, 2001), p.1.

在第二章对道德相对主义进行明确的界定。《道德相对主义读本》的两位编者将道德相对主义分为如下三种类型[①]：

第一，描述的相对主义（有时被称为"文化相对主义"或"描述的文化相对主义"）。这种观点认为关于道德问题的信念或标准是相对于不同的个体和不同的社会而存在的，即不同社会和个人所接受的道德信念和道德标准是不同的，因此对于道德问题的答案是不同的。

第二，道德要求的相对主义（与通常被称为"规范的相对主义"相类似的一种观点）。这种观点认为不同的基本道德要求适应于（至少在很大程度上）不同的道德行动者，或道德行动者的群体，由于这些行动者或群体中有不同的意图、欲望或信念，这种道德相对主义在当代有两种基本的形式，即个人道德要求相对主义和社会道德要求相对主义。个人道德要求相对主义认为，当且仅当一个行动被那个人所接受的基本道德规则规定的时候，那个行动对那个人来说才是道德上必需的。社会道德要求相对主义认为，当且仅当一个行为被那个人的社会所接受的基本道德规则规定的时候，那个行动对那个人来说才是道德上必需的。

第三，元伦理学的相对主义。这种观点认为，道德判断并不是在客观上真或假，因此不同的个人或社会能够坚持相互冲突的道德判断，而这些相互冲突的道德判断并没有错。元伦理学的相对主义者有时候会说，道德判断的真理是相对的，即对一个人（或一个社会）来说是道德真理的东西对另一个人（或另一个社会）来说可能未必是真的。这种道德相对主义一般也分为两种，即极端元伦理学相对主义和适中元伦理学相对主义。极端元伦理学相对主义认为，没有道德判断或道德标准（关于任何道德问题）在客观上是真的（或正确的）或假的（或不正确的）。适中元伦理学相对主义认为，某些道德判断在客观上是真的或假的，因此，对于某些道德问题来说，在客观上有一种真或

---

① 关于这三种类型的道德相对主义的界定和基本观点，参见 Paul K. Moser, Thomas L. Carson, *Moral Relativism: A Reader* (New York: Oxford University Press, 2001), pp.1-3.

假的答案；某些道德判断在客观上并不是真的或假的，因此，对于某些道德问题来说，在客观上并不存在一种真或假的答案。

英国学者史蒂文·卢克斯在2008年写了一部专门论述道德相对主义的著作。这部著作对于什么是道德相对主义进行了非常详细的介绍。这本书在2013年被中国法制出版社翻译成中文，并被纳入公共思想译丛中出版。史蒂文·卢克斯教授首先将相对主义区分为两种，即道德相对主义和认知相对主义。在《道德相对主义》一书中，他分别对这两种不同的相对主义进行了详细的区分和阐述。史蒂文·卢克斯所理解的"道德相对主义"是这样一种观点：道德规范的权威总是相对于一定时空的。这里所说的"规范"主要指的是这样一些规则：指明什么应为、什么可为、什么不可为，什么行为应当鼓励，什么行为应受指责①。

道德相对主义这个问题上的争论在整个20世纪的道德哲学中不仅激烈，而且相当复杂。关于道德相对主义的研究，国外研究主要存在两种截然对立的观点。有一些学者从各种角度为道德相对主义正名，认为道德相对主义是合理的。有更多的学者从不同角度反对道德相对主义，认为道德相对主义是道德哲学研究中最大的敌人，我们应该在理论上解决道德相对主义。当然，这些捍卫者和批评者所谈论的道德相对主义往往并非一个相同的概念。

二、捍卫道德相对主义的学者和观点

自20世纪开始，有不少道德哲学家对道德相对主义进行捍卫，笔者在下文中将选择几位有代表性的人物，对他们的道德相对主义思想进行简单的综述。

第一位是约翰·麦凯（John L. Mackie），他是一位澳大利亚的哲学家，主要研究元伦理学。他生前曾经出版过一本在20世纪非常有影响的伦理学著作，即《伦理学：发明对与错》，这本书虽然篇幅不长，但

---

① 关于史蒂文·卢克斯的观点，参见史蒂文·卢克斯：《道德相对主义》，陈锐译，中国法制出版社，2013，第19–20页。

是却影响深远。这本书最初出版于1977年，但是在此后的六年里再版了四次。在这本书的开篇，他就提出了一个大胆的观点，即"不存在任何客观的价值"[1]。麦凯随后对他的这个观点进行了详细的阐述："价值不是客观的、不是世界构造的一部分，这一主张意味着不但要包括或许被最自然地等同于道德价值的道德上的善，而且还要包括其他可以被更宽泛地称作道德价值或道德贬斥的东西——正确和错误、义务、责任、一个行为的恶劣和卑鄙，诸如此类。"[2]麦凯的这本书之所以会引起学者的注意，主要就是因为麦凯在这本书里系统地批评了道德的客观性。他主要从两个角度对道德的客观性进行了批评：第一个主要是从相对性方面进行的论证；第二个主要是从怪异性方面展开的论证。笔者将在后面的文章对于麦凯的思想进行更详细的叙述。

第二位比较有影响的学者是吉尔伯特·哈曼（Gilbert Harman），他在哲学的多个领域都发表过不少有影响的文章。在20世纪70到80年代，在英语世界中，关于道德相对主义的争论曾经发生过多次，吉尔伯特·哈曼无疑是这些辩论中对道德相对主义进行辩护的比较有影响的学者之一。他并不认为有所谓的客观的道德，他认为道德不过是约定俗成的产物。在《为道德相对主义辩护》这篇文章中，他在文章的开篇就提出他对于道德的理解，他关于道德的命题是："当一群人在他们彼此之间的关系上达成一种默许的共识或心照不宣的理解之时，道德就出现了。"[3]在哈曼看来，道德判断只有人们之间有这种共识或理解的时候才有意义。哈曼认为他的道德相对主义观点是一种严肃的逻

---

[1] 约翰·L.麦凯：《伦理学：发明对与错》，丁三东译，上海译文出版社，2007，第3页。

[2] 约翰·L.麦凯：《伦理学：发明对与错》，丁三东译，上海译文出版社，2007，第3-4页。

[3] Gilbert Harman，"Moral Relativism Defended，" in *Relativism: Cognitive and Moral* (Notre Dame: University of Notre Dame Press，1982)，pp.189-190.

辑命题①，哈曼将自己的道德相对主义称为"内在判断"（inner judgement）。当然，哈曼本人似乎只是对道德判断的逻辑形式感兴趣，他似乎并不打算将他的理论运用到实际当中。他也坦然承认："尽管我想要说某些道德判断与同意相关，但是，我并不想说所有道德判断都如此"，"尤其是，我并不否认（我也不主张）某些道德在'客观上'好于其他道德，存在客观的标准来评价道德。我的命题只是关于逻辑形式的一个严肃逻辑命题"②。这个时候的哈曼还没有那么极端，他主要是从语言分析的角度来阐释道德相对主义的合理性。

在《道德相对主义读本》一书中也收录了一篇哈曼的文章，即《是否存在一个唯一真实的道德?》，这篇文章发表于1984年，最早出版于大卫·科普（David Copp）和大卫·齐默尔曼（David Zimmerman）所编的《道德、理性和真理》一书的第27到48页。在这篇文章中，他坦然承认自己一直都是一位道德相对主义者，并且从他在20世纪50年代首先开始学习哲学伦理学的时候，他就意识到道德相对主义的问题。他在文章开始，回顾了他关于道德相对主义所进行的思考，并且对于当时人们反对道德相对主义的很多做法表示出失望。他也知道他的一些哲学朋友并不是道德相对主义者。但是，他对他们的一些想法表示震惊。他说道："让我震惊的是，是否存在一个唯一真实的道德这个问题在道德哲学中是一个没有解决的问题。一方是相对主义者、怀疑主义者、虚无主义者和非认知主义者。另一方是这样一些人，他们相信绝对的价值和道德法则适应于所有人。奇怪的是，只有很少人似乎在这个问题上没有抉择。几乎每个人都坚定地站在一方或另一方，几乎每个人都认为自己的那一方是对的，另一方代表一种荒谬的愚蠢。"③

① 关于哈曼观点的介绍，参见 Gilbert Harman, "Moral Relativism Defended," in *Relativism: Cognitive and Moral* (Notre Dame: University of Notre Dame Press, 1982), pp.189-190.

② Gilbert Harman, "Moral Relativism Defended," in *Relativism: Cognitive and Moral* (Notre Dame: University of Notre Dame Press, 1982), p.190.

③ Gilbert Harman, "Is there a Single True Morality?" in *Moral Relativism: A Reader* (New York: Oxford University Press, 2001), p.166.

在他看来，是否存在一个唯一真实道德的问题是一个伪问题，并不是一个真正的问题。虽然在这个问题上有很多争论，但是毫无疑问，他们最后都无法给出一个确定的答案。

到了20世纪90年代中后期，约定主义最终被哈曼所放弃。哈曼进而转向支持一种更极端的道德相对主义。首先，哈曼认为所有的道德判断都只有在与人类的某种道德共识相关时才能成立，而不仅仅是内心的道德判断。其次，哈曼明确提出："不存在一个单一的、真实的道德。有许多不同的道德框架，其中任何一个都不能说比其他的更正确。"[①]在《道德相对主义与道德客观性》这本书中，哈曼在开篇就明确他要为道德相对主义进行辩护："我（指的是哈曼自己）将要论证，道德上的正确和错误（好和坏，正义和不正义，德行和恶习等等）总是相对于一个选定的道德框架。相对于一个道德框架在道德上是对的可能对于一个不同的道德框架来说是错误的。而且，没有任何的道德框架能够作为唯一真实的道德而在客观上享有特权。"[②]《道德相对主义与道德客观性》这本书本身就是一场关于道德相对主义的辩论和对话。辩论的双方分别是哈曼和汤普森，他们一方支持道德相对主义，一方支持道德的客观性。在捍卫道德相对主义方面，哈曼在20世纪毋庸置疑占有非常重要的地位。

第三位比较有影响的学者是戴维·王（David B. Wong），他是哈曼的学生，1977年，戴维·王在哈曼的指导下获得博士学位。戴维·王在很大程度上继承了哈曼关于道德相对主义的观点。在对于道德相对主义的理解上，他分别出版了两本著作，即《道德相对性》（*Moral Relativity*）、《自然的道德：为多元相对主义辩护》（*Natural Moralities: A Defense of Pluralistic Relativism*）。后一本书是对前一本书的继续和完善。相对于他的老师哈曼来说，戴维·王所坚持的道德相对主义是一

---

① Gilbert Harman, *Moral Relativism and Moral Objectivity* (Massachusetts: Blackwell Publisher Inc, 1996), p.5.

② Gilbert Harman, *Moral Relativism and Moral Objectivity* (Massachusetts: Blackwell Publisher Inc, 1996), p.1.

种比较平和的道德相对主义，他并不赞成那种极端的道德相对主义。戴维·王在第二本中所提出的道德相对主义被称为"多元相对主义"，这种观点并不认为有唯一正确的道德。但是，这种观点意识到对我们所谓的唯一正确道德的有限性。当然，第二本书在很多方面都对第一本书中的主题有所发展，戴维·王在第二本书的导言中对此都有所介绍。

第四位比较有影响的学者是美国的人类学家露丝·本尼迪克特（Ruth Benedict），她是当代比较有影响的一位人类学家，其比较有影响的著作是《文化模式》和《菊与刀》，这两本书都已经被翻译介绍到中文世界，在中国产生了一些有益的影响。她关于道德相对主义的观点主要体现在《文化模式》一书中。其实，20世纪很多人类学家都有类似道德相对主义的说法。这些人类学家看到，在这个世界上存在很多不同的文化，在不同文化中人们对道德的理解千差万别。如果人们想要更好地理解这些少数民族或者原始文化中的道德，那么，他们必须基于这些少数民族或者原始文化去理解，而不是基于我们自身的文化模式去理解。按照本尼迪克特的说法："只要我们自己与原始人、我们自己与野蛮人，以及我们自己与异教徒之间的差别仍然支配着人们的头脑，人类学按其定义来说就是不可能的了。我们确有必要首先修炼到这样一个程度，即我们不再认为自己的信仰比邻邦的迷信更高明；我们确应认识到，对那些基于相同的（可以说是超自然的）前提的风俗必须加以考察，而我们自己的风俗只是诸习俗之一。"[1]今天，很多人类学家在进行田野调查的时候，仍然坚持这种做法，坚持从当地人的角度来理解当地的道德和风俗习惯。

本尼迪克特的这种对于研究民族的态度几乎成为所有人类学家的态度，就是在研究其他民族的过程中，不可以带有本民族的文化偏见来进行研究，更不可以人为地将种族区分为高低贵贱。文化模式只是人类行为可能性的不同选择而已，无所谓先进与落后。文化模式是本

---

[1] 露丝·本尼迪克特：《文化模式》，王炜等译，社会科学文献出版社，2009，第2页。

尼迪克特研究人类学的核心范畴。按照王炜先生的概括和理解，本尼迪克特所说的文化模式主要是相对于个体行为来说的。"本尼迪克特认为，人类行为的方式有多种多样的可能，这种可能是无穷的。但是一个部族、一种文化在这样无穷的可能性里，只能选取其中的一些，而这种选择有自身的社会价值取向。选择的行为方式包括对待人之生死、青春期、婚姻的方式，以致在经济、政治、社会交往等领域的各种规矩、习俗，并通过形式化的方式，演变成风俗、礼仪，从而结合成一个部落或部落的文化模式。诸文化模式之间的差距之大，甚至可能是完全对立的社会价值观。但一模式中的行为方式总有其合理的存在。这样一些模式，区别着不同的文化，同时也塑造着各自所辖的那些个体。"①从中，我们可以看到，本尼迪克特是赞同文化相对主义的，当然，也会赞同道德相对主义。因为她认为每种模式都有其存在的合理性，不能从自己文化的角度对其他文化进行批评。对于每一种文化的研究，都要去研究那一文化本身的文化模式，而不是用自己的文化模式去理解其他文化的模式。在后面的文章中，我们也会发现，本尼迪克特支持道德相对主义最大的理由就是文化相对主义。很多学者都是从不同文化中对于道德理解的多样性这一事实来推论出道德相对主义的合理性的。

另一位人类学家威廉·G. 萨姆纳（William G. Sumner）说得更明白和露骨：

"正确"（right）的做法是祖先的做法和古老相传的做法。传统是其自身的保证。它不受经验的验证。正确这个观念就在习俗中。它不外在于习俗，没有独立的起源，不用来检验习俗。在习俗中，存在的，总是正当的。这是因为它是传统的，从而拥有先祖鬼神的权威。在习俗面前，我们的分析戛然而止。（William G. Sumner, *Folkways*, Boston: Ginn & Co, 1906, p.76.）

---

① 露丝·本尼迪克特：《文化模式》，王炜等译，社会科学文献出版社，2009，译者前言第3页。

其实，像本尼迪克特和萨姆纳的观点一直以来就有。在历史上最为有名的是古希腊历史学家希罗多德的观点，在《历史》一书中，希罗多德记载了一个很有意思的故事。波斯王大流士把他治下的一群希腊人和卡拉丁人召到跟前，他首先问希腊人这样一个问题：用多少钱可以收买他们，让他们吃掉死去亲人的尸体。希腊人说无论付出什么样的代价都不会做出这样的事情。希腊人对于死去的亲人一般进行火葬。大流士又问卡拉丁人类似的问题，即给他们多少钱他们会焚化他们亲人的遗体。卡拉丁人对待死去亲人的风俗是吃掉他们。结果卡拉丁人也说无论如何他们都不会去做出这种恐怖的事情。面对这两群人不同的表现，希罗多德最后借用品达（古希腊著名的诗人）的诗句对此总结道："习俗君临万物。"也就是说，支配人们行动的更多的是人们所坚持的风俗习惯。风俗习惯决定了人们关于正确和错误的看法。

第五位比较有影响的学者是齐格蒙特·鲍曼（Zygmunt Bauman），鲍曼是后现代的伦理学家。作为后现代伦理学家的主要代表人物，他在《后现代伦理学》一书中提出了关于后现代伦理的一些基本思想。在笔者看来，后现代伦理思想中体现了很多相对主义的思想，虽然鲍曼在书中明确指出后现代伦理不是相对主义。他在《后现代伦理学》一书的导言中，明确指出后现代道德状况的标志主要有以下七个[①]：

第一，断言（尽管相互矛盾，但仍然以同样的确信力量被陈述过多次）"人在本质上善的，因此我们不得不去帮助他们，使他们能根据他们的本性去行动"和"人在本质上是恶的，必须避免使他们依据他们本能的冲动去行动"都是错误的。

第二，道德现象在本质上是"非理性的"，因为只有当它们优先于目的考虑和得失计算时，它们才是道德的，所以它们不适合"达到目的方法"之体系。

第三，道德具有无可救药的先验性。

第四，道德不能被普遍化。

---

① 齐格蒙特·鲍曼：《后现代伦理学》，张成岗译，江苏人民出版社，2003，第12–17页。

第五，从"理性秩序"的角度来看，道德是并且注定是非理性的。

第六，考虑到在有关伦理立法上社会努力的不明确影响，我们必须假设，道德责任——在与他者相处之前首先为他者考虑——是本我第一位的实在，是社会之起点而非社会产品。

第七，下列所述就是：与流行的观念和某些后现代作者急躁的"怎么都行"的无政府主义相反，对道德现象的后现代透视并没有揭示出道德相对主义。

鲍曼主要从后现代的视角，指出了后现代道德的诸多特征，在这些关于后现代的特征当中，我们很明显可以发现道德相对主义的影子。

三、反对道德相对主义的学者和主要观点

对道德相对主义进行捍卫的学者还有很多，笔者在书中只能将一些有代表性的学者的观点做一个简单的综述。接下来，笔者将进一步概括西方学者中一些反对道德相对主义的观点。在西方主流的道德话语体系当中，道德相对主义仍然被当作道德哲学的敌人来对待。大多数学者对道德相对主义持一种批评和反对的态度，虽然大部分学者是基于不同的立场和角度来反对道德相对主义的。笔者将从不同的立场和角度出发来概括诸多学者反对道德相对主义的理由。

（一）基于基督教道德哲学来反对道德相对主义

道德与宗教一直以来都有着紧密的关联。基督教既是一个神圣的信仰共同体，也是一个道德共同体。对于人类文明有着重要影响的宗教大多以信仰为根据建立起不同的道德规范。信仰和道德规范密切相关，很多学者也注意到信仰世界和道德规范之间的关联。日本学者池田大作和英国学者威尔逊在《社会与宗教》一书中说过："宗教既直接在教义中阐述伦理规范，又以教义为依据，间接地制定了各种伦理规范。总之，宗教在现实社会中所表现出的影响力主要在于它的道德规范，另外，道德规范也是宗教的坚实基础。"[1]德国哲学家恩斯特·卡

---

① 池田大作、威尔逊：《社会与宗教》，梁鸿飞、王建译，四川人民出版社，1996，第414页。

西尔在《人论》一书中也表达过类似的观点："事实上，从一开始，宗教就必须履行理论的功能同时又履行实践的功能。它包含一个宇宙学和一个人类学，它回答世界的起源问题和人类社会的起源问题，而且从这种起源中引出了人的责任和义务。"[1]宗教通过其信仰体系来对信奉者进行道德上的要求。同时，信奉者通过道德规范也在不断强化其信仰。

在西方文化的发展过程中，基督教一直以来都在西方人的生活中扮演着重要的角色。甚至当我们说到西方文明的时候，我们一般也将西方文明理解为两希文明，即希腊文明和希伯来文明。西方文明就是在希腊文明和希伯来文明的碰撞和冲突中发展起来的。在西方文明发展的过程中，有很长一段时间，人们对于道德的理解都建立在基督教的基础之上。基督教在过去也确实给西方人奠定了行为对错的基础。启蒙运动之后，很多学者建议从理性的角度给伦理学重新奠定基础，他们觉得将道德的基础建立在基督教的基础之上是愚昧的表现。其中最典型的代表就是德国哲学家康德[2]。当然，在西方文明的发展过程中，直到今天有很多人仍然坚持按照基督教来理解道德和伦理。在今天的美国，基督教在人们的日常生活中，仍然占据着重要地位，很多人对于善恶、对错的理解仍然以基督教的教导为依据。在当今世界，从基督教立场反对道德相对主义的学者有很多。

美国学者阿兰·布鲁姆（Allan Bloom）曾经写了一本在美国产生巨大影响的通俗读物，即《美国精神的封闭》。在这本书中，布鲁姆教授

---

① 恩斯特·卡西尔：《人论》，甘阳译，上海译文出版社，1985，第120页。

② 虽然康德是从理性的角度出发来谈论道德的问题，但是在他谈论道德问题的时候，从来没有离开过对于信仰的预设。康德批判纯粹理性，强调理性的有限性，是为对上帝的信仰留下地盘。康德虽然试图用理性来论证道德规则的合理性，但是他所信奉的所有道德规则无疑都是基督教的产物。在《追寻美德：伦理理论研究》一书中，当代伦理学家麦金太尔看得非常清楚。他指出："柯尼斯堡的康德的孩提时代与哥本哈根的克尔凯郭尔的孩提时代，都深受路德教的熏陶，所以尽管两个人相距百年之久，却带有相同的传统道德印记。"（麦金太尔：《追寻美德：伦理理论研究》，宋继杰译，译林出版社，2003，第56页）

对在美国盛行的各种相对主义进行了非常严肃的批评。他写道："相对主义已经窒息了教育的真正动力，即人们对美好生活的向往。"①布鲁姆意识到，当时在美国的大学中盛行各种相对主义，真理和道德的相对性似乎已经成为学生们的共识。相对主义被认为是一种具有开放精神的美德。布鲁姆教授恰恰看到在这种相对主义背后人们丧失了价值判断的基础，教育中所谓美好崇高的东西也变得模糊不清。

诺曼·L.盖斯勒（Norman L. Geisler）和弗兰克·图雷克（Frank Turek）（他们俩分别是南方福音神学院的院长和副院长）在《我没有足够的信心成为一位无神论者》一书中，曾经专门批评过道德相对主义，在他们看来，道德相对主义有六大混乱的特征②。

混乱1：绝对的道德与变化的行为。道德相对主义者混淆了"人们做的"和"人们应该做的"。"人们做的"会发生变化，但是"人们应该做的"并不会发生变化。而道德恰恰是"人们应该做的"。我们不能用人们错误的行为来指责不存在道德原则。

混乱2：绝对的道德与变化对事情的理解。很多人会指出道德原则随着文化、时间和地点而发生变化，其实，变化的并不是道德原则，而是我们在不同文化、不同历史时期、不同地点对什么是道德的理解。

混乱3：绝对的道德与绝对的道德的具体应用。虽然人们在生活中会犯道德上的错误，很多时候也会陷入道德的两难困境当中，但是，这恰恰说明绝对的道德原则是存在的。如果不存在道德原则，就不会出现道德两难和道德困境。

混乱4：绝对的原则（是什么）与相对的文化（怎么用）。虽然在不同文化中人们对于道德有不同理解，体现为不同的行为方式，但是，道德原则本身是绝对的。

① Allan Bloom，*The Closing of the American Mind: How Higher Education Has Failed Democracy and Impoverished the Souls of Today's Students*（New York：Simon and Schuster，1987），p.34.

② Norman L. Geisler，Frank Turek，*I Don't Have Enough Faith to Be an Atheist*（Wheaton：Cross Way，2004），第7章。

混乱 5：绝对道德与道德争议。虽然在有些道德问题上存在争议，但是这些争议本身并不能否认道德原则的绝对性和客观性。

混乱 6：绝对的价值与相对的手段。道德相对主义者经常混淆价值和实现价值的手段。虽然在很多问题上，人们对如何实现最终的价值存在一些争论，但是，价值本身却是绝对的。

（二）基于元伦理学反对道德相对主义

活跃于 20 世纪的著名元伦理学家理查德·黑尔（Richard Mervyn Hare）曾经把解决道德相对主义、为道德奠定客观可靠的基础当作自己的学术目标。黑尔不满于人们对于在 20 世纪元伦理学中盛行的情感主义，以及人们批评元伦理学只是玩弄概念游戏，他提出了"普遍规定主义"这种理性主义的非描述主义的元伦理学理论。黑尔以其元伦理学理论为基础，提出了一种理性的道德推理理论和道德思维方法，并进而得出了一种名为"偏好功利主义"的道德规范理论。在黑尔看来，偏好功利主义不仅有可靠的逻辑基础，而且它在道德思维的批判层面发挥作用（证明各种道德直觉的合理性），在道德思维的直觉层面，也与我们的道德直觉相一致。因此，偏好功利主义不仅超越了直觉主义、古典功利主义，而且也可以超越功利主义和康德主义、行为功利主义和准则功利主义的对立。他认为，正是这种偏好功利主义的伦理学方法，才能更好地解决和平与战争、堕胎等具体的实际道德问题，才能克服争论的无休止性而达成一致。

奥地利哲学家杰哈德·泽查在《道德相对主义批判》一文中，对道德相对主义的八种论调从理性分析的角度进行了批判。这八种论调分别为："价值内化在历史进程中，随历史变化而变化"；"价值与事实二分法：事实无懈可击，而价值是主观的"；"每种文化、每个社会都有自己的价值和道德规范"；"人的生命并非最高的道德价值"；"价值不是客观实在物，因为其不可见"；"大多数人决定是非曲直"；"在现代社会，道德是私事"；"甚至传统的美德也是相对的，可能被用来作恶"。作者认为，道德价值是人可以知晓和领悟的事实，道德价值既是主观的又是客观的①。

（三）基于康德伦理学反对道德相对主义

在整个哲学发展的脉络中，康德伦理学又被很多人称为绝对主义的伦理学，是作为道德相对主义的对立面出现的。对于康德来说，道德原则是可以通过我们的理性来发现的，道德原则不是可有可无的，更不是可以随意摆布的。我们作为理性存在者，在任何情况下都不能违背人类理性所颁布的道德原则。在康德那里，道德不是源于外在的命令，而是来自每个人与生俱来的理性。所谓"外在"，就是一切理性以外的东西。这既包括未经检验的神学律令，也包括自身中非理性的感性一面。道德的来源既与外来的权威切断了关系，也与自身的感性毫无瓜葛。理性的实践运用不是别的，就是为自身颁布道德律令，所以以义务为中心的真正含义就是以理性为中心。这种义务论之所以可能，是因为理性本身的性质。理性是具有普遍必然性的，理性所颁布的道德法则也是具有普遍必然性的。在康德所建构的伦理学体系中，道德体现为一种绝对命令。这种绝对命令被康德称为："要只按照你同时认为也能够成为普遍规律的准则去行动。"②康德将这一原则作为判断行为对错最为重要的指南。在他看来，只要我们问一下自己是否愿意将自己的准则变成普遍的法则，我们就知道行为的对错。他提出："手里有了这一指针，在一切所面临的事件中，人们会怎样善于辨别什么是善、什么是恶，哪个合乎责任、哪个违反责任。即使不教给他们新东西，只需像苏格拉底那样，让他们注意自己的原则，那么既不需科学，也不需哲学，人们就知道怎样做是诚实和善良的，甚至是智慧和高尚的。"③从这段话中，我们可以看出，康德的伦理学很好地提供了一套判断行为对错的标准。当然，康德伦理学也面临很多指控。有人认为康德伦理学过于形式化，还有人认为康德伦理学过于绝对化。

---

① 杰哈德·泽查：《道德相对主义批判》，张国杰、漆思译，《哲学基础理论研究》2008年第1期，第237-245页。

② 康德：《道德形而上学原理》，苗力田译，上海世纪出版集团，2005，第39页。

③ 康德：《道德形而上学原理》，苗力田译，上海世纪出版集团，2005，第21页。

康德伦理学因为坚持道德的普遍必然性而遭到一些批评，在对康德的批评当中，有一个事例非常有名，即在被迫的情况下，一个人是否可以说谎，从而通过欺骗的方式来避免一个无辜的人受到伤害？康德认为，在任何情况下都不能说谎，没有任何例外的情况。反对者认为，如果在这种情况下说真话，那么很容易导致一个无辜的人被伤害。康德坚持认为，即使在这种情况下，人仍然不可以说谎。康德在《论出于利他动机说谎的所谓权利》一文中明确指出这一点。当然，如果读者熟悉康德伦理学的话，就会很清楚这一点，康德从来都不是按照行为所可能或者已经产生的后果来评价一个行为是否道德。康德评价一个行为是否道德主要是看这个行为是否出于义务，而不是为了义务。

康德伦理学的思想资源在整个20世纪西方伦理学的发展过程中仍然有着非常重要的影响。当代非常重要的政治哲学家约翰·罗尔斯从很大意义上来说就是康德伦理学在当代的复兴者。他为了反对功利主义，借用康德伦理学和社会契约论的资源，在承认价值多元这一事实的前提下，认为我们可以通过寻求"重叠共识"的方式来找到道德共识。现在仍然还活着的德国哲学家哈贝马斯也是康德伦理学的继承者和支持者，他通过诉诸交互主体之间的对话沟通来寻求道德规范的普遍性。笔者在本书的第六章的第二节中会对罗尔斯和哈贝马斯寻求道德共识的尝试进行一定的概括和总结①。

（四）基于亚里士多德伦理学反对道德相对主义

目前还健在的美国当代哲学家阿拉斯戴尔·麦金太尔教授，主要基于亚里士多德美德伦理学的立场来反对道德相对主义。麦金太尔在《追寻美德：伦理理论研究》一书中，首先指出了我们当今社会道德混乱的特征。他在第二章中直接说道："当代道德话语最显著的特征乃是它如此多地被用于表达分歧，而这些分歧在其中得以表达之各种争论的最显著的特征则在于其无休无止性。我的意思是说这类争论不仅没完没了（尽管它们的确如此），而且显然不可能得出任何结论。在我们

---

① 笔者将在第六章的第二部分着重梳理罗尔斯和哈贝马斯为解决现代社会价值相对主义的境况以及在现代社会寻求道德共识所做的努力。

的文化中似乎没有任何理性的方法可以确保我们在道德问题上意见一致。"①为了让读者更好地理解他对于当今道德话语特征判断的有效性，他举了三个在当今伦理学中争论比较多的例子，即正义战争、人工流产、公费医疗和教育的分配问题。接着，他以历史叙事的方式，深入分析了现代道德陷入相对主义和混乱的根源，即启蒙运动的筹划。他认为，启蒙运动本来想给道德哲学重新奠定基础，但是并不成功。他分析了启蒙运动当中一些人物，比如康德、休谟等人，他们为道德重新奠定基础的努力不仅已经失败，而且必定失败。他们失败最主要的原因是他们抛弃了亚里士多德的美德伦理学。如果我们想要从道德的混乱和无序中走出来，那么必须回到亚里士多德所奠定的道德秩序当中②。

笔者相信，还有很多不同的学者也会站在各自不同的立场上去反对道德相对主义。毕竟，大部分从事道德哲学研究的学者，在很大程度上都是在尝试着去理解人类行为背后的规范及其依据，尝试着给人类的行为以合理性，证明人类行为的有效性，评价人类的行为，从而引导人们做出正确的选择。大部分从事道德哲学研究的学者都不会认同人的行为的无理性。大部分从事道德哲学研究的学者也不会认同这样的观点，即无法对人类行为进行正确或者错误的评判，而这样的观点恰恰是大部分道德相对主义者所坚持的。

第三节　国内研究现状和文献综述

与国外关于道德相对主义问题的研究相比，国内关于道德相对主义问题的研究不论是质量还是数量都有着很大的差距，国内关于道德

---

① 阿拉斯戴尔·麦金太尔：《追寻美德：伦理理论研究》，宋继杰译，译林出版社，2003，第7页。

② 笔者将在第六章的第二部分专门探讨麦金太尔在解决道德相对主义、寻求道德共识方面所做的努力。

相对主义问题的研究仍然处于早期的阶段，关于道德相对主义的研究以论文为主，专著还很少出现。笔者主要从以下几个角度简单概括一下国内关于道德相对主义的研究情况。

第一，关于道德相对主义问题的介绍。温克勤在《略谈道德相对主义》一文中指出："道德相对主义否认道德有客观的、普遍有效的标准，将道德判断主观化、情感化，全然由个人所处境况和兴趣爱好所决定。"[①] 在这篇文章中，温克勤简单介绍了道德相对主义的产生和发展历史，重点批评了道德相对主义错误的根源，即道德相对主义割裂了特殊与普遍、相对与绝对的辩证统一关系。他也指出了道德相对主义对于道德实践可能产生的各种危害："它（指道德相对主义）会在人们的实际道德实践生活方面产生不良的影响。它会在人们的实际道德生活中导致道德信仰、道德权威的危机和感觉主义、快乐主义、利己主义道德观，以及实用主义、相对主义价值观的流行。当前我国道德生活领域所存在的拜金主义、享乐主义、极端个人主义，是非、善恶、美丑不分，道德失范、诚信缺失，对社会主义道德以及理想信念和人生价值观的动摇等消极不健康的思想道德现象，应该说同道德相对主义的影响是很有关系的。"[②]

张言亮和卢风教授在《道德相对主义的界标》[③] 一文中主要在理论上为道德相对主义确立明确的界限，澄清"道德"与"相对主义"这两个术语的含义，阐明道德相对主义的对立面，区分道德相对主义家族相似的概念，最后陈述了为什么要反对道德相对主义。在这篇文章中，作者提出的主要观点是：（1）道德相对主义具有悠久的历史传统，在当今社会凸显为严峻的理论问题和现实问题，从20世纪开始，我们就生活在道德相对主义的挑战之中。（2）为了更好地理解什么是道德相对主义问题，作者对下面四组相似的概念进行了明确的区分，这四

---

① 温克勤：《略谈道德相对主义》，《道德与文明》2005年第5期，第8页。

② 温克勤：《略谈道德相对主义》，《道德与文明》2005年第5期，第10页。

③ 张言亮、卢风：《道德相对主义的界标》，《道德与文明》2009年第1期，第26—29页。

组概念是：道德相对性与道德相对主义、强道德相对主义与弱道德相对主义、道德相对主义与道德多元主义、道德相对主义与道德地方主义。（3）作者根据道德类型学的学说，把道德相对主义主要分为了三种，即描述性的相对主义、元伦理学的相对主义、规范性的相对主义，并且总结了道德相对主义的论证模式。（4）作者在理论上指出了道德相对主义的三个对立面，即道德绝对主义、道德实在主义、道德客观主义。（5）从"家族相似"的角度，分析了六种道德相对主义的"家族相似"概念，而这六种概念也可以看作道德相对主义的具体表现形式。（6）在理论上指出反对道德相对主义的必要性。

陈真教授在《从约定主义到相对主义——评哈曼的道德相对主义》一文中，主要向国内介绍了吉尔伯特·哈曼的道德相对主义思想，对于哈曼道德相对主义的思想进行了批评①。在《道德相对主义与道德的客观性》一文中，陈真教授将道德相对主义分为个人相对主义和主体间相对主义，认为道德相对主义仍然面临很多理论和实践上的困境，而道德客观主义不仅可以更好地解释道德的多样性，而且可以避免道德相对主义的诸多困难和难题②。

第二，关于道德相对主义的分析。徐向东在《自我、他人与道德——道德哲学导论》中分析了道德相对主义的论证模式③：

（1）道德价值乃是植根于社会习俗、历史条件和形而上学信念这样一些东西之中，而这些东西在不同的社会中是不同的。

（2）所以，道德判断必然与社会约定和社会习俗牵涉在一起。

（3）没有中立的标准使我们可以判定竞争的道德主张。

（4）因此，道德判断必定是相对的。

徐向东在该书中认为这样的道德推理并不成立，虽然我们会看到

---

① 陈真：《从约定主义到相对主义——评哈曼的道德相对主义》，《南京师大学报》（社会科学版）2012年第2期，第26-35页。

② 陈真：《道德相对主义与道德的客观性》，《学术月刊》2008年第12期，第40-50页。

③ 徐向东：《自我、他人与道德——道德哲学导论》，商务印书馆，2007，第46页。

在不同的文化当中存在不同的道德规范，但是在这些有差异的道德规范背后，其实还是能够找到某些共同的东西。

程炼在《伦理学导论》中，分析了文化相对主义的论证模式：

（1）在一个社会习俗中的人们相信X是正确的，在另一个社会习俗中的人们相信X是不正确的。

（2）因此，在X是否正确的问题上，不存在客观的答案[1]。

当然，程炼也同样认为这样的推理模式是不能成立的，因为，从（1）中，我们只能逻辑地推出：在X是否正确的问题上，不存在两个社会习俗中的人们都同意的答案。人们对一个问题的答案存在分歧，并不表明这个问题没有客观的答案。程炼在该书中不仅认真分析了文化的多样性无法推论出道德相对主义这一命题，而且进一步指出，在文化多样性的背后，其实并不存在根本性的、不可化解的道德分歧。相反，我们需要看到更多文化共性的存在，即任何一个社会的生存和繁荣，都必须依赖一些普遍的道德规范。

聂文军在《西方伦理相对主义探析》一书中，对整个西方伦理学界发展过程中出现的伦理相对主义进行了回顾和整理，详细分析了在西方伦理学发展史上出现的各种各样的伦理相对主义思想，总结和概括了西方伦理相对主义的层次和类型，指出了西方伦理相对主义的合理性和局限性，以及如何超越西方伦理相对主义。聂文军教授在界定伦理相对主义的时候，同样也明确说明，道德相对主义和伦理相对主义这两个词语可以互换使用，他主要借鉴了齐格蒙特·鲍曼的理解来界定什么是伦理相对主义。鲍曼认为："任何道德都仅仅是一个局部的（暂时的）习惯；在某一时间和地点被认为是道德的行为在另一个时间和地点将要被反对；因此各种各样的道德实践行为迄今为止对于时间和地点来讲恰好都是相对的……"[2]按照鲍曼的理解，聂文军将伦理相对主义界定为："道德规范、道德原则以及道德体系的现实运用总是不

---

① 程炼：《伦理学导论》，北京大学出版社，2005，第51页。

② 齐格蒙特·鲍曼：《后现代伦理学》，张成岗译，江苏人民出版社，2003，第14页。

确定的、有限的、缺乏普遍性的，不存在普遍有效的和必不可少的道德价值；道德只是相对于特定的社会、民族或文化才是确定的和有效的。"①按照这样一种理解，聂文军教授认为，道德相对主义在西方道德哲学发展史上一直存在，他在书中说道："西方伦理相对主义既不是一个独立的伦理学派，也不是某一时代的伦理思潮，而是在西方伦理思想发展史上所体现出来的一种具有长期性和普遍性的倾向——它萌于古希腊，在中世纪不绝如缕，凸显于现当代；美国著名伦理学家宾克莱因为伦理相对主义在现代的突出体现而把20世纪称为'在道德方面采取相对主义的世纪'。"②在这本书中，聂文军教授把很多伦理学家都归入了伦理相对主义的范畴之中。笔者在这一方面并不认同他的做法，笔者将在第二章中专门对这个问题进行详细阐述。

张言亮在《浅析道德相对主义在现代社会愈演愈烈的原因》③一文中，主要从文化上的多元主义、现代价值对传统价值的颠覆以及后现代思想的肆虐这三个维度，对当今时代道德相对主义的盛行进行了分析和解释。

孙春晨教授在《道德相对主义及其危害》④一文中，对什么是道德相对主义以及道德相对主义的发展历史进行了简单说明。孙春晨教授在文章中指出，虽然道德相对主义有助于尊重个体自主的道德选择和道德权利，但是道德相对主义因为否认道德原则的客观性和普遍有效性，会带来诸多的危害，比如人们在道德争论中无法达成共识，使道德推理不能成立；道德相对主义会使道德权威丧失；在日常生活中会出现一些严重的道德混乱现象，一些人善恶是非不分，甚至对道德持一种冷漠的态度。在《人民论坛》上，孙春晨研究员还发表过两篇与道德相对主义相关的论文，这两篇文章分别是：《2012 "最美现象"：

---

① 聂文军：《西方伦理相对主义探析》，中国社会科学出版社，2011，第4页。

② 聂文军：《西方伦理相对主义探析》，中国社会科学出版社，2011，第4-5页。

③ 张言亮：《浅析道德相对主义在现代社会愈演愈烈的原因》，《科学·经济·社会》2011年第1期，第101-104页。

④ 孙春晨：《道德相对主义及其危害》，中国社会科学网，http://ex.cssn.cn/zhx/zx_lgsf/201709/t20170929_3657587.shtml，访问日期：2023年3月21日。

超越道德相对主义》^①和《文化保守主义与道德相对主义》^②。

卢风教授在《道德相对主义与逻辑主义》一文中^③，对从逻辑角度和独断理性的角度出发来解决道德相对主义这样的思考路径进行了批评和反思。卢风教授在文中首先指出近代分析哲学在知识统一论方面的失败，认为他们通过逻辑实证主义、语言分析以及科学史方面的分析，得出这样一个结论，就是人类没有能力凭借理性建构统一的真理体系，多元主义必然会成为人们在知识和道德上的选择。但是，卢风教授明确强调多元主义并不同于道德相对主义。在文章中，卢风教授对道德多元主义和道德相对主义进行了明确的区分。

第三，关于道德相对主义的解决路径的探究。国内学者明确支持道德相对主义的并不多见，大部分学者都坚决反对道德相对主义。对于如何解决道德相对主义，大多数学者主要从如何构建道德共识这一角度出发。对于道德相对主义的批评，有的学者从学理的角度出发，有的学者从辩证统一的角度出发，有的学者从构建道德客观性的角度出发，来解决道德相对主义给我们在理论和实践上带来的困境。

第四节　研究的主要方法和主要内容

笔者对道德相对主义的研究主要通过历史的进路和现实的进路这两个不同的维度展开，对道德相对主义的历史发展谱系进行必要的梳理，对现代社会中道德相对主义为什么会如此盛行进行剖析。在此基础上，分析道德相对主义对当今社会的道德理论和道德实践所带来的

---

① 孙春晨：《2012"最美现象"：超越道德相对主义》，《人民论坛》2013年第3期，第40-41页。

② 孙春晨：《文化保守主义与道德相对主义》，《人民论坛》2011年第1期，第32-35页。

③ 卢风：《道德相对主义与逻辑主义》，《社会科学》2010年第5期，第108-114、190页。

危害，指出为什么要反对道德相对主义以及有什么切实可行的方法来解决道德相对主义，提出反对道德相对主义的原因以及解决道德相对主义行之有效的方法。

研究这个问题所采用的方法主要有两种：一是文本分析的方法，对与道德相对主义问题相关的一些重要思想文本展开细致的研究和分析，争取厘清道德相对主义的发展脉络，阐述清楚道德相对主义的内涵和外延，剖析道德相对主义产生的根源。二是实证的方法，结合现实生活中我们遇到的道德相对主义的种种表现谈论道德相对主义，通过问卷调查这种社会科学中经常使用的方法来了解人们对于道德相对主义的看法，通过对数据的分析来了解国人对道德相对主义的立场和态度。

本研究主要围绕道德相对主义这一问题展开，研究的主要内容包括以下七个部分，每个部分都围绕一个核心问题展开。

第一部分，主要阐述道德相对主义与我们这个时代的关系，道德相对主义为什么构成了我们这个时代最为严峻的挑战，研究道德相对主义这样一个课题的重要性和必要性。在尝试着去解决道德相对主义对我们这个时代所构成的挑战之前，对现有的国内外关于这个问题的研究现状进行概括和总结，对文章的结构安排以及所使用的研究方法进行一个简单的交代。

第二部分，明确什么是道德相对主义，从而为解决道德相对主义问题奠定理论基础。这一部分是后面讨论的基础，所以包括的问题比较多。第一，笔者对"道德"和"相对主义"这两个构成"道德相对主义"的核心词汇进行了深入的剖析。第二，在考察现有关于"道德相对主义"定义的基础上，尝试着给出道德相对主义的简单定义，从不同的维度阐释清楚"道德相对主义"这个词汇究竟指的是什么，其内涵和外延包括什么，都有一些什么样的观点和立场。第三，为了更清楚地说明什么是道德相对主义，笔者对几个与道德相对主义类似的概念进行了区分，这几个概念分别是：道德相对性，道德多元主义，道德地方主义和道德特殊主义。第四，笔者进一步对道德相对主义的对立面，即道德绝对主义进行了分析和说明。第五，笔者还从"家族相似"的角度出发找到了道德相对主义的一些"价值相似"的理论。这几种与道德相对主义类似的理论分别是：道德主观主义，道德情感主义，文化相对主义，道德虚无主义，道德怀疑主义。

第三部分，认真梳理道德相对主义发展的历史谱系，主要是梳理了道德相对主义在中国和在西方世界的发展历史，特别是启蒙运动以来道德相对主义发展的历史线索，对道德相对主义在历史上的发展类型进行了简单的概括和总结。

第四部分，探索现代社会为什么会流行道德相对主义，回答为什么现代人愿意接受道德相对主义，解释现实社会中的道德混乱现象与道德相对主义之间存在的密切关联。

第五部分，对第四部分中所涉及的道德相对主义的理由展开批评与辩驳，指出这些理由虽然能够很好地解释道德相对主义在现代社会盛行的原因，但是这些理论本身都存在一些问题。道德相对主义并不能很好地在理论层面上得到合理辩护，相反，道德相对主义在逻辑上会陷入悖论，在现实生活中会带来许多非常严峻的后果。

第六部分，寻找走出道德相对主义困境的途径和方法，争取能够在理论上克服道德相对主义，为道德实践的合理性和客观有效性奠定坚实的理论基础。笔者首先界定什么是"道德共识"；其次，分析了当代道德哲学家在这个问题上所做的努力；最后，笔者尝试着在现代社会探索一条达成道德共识的有效路径。

第七部分，概括和总结书中所谈论的主要问题，在道德相对主义的挑战与克服这个问题上给出一个笔者自己的回答。

以上七个部分所关心的主要问题就是本书所要着力解决的。通过本书绪论中的介绍以及关于前人研究的概括和总结，读者可以明显看到道德相对主义这个问题并不是一个非常容易解决的问题。道德相对主义是道德哲学史上最为基础、最为重要的话题之一，这个问题涉及对道德本质的理解。在道德哲学史的发展过程中有很多探讨道德相对主义的思想资源，但是，总体上看来，在这个问题上聚集的困惑也最多，争论也最为激烈。自从进入20世纪以来，道德相对主义对道德理论和道德实践均构成了严重的挑战。这种挑战主要表现在如下两个方面：第一，在道德实践中缺乏对道德合理性和道德客观性的认同，认为道德是相对的。第二，在道德理论中充满了各种矛盾，不同的理论从不同的形而上学和关于人性的预设出发，导致各种理论在究竟什么是道德的正确性上也存在很多争议，很难达成道德共识。如何解决道德相对主义给我们在理论和实践上产生的困惑是当今伦理学界的学者面临的一个非常严肃的问题。为了解决这个问题，我们首先需要在理论上阐明什么是道德相对主义，其次搞清楚道德相对主义的发展线索，然后分析道德相对主义为什么会在现代社会盛行，最后反思如何走出道德相对主义，从而为道德客观性①确立坚实的地基。

---

① 这里所说的"道德客观性"主要指的是道德存在客观有效的标准，人们可以就什么是道德的行为达成共识。

第 二 章

"道德相对主义"的界定

在当今的道德哲学讨论中，我们经常会看到有人在探讨关于道德相对主义的问题。在英语世界大多数伦理学教科书中，我们可以从中找到关于道德相对主义的一些讨论。从本书第一章的文献综述部分，我们也可以看得出来，关于道德相对主义的讨论是整个20世纪西方伦理学的焦点问题，在中国伦理学界也是一个讨论的热点问题。但是，直到今天，我们会发现有很多种关于道德相对主义的理解，道德相对主义本身并不存在一个大家共同接受的定义。在对待道德相对主义的态度上，既有人赞同，也有人反对。很多人在讨论道德相对主义问题的时候，往往争论的并不是一个共同的对象，给人的感觉就是争论很激烈，但是往往并不是在一个层面上争论。没有一个关于"道德相对主义"确定的理解很容易让关于"道德相对主义"的争论误入歧途。从第一章中关于道德相对主义的综述部分也可以很清楚地看到这一问题。为了能够使关于道德相对主义的讨论有所进展，笔者将在本书的第二章交代清楚什么是"道德相对主义"。首先，笔者将把"道德相对主义"这个关键术语还原为"相对主义"和"道德"这两个更原始的术语，将这两个更原始的术语界定清楚。其次，笔者将对历史上出现的比较重要的一些关于"道德相对主义"的概念进行必要的回顾。最后，在前两步工作的基础上，笔者将对什么是"道德相对主义"给出一个比较明确的界定，从而为后面的讨论划定范围。

第一节　关于"相对主义"的反思

"道德相对主义"这个关键词其实由两个独立的术语构成，即"道德"和"相对主义"。要想说明什么是"道德相对主义"，首先要说明"道德"和"相对主义"这两个术语。如果仔细分析"道德相对主义"这个词，那么可以明显看出，这个词说的是"关于道德的相对主义"。还有很多词可以跟"相对主义"进行配合使用，比如"文化相对主义""历史相对主义""科学相对主义"等等。"相对主义"这个词并不只是在道德哲学当中有比较多的探讨，在科学、历史、文学等相关领域也有很多探讨。所以，要说明什么是"道德相对主义"这个问题，首先要说明什么是"相对主义"。

在斯坦福哲学百科全书（Stanford Encyclopedia Philosophy）中[1]，关于"相对主义"的界定是："相对主义并不是单一的教义，而是一个家族的观念，这些观念共同的主题是说一些经验、思想、评价甚至实在的某些重要方面与其他某些事情相关。比如，证明的标准、道德原则或真理据说有时是相对于语言、文化或生物构成。"[2]从这个简单的界定中不难看出，"相对主义"并非仅仅一种观点，而是和哲学中其他重

①斯坦福哲学百科全书是一个开放的关于哲学研究方面的网站，这个网站组织了全世界的部分哲学家以及相关学科的学者对哲学方面的参考资料进行不断的维护和更新，对一些哲学中的关键术语和关键问题提供比较专业和权威的解答。

② Chris Swoyer，"Relativism，" http：// plato.standard.edu/entries/relativism.

要观点纠缠在一起。"相对主义"的核心是"相对于"这一关系概念。要想很好地理解相对主义,必须对相对主义涉及的其他观点有些了解。也就是说,在谈到相对主义的时候,一般是谈一个主题(或观点)与其他多种主题(或观点)的一种相互关系,这个主题(或观点)无法离开其他诸多主题(或)观点而存在。相对主义的大致结构是这样:X相对于Y而存在(或X与Y有关)。根据对X和Y的替换,我们可以得出不同的相对主义。在斯坦福哲学百科全书中,把X称为因变量,把Y称为自变量。其中,X主要指的是"什么是相对的";Y主要指的是"相对于什么"。X主要包括重要概念,重要信念,直觉,认识论上的评价,伦理(道德),语义学,实践,真理,实在;Y主要包括语言,文化,历史时期,内在认知构架,选择,科学结构,宗教,性别、种族或者社会身份,个人等等[①]。当然,还可以根据一些哲学家的思考引入不同的变量和自变量。从这一关于"相对主义"的结构可以看出,"道德相对主义"只是"相对主义"这个家族概念中的一个而已。如果我们把"道德"看作是因变量,那么,从理论上来说,根据"道德"与各个自变量的关系,我们可以得出10种以上关于"道德相对于Y"的不同组合。具体可能出现的各种道德相对主义的理解,参见表2-1:

表2-1　"道德相对于 Y"的不同组合

X(因变元,什么是相对的)	Y(自变元,相对于什么)
概念	语言
信念	文化
直觉	历史时期
认识评价	内在认知构架
伦理(道德)	选择
语义学	科学结构
实践	宗教
真理	性别、种族、社会身份
实在	个人

① Chris Swoyer,"Relativism," http: // plato.standard.edu/entries/relativism.

从表2-1中我们可以看出，"道德"可以相对于"语言、文化、历史时期、内在认知架构、选择、科学结构、宗教、性别、种族、社会身份、个人"等不同的变量而存在，所以，"道德相对主义"在理论上的可能性有很多。我们在讨论的过程中也会看到各种各样的关于"道德相对主义"的讨论，而且，不同的学者也会基于各种不同的角度来探讨各种类型的相对主义。

关于"相对主义"的问题，其实从哲学的源头就出现了。比如像我们熟悉的普罗泰戈拉的名言，即"人是世间万物的尺度，是一切存在的事物所以存在、一切非存在事物所以非存在的尺度"。在苏格拉底之前的哲学中，在希腊社会盛行的是智者学派。智者学派在整个哲学发展史上占有一定的地位，他们将人的认识兴趣从自然转到人本身。关于智者学派的资料比较少，我们对于智者学派的了解大多是通过柏拉图的对话录和亚里士多德的《形而上学》中的哲学史部分。根据柏拉图的记载，普罗泰戈拉是收费进行哲学教育的人，他也是被苏格拉底讽刺为贩卖知识的人。他无疑是谈论相对主义较有影响的一位哲人。当时与他齐名的另一位智者叫高尔吉亚。高尔吉亚有三个非常有名的命题，即"无物存在"；"即使有某物存在，我们也无法认识它"；"即使我们可以认识某物，我们也无法把它告诉别人"。高尔吉亚无疑对人类的认识进行了非常严肃的反思，他所提出的这三个命题构成了认识论所要解决的主要问题。高尔吉亚的这三个命题也构成了怀疑论的开端。不管怎么说，虽然智者学派让人们开始关心人的问题，但是智者学派所提出的命题大多具有怀疑论和相对主义的倾向，这些倾向指引着后来哲学家的思考方向，特别是苏格拉底、柏拉图和亚里士多德等人的思考方向。从哲学发展的历史来看，苏格拉底、柏拉图和亚里士多德这三位伟大的哲学家也正是在批评智者学派的基础上，从不同的角度为哲学寻求确定的基础。

在哲学发展的不到三千年的历史当中，相对主义大多数时候都是作为哲学想要解决的问题而出现的。很少有学者会坚持相对主义的观点和立场，而大多数坚持相对主义观点和立场的学者也被主流的哲学家进行了严肃的批评。"困境""泥潭"和"陷阱"等负面的词语经常伴随着相对主义问题。写作《道德相对主义》一书的史蒂文·卢克斯在开篇谈到相对主义的时候说道:"相对主义是一个生来即有争议性的话题,这一语词激起了人们的争论,这些争论时而饱含热情,时而又充满敌意。从一方面看,相对主义似乎只是威胁到了知识的确定性,但从另一方面看,它对道德的严肃性也是一种威胁。"①从这句话中,我们可以看出卢克斯对道德相对主义的担忧。

到了20世纪,在哲学发展的过程中出现了很多关于相对主义的讨论,正如理查德·J.伯恩斯坦在《超越客观主义与相对主义》一书中所说的那样:"相对主义在过去两百年里是哲学的一条支脉,它开始是涓涓细流,近来已经成长为一股奔腾咆哮的洪流。"②在《相对主义面面观》这本论文集中,编者在序言中说道:"仅仅在几十年前,哲学家们大都认为相对主义是一种很容易证伪的浅陋思想。而如今,几乎没有哲学家会否认相对主义的重要性。"③由此我们也可以看出,相对主义这个话题在今天哲学讨论中的重要性。后现代哲学家保罗·费耶阿本德甚至这样评价当今关于相对主义的讨论:"这是一个诉诸感情、把感情算作论证的领域。在这个领域中,论证具有一种动人的简单性。相对主义经常受到攻击,并不是因为人们发现了它的错处,而是因为人们怕它。"④从费耶阿本德的这句话中,我们可以看到相对主义对主流哲学家的挑战和危害。作为一位科学哲学家,费耶阿本德在当代科学哲学的讨论中有着非常大的影响,当然,他也是一位比较极端的哲学家,对相对主义、非理性主义等极端的观点进行捍卫。他最为著名的

---

① 史蒂文·卢克斯:《道德相对主义》,陈锐译,中国法制出版社,2013,第1页。

② 理查德·J.伯恩斯坦:《超越客观主义与相对主义》,郭小平、康兴平、赵仁方、李怀林译,光明日报出版社,1992,第16页。

③ James E. Bayley, *Aspects of Relativism*(New York & London: University Press of America, 1992), p.178.

④ 保罗·费耶阿本德:《自由社会中的科学》,兰征译,上海译文出版社,1990,第83页。

口号就是"怎么都行"。当他喊出"怎么都行"这样一种口号的时候，也就意味着我们很难找到一个标注去衡量我们的认识和我们的行为。相对主义成为我们必须面对的一种真实的生存境况。

相对主义在20世纪的盛行，在很大程度上跟哲学在当代的发展有关。我们一般将现代西方哲学的开端从叔本华和尼采算起。叔本华和尼采在他们的哲学体系中集中向以理性为代表的传统哲学展开了攻击，他们在哲学上反对理性倡导非理性，认为人的精神生活中的各种非理性因素更重要，这些非理性因素主要包括：人的意志、情感、本能、欲望等。叔本华在其代表作《作为意志和表象的世界》中提出了两个基本的哲学命题，即"世界是我的表象"，"世界是我的意志"。现象世界的一切不过是我的表象而已，唯有意志才是世界"实际存在的支柱"①。叔本华将意志作为理解我们这个世界的基础，也将意志作为道德的基础，将伦理学的研究对象限定在"意志"上，认为人的生命就是不断追求意志满足的过程。欲求得到满足就快乐，得不到满足就痛苦。人的欲求无止境，人的痛苦也就无止境。人生就像钟摆，在痛苦和无聊之中摆荡。像叔本华这样的伦理学无疑无法给人们以正确的指导，相反，让人们看到人不过是意志和欲望的奴隶而已。这样一来，道德秩序就陷入了非理性和相对主义的窠臼之中。尼采的思想深受叔本华的影响，他将叔本华的"生命意志"思想发展为"强力意志"，并以此来"重新评估一切价值"。尼采认为："生命的本质是意志，它不是求真理的意志或叔本华所说的求生存的意志，而是扩张自我，追求强力，占有和奴役外物与他人的意志，是'一种贪得无厌地表现强力的欲望或应用强力作为创造的本能'。"②尼采以这种观点为基础，批评了基督教的道德和苏格拉底之后的道德。在尼采看来，世界上唯一可以确定的就是意志，意志是一切事物唯一可能的共同特征。整个世界就是不同的意志冲动形成的偶然性的堆砌，根本就不存在所谓的必然性。尼采的道德哲学也被认为是道德虚无主义的典型代表。尼采在认

---

① 叔本华：《作为意志和表象的世界》，石冲白译，商务印书馆，1982，第62页。
② 转引自朱贻庭主编《伦理学大辞典》，上海辞书出版社，2002，第795页。

识论上强调一种视角主义，在尼采看来，"只有一种视角性的'看'，也只有一种视角性的'认识'"①。通过这样一种视角主义，尼采否定了"真实客观世界"这样的观念，我们所拥有的只不过是不同视角中所呈现出来的世界，我们对于世界的认识也是相对于我们所采取的立场和视角而言的。

相对主义出现的另一个重要的原因是科学技术发展对人们认识世界的影响。我们知道，在20世纪开始的时候，科学技术获得了飞速的发展，特别是相对论和量子力学的提出，极大地影响了人们对于世界的认识。万俊人教授在《现代西方伦理学史》一书的导论部分也谈到这一点："这一科学文化背景，客观上也影响到当时伦理学理论的新变化。19世纪中后期出现的非欧几何、符号逻辑、达尔文的进化论等，较早突破了近代科学，尤其是数学和逻辑学的原有知识界线，极大地影响到当时经验主义的伦理学（如西季威克对伦理学常识公理化的寻求和斯宾塞的进化论伦理学）。这些新的道德影响有的成为后来20世纪摩尔直觉主义伦理学的先兆，有的则影响到20世纪的文化伦理学和生物技术伦理学。同时，正是这些科学成就的推动，带来了20世纪物理学上的伟大革命（如量子力学、相对论等），因而也导致了20世纪哲学伦理学等领域的彻底变革：从绝对主义时代转向相对主义时代。"②相对论让普通人认识到，我们生活的时间和空间并不是绝对的，甚至时间和空间都依赖于观察者。量子力学主要是解释微观世界各种量子的运动变化发展规律的科学，但是，量子力学告诉我们，各种微观粒子的运动所遵循的规律是不确定的，人类没有办法对微观世界进行先验描述。当然，很多人也未必知道相对论和量子力学到底是什么，但是他们从相对论和量子力学那里得到的是我们关于外在的世界很难获得确定的认识这样的结论。外在的世界再次变得不确定起来。

关于相对主义这一问题的讨论，不只限于道德哲学，在哲学基本

---

① Friedrich Nietzsche，*On the Genealogy of Morality*（Cambridge：Cambridge University Press，1994），p.92.

② 万俊人：《现代西方伦理学史》（上卷），中国人民大学出版社，2011，第3页。

理论、科技哲学、认识论、美学、历史、法学、音乐、社会学甚至自然科学等诸多人类的知识领域也有很多讨论。中央音乐学院的柯杨在2014年出版了一本专著,即《有限的相对主义:论音乐的价值、质量及其评价》①。在这本书中,柯杨讨论了音乐艺术中的相对主义问题,特别是如何去评价音乐价值的问题,阐述了用"有限的相对主义"对音乐进行评价的必然性。常春兰博士在2010年出版了《科学哲学中的相对主义及其超越》②一书,在这本书中,常春兰博士详细介绍了在科学哲学中哲学家们关于相对主义的讨论,比如相对主义的不同形式,相对主义的发展历史以及相对主义的解决等问题。莫里斯·曼德尔鲍姆的《历史知识问题:对相对主义的答复》③一书被涂纪亮先生翻译成中文,这本书主要批评了在历史知识问题上的相对主义倾向,书中对历史相对主义的批评和反驳占了一半以上的篇幅。这本书不仅介绍了历史相对主义的捍卫者,也介绍了历史相对主义的批评者。洪娜在《超越文化相对主义——加里·斯奈德的文化思想研究》④一书中,主要用文化相对主义立场研究了斯奈德的主要作品,对文化相对主义的积极意义和局限性都有所分析。胡志刚博士出版了一本专著——《价值相对主义探微》⑤,在这本书中,胡志刚将所有的相对主义都归为价值相对主义,对相对主义的问题进行了比较全面的研究,特别是价值相对主义的问题。如果认真在网上用"相对主义"这个词条检索,我们会发现谈论相对主义的著作非常多。当然,我们同样会发现,他们并不是在同样的意义上使用相对主义这个词。所以,为了使我们的讨论能够获得有益的结果,我们首先要明确所讨论的相对主义究竟指的

---

① 柯杨:《有限的相对主义:论音乐的价值、质量及其评价》,中央音乐学院出版社,2014。

② 常春兰:《科学哲学中的相对主义及其超越》,山东大学出版社,2010。

③ 莫里斯·曼德尔鲍姆:《历史知识问题:对相对主义的答复》,涂纪亮译,北京大学出版社,2012。

④ 洪娜:《超越文化相对主义——加里·斯奈德的文化思想研究》,中央民族大学出版社,2011。

⑤ 胡志刚:《价值相对主义探微》,上海世纪出版集团,2012。

是什么。

不少哲学家在他们讨论相对主义问题的时候，也尝试着给什么是相对主义下定义，但是有些定义过于宽泛，有些定义过于狭窄。为了更好地理解"相对主义"的定义，我们还是需要对最近呈现的一些关于"相对主义"的定义有所研究。胡志刚在《价值相对主义探微》一书的文献综述部分，曾经对"相对主义"的定义有一个简单的综述，在他看来，关于相对主义的定义，基本上是各执一词，但是却没有引起足够的重视。他认为这样的情况其实在相对主义的鼻祖普罗泰戈拉那里就出现了。胡志刚将常见的相对主义的定义归结为三种[①]：一是对整体的相对主义进行一种形式化标准的定义，符合这些形式的都可以归结为相对主义。二是从某个具体领域的研究出发定义的某个具体领域的相对主义，较为常见的是对真理相对主义或道德相对主义的定义。三是从绝对和相对两个范畴的关系出发，认为将相对性夸大的便是相对主义。胡志刚在这一简单的综述中，对这三种定义的优缺点都有所分析。胡志刚在这本书中对各式各样的相对主义进行了一种形式上的统一，提出了一个命名的公式[②]：

Q 强度的、以 L 理由导致 J 价值的相对主义。

在这一公式中，强度 Q、理由 L 和价值 J 都是可选项，并且可以互相组合。由于强度 Q 的不同，可以分为强相对主义和弱相对主义。由于理由 L 的不同，可以分为文化相对主义、方法论相对主义、逻辑相对主义等现实分析中常见的相对主义。由于价值 J 的不同，可以分为道德相对主义、真理相对主义、美德相对主义等。

胡志刚对相对主义这一命名的公式可以让我们看到有各种各样的相对主义，并且，可以对不同的相对主义进行定性和定量的分析。不过，这样的分析似乎对于普通读者来说是一个非常大的负担。

[①] 关于相对主义定义的讨论，参见胡志刚：《价值相对主义探微》，上海世纪出版集团，2012，第2-3页。

[②] 关于这一公式详细的讨论，参见胡志刚：《价值相对主义探微》，上海世纪出版集团，2012，第10-14页，第1.2部分。

通过以上关于"相对主义"的论述和分析，我们可以对"相对主义"是什么这个问题得出一个基本的结论。"相对主义"这个术语最为核心的是"相对于"这个概念，即一物的存在没有独立性，要相对于他物而存在。正如莱西（A. R. Lacey）在《哲学辞典》中曾经给出一个相对主义的定义："如果一种理论坚持：某物存在，或有某种属性和特征，或是真的，或在某种意义上有效，必须相关于其他某事物而存在，那么这种理论就能被称为相对主义。"①因为相对表示的是一种关系，因此，相对主义就有不同的类型、不同的内容。同时，在人类的历史上，我们也可以找到很多关于相对主义的表述。因为现实和历史的种种原因，自20世纪以来，关于相对主义的讨论越来越多。

第二节　关于"道德"的反思

对任何一位认真学习过伦理学的学者来说，都不得不接受这样一种事实，即在人类发展的历史过程中，关于"道德"或者"伦理"在人类的社会实践中不仅有多种理论形态，而且在不同的历史时间、在不同的文化传统中，道德的具体内容和表现形式也存在很大差异。一般说来，道德哲学起源于对"好生活"的反思，关注的问题跟"善、恶"与"正确、错误"这两组核心概念有关。

在西方哲学史上，是苏格拉底首先将"人"的问题确立为哲学探究的主要议题，把哲学从对宇宙的关注转向对人生问题的关注。苏格拉底在哲学史上并没有留下任何著作，但是，他在整个西方哲学史上的影响是深远的。通过他的追随者，特别是柏拉图的一些记载，我们对苏格拉底这个人有了一些大致的了解。他在哲学史上留下了很多故事和名言，比如："认识你自己"，"未经反思的生活是不值得过的"，"自知其无知"等等。这里有必要提到一点，即在希腊人的话语体系

---

① A. R. Lacey, *A Dictionary of Philosophy* (London: Routledge, 1986), p.206.

中，并没有"道德"这个词。"道德"这个词是罗马哲学家西塞罗在翻译希腊人所说的"伦理"这个词的时候制造出来的。希腊人在讨论道德问题时，所使用的主要是"美德"①这个词。苏格拉底经常在希腊城邦中跟青年人探讨如何培养美德、什么是美德等重要的问题。只是，比较遗憾的是，苏格拉底虽然重视美德的培养，但是他更重视对各种不同美德定义的追问，然而却无法找到一个所有人都能接受的关于"美德"的定义。在谈到苏格拉底的道德哲学思想时，一个非常有名的命题是"美德即知识"。苏格拉底把关于美德的知识理解为美德的基础，认为人之所以会做错事，主要是因为没有关于对错的知识，人有了关于美德的知识就会做好事，没有人会故意做坏事，做坏事在很大程度上是因为缺乏美德的知识。对于道德来说，最为重要的是获得关于道德的知识。这样一种对于道德的探求在整个西方都影响深远。不过，关于"美德即知识"这一重要的命题，有些学者有不同的看法。比如南京师范大学的陈真教授，在《苏格拉底真的认为"美德即知识"吗？》一文中，认为苏格拉底从来没有说过"美德即知识"这一命题，在这一命题当中，存在很多问题。陈真教授认为，将美德等同于知识在逻辑上根本就说不通，他通过对苏格拉底文本仔细的阅读，证明了如下两个基本问题："第一，从有关苏格拉底的史料中，我们并无确凿的证据认为苏格拉底真的认为美德即知识。相反，我们还有证据表明苏格拉底曾明确否认过这个命题。第二，'美德即知识'在苏格拉底时代是一个比较含混的命题。如果我们仔细考查其种种可能的含义，我们会发现，在大多数情况下，在苏格拉底那里它只是表明'美德即智慧'，但'美德即智慧'不等于'美德即知识'。如果'知识'理解为命题知识（此乃认识论中知识应有之义），则'美德即知识'逻辑上的

① "美德"这个术语是"virtue"这个英文的一种中文翻译，其实希腊人所说的"virtue"在现有的中文语境中主要有三种译法，分别是"美德""德性""德行"。但是，这三种中文译法都不足以表达希腊人用"virtue"这个术语所要表达的想法。希腊人用"virtue"这个词不仅可以针对人，也可以针对动物，主要说的是任何事物天然的特长和功能。在针对人的时候，说一个人有"virtue"，主要是说这个人能够出色地完成人之为人的各种活动。按照我们今天的说法，就是能够最大程度地实现自我。

错误是显而易见的，并且不能恰当表达苏格拉底关于美德和知识关系的真实看法。"①在这篇文章中，陈真教授从苏格拉底的文本出发，认真考察了这一命题的错误之处。虽然陈真教授尝试着澄清苏格拉底在美德和知识问题上真正的想法到底是什么，但是美德即知识这个命题还是有深远影响的，苏格拉底在柏拉图对话录中对知识定义的探求还是给人留下了深刻的印象。

当然，如果我们进一步深入去思考苏格拉底所认为的行为正确性的依据这个道德哲学最为重要的话题时，我们不得不提到苏格拉底在《申辩篇》中的一些想法。《申辩篇》不仅是对别人指控他所犯罪行的辩护，同时也是对他自己在别人看来怪异行为的辩护。坦白来说，虽然柏拉图在其对话录中以一种非常崇拜的姿态来描写苏格拉底，但是苏格拉底对于普通人来说还是比较荒诞的。在当时著名喜剧家阿里斯托芬的《云》中，苏格拉底完全是一个被批评和讽刺的对象。苏格拉底在《云》中的形象是："不务正业"，"专门教人诡辩术"，引诱青年做坏事。通过对哲学史的了解，我们确实发现苏格拉底的有些行为比较诡异。苏格拉底不仅没有把自己的工作做好，而且连自己的家庭也弄得一团糟，以至于他经常被他老婆辱骂。但是，他为什么还会做那些让普通人不能够理解的行为呢？这在很大程度上是因为他觉得他所做的一切是按照神的指引做的。"神的指引"或者"神的呼召"才是他为自己的行为进行辩护最重要的证据。他之所以不断去"挑衅"别人，让那些自认为有智慧的人意识到自己其实一无所知，在很大程度上是因为一个神谕，即"苏格拉底是最聪明的"。通过他与那些自认为有智慧之人的对话，他发现，他之所以聪明，在很大程度上是因为他知道自己一无所知。他经常跟别人说他能够听到一个神秘的声音，这个神秘的声音指导他去做很多事情。如果我们这样去解读苏格拉底的话，我们会发现，他所认为的行为的正确性以及行动的依据主要来自他所声称的那个神的命令。当然，这也是苏格拉底被指责的一个最重要的

①　陈真：《苏格拉底真的认为"美德即知识"吗?》，《伦理学研究》2006年第4期，第47页。

理由，即他不信希腊人的神，自己制造了一个新的神。

柏拉图很好地继承了苏格拉底的想法，将他的哲学体系建立在理念论的基础之上，认为理念世界中最为重要的一个理念是"至善"，这个"至善"的理念不仅是道德的基础，也是世界的基础。在理念世界当中，"至善"占据着最高的地位，像太阳一样，构成万事万物的基础。在《国家篇》中，柏拉图构想了一个理想的城邦的模型，他把一个国家分成三个不同的阶层，即平民阶层、武士阶层和王者阶层，这三个不同的阶层分别对应不同的美德，即"节制""勇敢""智慧"。当这三个阶层达到一种和谐的状态时，就实现了城邦和个人的"正义"。个人和国家具有一种同构的关系，国家是扩大的个人，个人是缩小的国家。在一个人的灵魂中也有这样三种不同的层次。柏拉图认为，只有当哲学家成为王者阶层的时候，即"智慧"和权力很好地结合在一起的时候，城邦才有希望，才能实现繁荣。对于个人来说，只有头脑占据统治地位的时候，个人才能实现对自己的正义。认识人的灵魂的三个层次和国家的三个阶层，只是一个初步的开始，苏格拉底在《国家篇》的第六卷中明确说道："要想最完善地认识这些美德，需要有另一条更加漫长的道路。"①根据上下文的解读，我们可以看到，这条更加漫长的道路就是对"善"这个理念的认识。苏格拉底接着说道："善的型是人们要学习的最伟大的东西，与之相关的是正义的事物以及其他所有有用的和有益的事物。现在我几乎可以肯定，你知道我下面要说的话，我们对善的型并不具有充分的知识。如果我们不知道善的型，没有关于善的知识，那么我们即使知道其他所有知识对我们也没有什么用，就好像拥有其他一切，惟独不拥有善。或者说，拥有一切而惟独不理解善，你认为这有什么好处吗？"②从这段话中，我们可以很明确地看到，柏拉图将对"善"的认识理解为认识其他"德行"的基础。

在柏拉图所构建的理念世界中，"善"不仅是认识其他德行的基础，而且"善"的理念是认识的基础。柏拉图借苏格拉底之口说道：

① 柏拉图：《柏拉图全集》（二），王晓朝译，人民出版社，2003，第499页。
② 柏拉图：《柏拉图全集》（二），王晓朝译，人民出版社，2003，第500页。

"把真理赋予知识对象的这个实在，使认知者拥有认识能力的这个实在，就是善的'型'，你必须把它当作知识和迄今为止所知的一切真理的原因。真理和知识都是美好的，但是善的'型'比它们更美好，你这样想才是对的。"① "至善"就像柏拉图"洞穴比喻"中的太阳一样，给人类的认识提供了光，使人的认识成为可能。当然，柏拉图也知道他所建构的这样一套理论不太容易让人接受。他的思想中有一些张力，这个跟苏格拉底很像。柏拉图在思考人们行为正确性的时候，并不是完全采取基础主义的做法。在他的思想中，我们同样可以看到神话的影子。在他的对话录中，关于人的行为正确性的指导性的建议在很多时候都跟当时的神话密切相关。当然，关于人为什么要做一个正义的人而不是一个非正义的人的前提是他所坚持的灵魂不朽。在《理想国》的最后一卷，柏拉图通过当时一个英雄厄尔死后复活的故事来告诉人们为什么要做一个正义的人。人的灵魂死后，要接受判官的审判，生前做了好事或是坏事，死后就会受到百倍的奖励或者惩罚。人之所以要学习哲学，在很大程度上是因为学习哲学让人在现实生活中能够更好地做出选择，能够更好地安排自己的生活，能够让灵魂早日脱离轮回之苦。柏拉图在《理想国》中对于国家和个人到底该如何去生活的思考有一个非常重要的前提，即每个人都有自己的禀赋，而这些不同的禀赋是神所赐予的。有的人天生是黄金做的，因而适合成为城邦的统治者；有的人天生是白银做的，因而适合成为城邦的武士；有的人天生是铜铁做的，因而适合成为各行各业的手工业者。这样一种关于人的命定论的理解所依靠的是在哲学史上非常有名的"高贵的谎言"。这个"高贵的谎言"的可靠性恰恰跟他在《理想国》中所提到的神话密切相关。

作为柏拉图最有影响的学生，亚里士多德并没有完全继承柏拉图在伦理学上的一些想法，特别是将知识作为伦理学基础的做法，虽然亚里士多德跟柏拉图学习了20年的哲学，柏拉图对于亚里士多德有着很高的评价。亚里士多德在《尼各马可伦理学》的第一卷第六节说道：

① 柏拉图：《柏拉图全集》（二），王晓朝译，人民出版社，2003，第506页。

"为了维护真而牺牲个人的所爱，这似乎是我们，尤其是我们作为爱智慧者的责任。"①这句话在中文世界里面更流行的一个表达是："吾爱吾师，吾更爱真理。"亚里士多德并不认同柏拉图哲学的"理念论"，明确批评了柏拉图的"善"理念。廖申白教授在翻译《尼各马可伦理学》的过程中，将亚里士多德对于柏拉图学派善型式②理论的批评概括为四个要点：其一，从范畴论来看，（1）如果善既述说在先的范畴（实体），又述说后面的范畴（性质与关系），它就不可能是一个分离的型式；（2）如果它可以述说这些不同范畴的事物，它就不是一个单独的概念；（3）善不是某一门科学研究的对象，即使只述说某一个范畴的事物的善也可以是不同科学研究的对象。其二，从所指（意义）来看，以善的型式同时指善的概念和某一善事物是肤浅的。其三，从述说的对象来看，善的型式甚至不适应于述说那些自身即善的事物，因为它们是以不同的方式而善的。其四，从我们研究的目的来看，善的型式也同伦理学无关，因为它是不可实行的和不可获得的③。在《尼各马可伦理学》的第二卷，亚里士多德明确指出，我们通过运用德行才能获得德行，"我们通过做公正的事而成为公正的人，通过节制成为节制的人，通过做事勇敢成为勇敢的人"④。亚里士多德明确指出，即使我们有关于德行的知识，我们也未必能够做一个有道德的人。德行的培养不仅跟知识有关，而且更重要的是我们要在实践中学习什么是真正的德行。

亚里士多德是第一个在学科的意义上来讨论伦理问题的学者，在亚里士多德看来，"道德德性则通过习惯养成，因此它的名字'道德

① 亚里士多德：《尼各马可伦理学》，廖申白译，商务印书馆，2003，第13页。
② 廖申白教授这里所说的"型式"对应的就是我们通常所说的柏拉图的"理念"。关于柏拉图的理念，在中文中有很多不同的译法，廖申白教授认为"型式"是一个更好的译法。关于他给出的理由，参见亚里士多德：《尼各马可伦理学》，廖申白译，商务印书馆，2003，第13页注释5。
③ 亚里士多德：《尼各马可伦理学》，廖申白译，商务印书馆，2003，第17页。
④ 亚里士多德：《尼各马可伦理学》，廖申白译，商务印书馆，2003，第36页。

的'也是从'习惯'这个词演变而来"①。也就是说，在原初的意义上，伦理学与风俗习惯是无法分开的。现代英语、法语、德语中的"Moral"一词的词源是拉丁语中的"Moralis"。罗马哲学家西塞罗用"Moralis"来翻译希腊词汇"Ethike"。亚里士多德在探讨伦理学知识时，将伦理学建立在他对于人的灵魂认识的基础之上。在他看来，人的灵魂（精神）中具有逻各斯的部分，可根据其考虑对象的性质不同而分为两个次级部分：一个部分思考不变的、永恒的事物，称作科学的部分；另一个部分思考可变的、即时的事物，称作推理的／考虑的部分，这两个部分由于运用领域不同，因此获得的知识形式并不相同②。他在谈论政治学的性质时说道：

> 我们对政治学的讨论如果达到了它的题材所能容有的那种确定程度，就足够了。不能期待一切理论都同样确定，正如不能期待一切技艺的制品都同样精确。政治学考察高尚（高贵）与公正的行为。这些行为包含着许多差异与不确定性。所以人们就认为它们是出于约定而不是出于本性的。善事物也同样表现出不确定性。因为它们也常常于人有害：今天有的人就由于富有而毁灭，或由于勇敢而丧失了生命。所以，当谈论这类题材并且从如此不确定的前提出发来谈论它们时，我们就只能大致地、粗略地说明真；当我们的题材与前提基本为真时，我们就只能得出基本为真的结论。对每一个论断也应当这样地领会。因为一个有教养的人的特点，就是在每种事务中只寻求那种题材的本性所具有的确切性。只要求一个数学家提出一个大致的说法，与要求一位修辞学家做出严格的证明同样地不合理。（亚里士多德：《尼各马可伦理学》，廖申白译，商务印书馆，2003，第6-7页。）

---

① 亚里士多德：《尼各马可伦理学》，廖申白译，商务印书馆，2003，第35页。

② 亚里士多德：《尼各马可伦理学》，廖申白译，商务印书馆，2003，第165-167页。

　　亚里士多德的这段论述虽然主要谈论的是政治学，但是他对于政治学的这种看法同样适用于伦理学，因为在亚里士多德的思想体系中，伦理学和政治学是统一的，政治学研究的是作为城邦的善，而伦理学研究的是作为个人的善。在亚里士多德的思想体系中，个人的善从属于城邦的善，而探讨个人的善的伦理学也不是一门完全确定的学科，只能是一种部分为真的学科，因此只能得出"部分为真的结论"。从亚里士多德对于政治学性质的探讨中，我们可以看出，我们不能离开具体的文化传统来讨论善恶的标准问题或者行为对错的标准问题。在我们讨论伦理问题的时候，我们必须在具体的文化背景中进行。

　　纵观亚里士多德所建构的伦理学体系，我们可以看到，亚里士多德所建构的伦理学体系被今天的学者称为美德伦理学的典范。即使在今天，人们谈论美德伦理学仍然离不开亚里士多德。亚里士多德的这样一套美德伦理学体系建构的基础是关于人的灵魂的认识和理解，在其关于人的灵魂的认识和理解的基础上，他追问人到底该如何去生活才能获得幸福这个对每个人来说都至关重要的问题。在他看来，人们要想过一种幸福的生活，首先要做的就是以占有德行的方式去存在和生活。他在《尼各马可伦理学》中认真探讨了什么是幸福，什么是德行，以及如何通过过一种有德行的生活最终达到幸福这些重要问题。

　　亚里士多德代表着整个希腊哲学的顶峰，随着亚里士多德的去世以及希腊的衰落，西方人关于伦理学的探索进入低谷。希腊文化衰落之后，以基督教为代表的希伯来文化重新开始在西方人的思想中占据非常重要的地位。基督教在构建自己的道德哲学体系的时候，有两位非常重要的思想家，一位是奥古斯丁，一位是托马斯·阿奎那。虽然这两位思想家在基督教哲学的发展史上占有非常重要的位置，但是，这两位思想家在思想上有很多不同之处。因为这些不同并不是笔者在书中所讨论的重点，所以在这里笔者只是简单说一下他们所构造的伦理学体系的基础。毫无疑问，这两位重要的思想家都不怀疑对上帝的信仰构成了他们行为的依据和准绳。基督教的伦理学，特别是早期跟斯多葛学派融合的伦理学，更多的是表现为一种规则主义，而这种规则的源头无疑是上帝的规定或者上帝的命令。

在西方，中世纪有着一个非常漫长的历史，在这段漫长的历史当中发生了很多重要的哲学争论，也产生了不少比较重要的哲学家。不过，对于这段漫长的历史，中国从事哲学研究的人一般都不太重视。当前中国学者所写的西方哲学史对这一讨论也很少涉及。当然，他们选择忽视中世纪的哲学有各种各样的理由，首先，他们认为在中世纪的时候，哲学沦为神学的婢女，哲学完全为神学服务。其次，他们认为中世纪讨论的很多问题都没有太大的意义，不值得给予关注。比如像我们听到的这种说法——在中世纪讨论的一个很有意思的问题——在针尖上能够站几个天使这样无聊的问题。最后，大部分中国的哲学工作者不太思考神的维度，将这一维度给忽视了。中世纪在道德哲学上最大的贡献是不断丰富和完善了一直以来在西方影响深远的自然法传统。

自然法传统在西方文明发展的历史中影响深远，即使在今天的学术语境中，仍然有不少关于自然法研究的专著出版。关于自然法传统也存在不同的认识，笔者在这里只是简单地做一个介绍。关于自然法这样的说法，最早在希腊人的世界观中就出现了。希腊三贤，即我们上文中所提到的苏格拉底、柏拉图和亚里士多德，都有这样一种想法，即我们可以发现永恒不变的标准，借以判定现有成文法的优劣。后来到了中世纪，首先是斯多葛学派对自然法传统做了进一步的发展，他们在自然法中加入了"理性"这一概念，认为人的自然状态就是人在理性主导下的状态。他们有一个很有名的口号就是要按照自然去生活，即按照理性的要求去生活。在公元6世纪出现的《法学阶梯》中，自然法是罗马法当中最为重要的部分，当时的罗马法主要分为三个部分，即自然法、万民法和市民法。这个时候的自然法主要指的是自然界适应于一切生物的法律。托马斯·阿奎那作为经院哲学的集大成者，对自然法有一个非常经典的说法。在这里，让我们看看托马斯·阿奎那关于自然法①是怎么说的：

> 做善事并且追求善，避免恶。我们作为人类要追求善有三部
> 分：第一，我们身体性质方面的善，即保存我们的生命和健康免于
> 不断存在的各种危险的威胁；第二，我们动物性质方面的善，包括
> 性生活以及教育和关怀我们后代方面的善；第三，属于作为理性动
> 物的我们方面所特有的善，即知识方面的善，这些善不仅包括对事
> 物本质和上帝的认识，而且包括被理性的规则所塑造的社会生活中
> 的善。（*Summa Theologiae* Ia-IIae 94，2.）

　　自然法概念对后来的道德哲学的发展产生了非常大的影响，其中
影响最大的是社会契约的思想。比如近代政治哲学的奠基性人物托马
斯·霍布斯就深受自然法思想的影响。霍布斯认为自然法是理性发现
的唯一的普遍规则，符合人的自爱自保本性。自然法规定人可以做保
全自己生命的事情，禁止人去做伤害自己生命的事情。在这一基础上，
他甚至提出了国家到底是如何起源的问题，即他在《利维坦》这本在
政治哲学当中重要的著作中所阐述的思想。在霍布斯看来，一切诸如
公道、正义等道德规范，都源于自然法规定的保全生命、遵守契约、
不侵犯他人的财产和安全等规定。自然法即理性，为有理性的全人类
所遵守②。

　　随着文艺复兴、宗教改革等一系列重大事件在欧洲的发生，欧洲

---

　　① 托马斯·阿奎那关于自然法的论述其实有不同的内容，笔者所选的这个部分
只是其中比较有名的一段，也比较容易让人接受。在托马斯·阿奎那的体系当中，法
有不同的表现，主要有人为法、自然法和神圣法。人为法就是我们所熟知的道德和法
律，这些是对自然法的模仿，而自然法是对神圣法的模仿。
　　② 关于霍布斯对自然法的理解，参见朱贻庭主编《伦理学大辞典》在第643页中
关于"自然法"这一词条的解释。不过在这一词条的解释中，关于自然法的介绍比较
少，并没有涉及在希腊和中世纪时期的理解，也没有涉及今天西方在自然法传统中的
争论。自然法在西方源远流长，即使在今天关于道德和法律的争论中都具有非常重要
的地位。

逐渐向现代社会迈进。在世界史上，我们称中世纪之后的欧洲为启蒙运动时期。这个时期最大的特征就是对人的主体性和理性的重视。在中世纪，做一个有道德的人很简单，按照《圣经》的教导去做就是一个有道德的人，不按照《圣经》的要求去做就是一个不道德的人。现代社会最大的特征就是人类开始认真反省过去所留下的道德规范。基督教伦理学既是他们批评的对象，也是他们的道德哲学进一步发展的源头。在启蒙运动这段历史当中，出现了我们今天所熟知的三个最为重要的思想流派，即功利主义伦理学[①]、康德主义伦理学和契约论伦理学。只是，这三种不同的伦理学流派在关于道德的基础这个最为核心的问题上的回答并不相同。

面对当时出现的种种社会变革，功利主义所考虑的主要问题是：我们如何去评判一种变革是对的。虽然功利主义这样一种理论一直以来都受到很多人的批评，但是其影响一直非常巨大，甚至很多人做事的方式都可以归结为功利主义。在《功利主义》一书的开篇，密尔就谈到一个对于道德哲学来说最为重要的问题，即行为对错的标准到底是什么。

行为对错的标准是什么，这个问题虽然争议不断，却始终没有取得多少实质性的进展；就目前的人类知识状况而言，没有什么比这种情况更加出乎人的意料之外了，也没有什么比这种情形更加能够表明，我们对一些最重要问题的思考至今仍然是非常落后的。自哲学诞生以来，"至善"的问题或者说道德基础的问题，始终被认为是思辨领域中的主要问题，使得多少聪明才俊为它苦思冥想，因它而分成各个门派，互相攻讦，争论不休。两千多年以前，青年苏

---

① "功利主义"其实并不是对"Utilitarianism"很好的译法，在中文语境中，"功利主义"是一个贬义词，往往指的是人们急功近利的一些做法和现象。但是，在英语语境中，"功利主义"并不是一个贬义词，有不少学者认为应该把"Utilitarianism"翻译为"效用主义"或者"实用主义"。考虑到这个词已经在伦理学中广泛使用，笔者在这里仍然沿用旧有的译法，不打算进一步在语义上对这个术语进行澄清。

格拉底在倾听了老年普塔哥拉的见解之后，就主张功利主义的理论而反对当时所谓智者的流行道德，可是到了两千年之后的今天，同样的讨论却仍然在继续，哲学家们仍然分列于同样的战斗旗帜之下，无论是思想家还是一般人，在这个问题上看来都仍然没有更加接近于取得一致意见。（约翰·穆勒：《功利主义》，徐大建译，上海人民出版社，2008，第1页。）

　　通过这段话，我们也可以看出，密尔对过去人们关于对错标准的回答是不满意的，对到底什么是"至善"的回答也不满意。密尔通过自己的研究和自己的社会实践，对行为对错的标准给出了自己的理解，即幸福最大化原则。简单来说，就是我们不管做出什么样的行为，其最终的目标都不能够违背幸福最大化原则，违背幸福最大化原则的就是不道德的，合乎幸福最大化原则的就是道德的。这里所说的幸福最大化原则主要指的是以最大的程度增加个人和他人的幸福，而这里所说的幸福主要指的是享受快乐和没有痛苦。当然，功利主义被人批评最多的地方就在于什么是幸福是一个很难被说清楚的问题。密尔的老师边沁甚至尝试着以定量的方式来界定幸福，即从七个不同的维度来比较幸福的差别，使幸福客观化。当然，他的批评者对于这样的定量划分并不满意。更多的人会指责他们是在倡导一种享乐主义。为了免于各种关于幸福的批评，密尔对幸福在性质上进行了进一步的区分，将幸福区分为高级幸福和低级幸福。当然，这样的发展仍然无法去解决幸福主观化的问题。功利主义思想虽然在当时引起了很大的轰动，对人们的行为方式也产生了非常大的影响，但是也面临非常多的批评。即使在功利主义非常流行的时候，我们也很容易听到批评者的声音。与功利主义同时存在的康德就提出了很多批评。

　　面对新的时代的来临，很明显我们需要一种与新的时代相适应的伦理学。康德建构其伦理学的出发点也是不满意以前经院哲学所构建的伦理学体系，他想构建一种新的伦理学体系。不过，康德对密尔等人所发起的功利主义思潮似乎不是很感兴趣，在他的《道德形而上学基础》一书中，我们可以看到很多对功利主义的指责。康德称密尔他们所建构的功利主义为感性主义伦理学，服务于满足个人的欲望。康德建构其伦理学体系的出发点是人的实践理性。在今天的伦理学课堂中，康德伦理学被称为义务论或者道义论，有时也被称为动机论。这种理论的主要特点是：行动在道德上的正确性并不是看其最终造成的后果或者可能造成的后果，而是看在行动之前这个行动的出发点是否遵循理性，特别是人的实践理性所颁布的道德律。

康德的道德哲学思想主要体现在《道德形而上学基础》《实践理性批判》以及《道德形而上学》这三本书上面。《道德形而上学基础》是这三本书中最简短的也是最重要的。《实践理性批判》和《道德形而上学》都是对《道德形而上学基础》这本书中思想的进一步展开。中国学者对康德伦理学的解读大多都围绕《道德形而上学基础》和《实践理性批判》而展开。《道德形而上学》这本书在2013年才被中国人民大学的李秋零教授翻译到中文世界。康德通过其伦理学所要做的主要事情是让人通过理性为自己立法，即理性如何通过自我立法把道德原则给确立起来。《道德形而上学基础》和《实践理性批判》都是围绕这样的问题来展开的。在康德看来，人是可以通过对人的实践理性的运用和反思，一步步确立起人应该遵守的道德法则的。

在康德所生活的那个年代，牛顿是科学和哲学研究的典范，他通过自己的努力揭示了物体运动的规则。康德其实也是希望自己能够像牛顿那样，通过自己的努力，揭示人到底该如何去行动的规则。当然，康德也知道人和自然物之间是不同的。自然物无法给自己确立目标，但是人因为有自由意志，所以可以给自己确立目标，可以对自己的目标进行反思，人的行动很多时候也未必一定会完全按照自然法则来展开。当然，这在康德看来，人的自由恰恰是人的高贵之处，也是康德伦理学的起点。关于将自由作为康德伦理学起点的这一判断已经有很多人说过，笔者在此不做赘述。

康德通过对人类理性的反思，总结出人类遵守的道德原则在形式上应该符合可普遍化原则，简单地说，就是我们在行动的时候所遵循的道德原则应该是所有人都能够接受的。这句话在中国人的语境中被翻译为"己所不欲，勿施于人"，这也是伦理学上经常谈论的伦理学"金规则"。这个普遍自然法则公式在康德的伦理学体系中有三种不同的表达方式：

自在目的公式（the Formula of End in Itself/FE，又称人性公式：the Formula of Humanity/FH）：你要这样行动，即无论是你的人格中的人性，还是其他任何一个人的人格中的人性，你在任何时候都应当同时当作目的，而绝不仅仅当作手段来使用。

自律公式（the Formula of Autonomy/FA）：只这样采取行动，即意志能够通过其所立的准则同时把自己视为普遍立法者。

目的王国公式（the Formula of Kingdom of Ends/FKE）：你的行动所依从的准则，只能是可能的目的王国中的普遍立法成员的准则。

通过以上对康德伦理学的分析，我们可以清楚看到，康德伦理学主要是建立在对人的理性分析的基础之上，认为人依靠自己的理性可以找到客观可靠的道德准则。康德也通过自己的努力给出了这样的准则。即使在今天，康德伦理学仍然在学院派哲学家中占据主要位置。康德对伦理学探讨所采取的方式也一直没有被人抛弃。在当代影响很远的罗尔斯，其恰恰就是在复兴康德伦理学的基础上构建了他关于当代社会到底该如何建构的一套理论。当然，罗尔斯也是我们下面要谈到的契约论伦理学的主要代表人物。

在关于道德的基础到底在什么地方这一问题上，契约论伦理学与我们上面所提到的伦理学理论都不太一样。契约论的理论家认为，道德原则是被制作出来的，而不是被发现出来的。换句话说，为了保护所有社会成员的共同利益，人民通过理性协商的方式构造出道德原则和道德规范。契约论这样的思想在古希腊时代就有，读者可以在《理想国》与《尼各马可伦理学》中找到零星的谈论。不过，契约论被后人所熟知主要是开始于近代，比如我们上文中提到的托马斯·霍布斯。在康德的思想中也有一些社会契约的思想。契约思想跟西方一直以来的法律传统有很大的关系，而且对他们的法律传统也有很大的影响。

在本书中，笔者将着重考察契约论在道德基础问题上的理解。

社会契约论所理解的道德理论在今天之所以有吸引力，在很大程度上是因为不需要将道德规范建立在形而上学的基础之上。我们前面所分析的各种伦理学体系都建立在某种形而上学的基础之上，这种伦理学体系主要是建立在对人性的分析和考察基础之上。社会契约论的伦理学也不需要预设上帝存在、灵魂不朽、理性直观、人的良知或同情心等等。这样的一种做法很容易受到现代人的重视，因为现代人很多时候不希望去讨论这些很多时候没有办法得到答案的问题。但是，对于社会契约论的道德理论来说，并不是只有一种表现形式，而是有很多种不同的表现形式。社会契约论一般对人性有一种自明的假定。不同时代，人们对这一人性的假定是不同的。在霍布斯那里，关于人性的理解是非常糟糕的，人与人之间是狼与狼之间的关系，社会的运转遵守的完全是野蛮的丛林法则。人最重要的就是自保，即保有自己的生命。人之所以选择道德、法律与国家，在很大程度上是因为道德、法律与国家能够更好地保护自己的生命。在卢梭那里，人性意味着自由和平等，在人类进入文明社会之前，人类生活在非常美好的世界中，跟《圣经》中描述的伊甸园有点类似。自从人类有了理性，进入文明社会之后，人类就开始堕落了。卢梭因为其特殊的生活背景，是最早对现代性价值进行批评的人。1749年，法国第戎科学院开展了一次有奖征文活动，征文的题目是"科学和艺术的复兴是否有助于敦化风俗"。卢梭从对现代科学技术批评者的角度出发提交了一篇文章，认为科学和艺术的发展根本无助于道德的增长。结果这样的文章竟然获得了头名。卢梭因为对文明社会所持有的批评态度，导致他所理想的社会不同于当时的人所理解的社会，他把道德更多地诉诸人的良知。罗尔斯所构建的一个正义的社会主要是体现自由、平等和博爱等启蒙运动所创造的价值的社会。

当然，我们也要意识到，契约论伦理学也面临很多挑战。其中，最大的挑战是，每一位契约论的理论家对于人性的理解都不同，因此也构造出不同的道德规范。我们是否能够在人性是什么这一问题上达成统一的理解，这似乎是哲学史上一个永恒的难题。人们似乎从来没有看到有这样的事实发生，即在从自然状态进入文明社会的时候，人们能够在遵循什么样的道德规范方面进行协商和讨价还价。

服从于本书整体布局的需要，我们对"道德"基础的反思只进行到这里，不打算在此处涉及现代道德哲学的理论和流派。之所以这样做，主要是因为以下两个考虑。一方面，现代的道德哲学虽然有各种主义和各种主张，但是很多流派和思想观点还没有经过历史的筛选，还不足以称为重要的伦理学理论。另一方面，笔者在后面的内容中会有一章专门讨论道德相对主义的起源和流变，在这一章中，笔者会花费比较多的心思去考察现代伦理学的不同流派。

通过我们对西方古代伦理学史和近代伦理学史的简单考察，我们会发现，在前现代社会，在那些重要的伦理学流派和哲学家的思想当中，道德相对主义是没有任何位置的。相对主义的发展跟现代哲学的发展密切相关。当然，如果按照麦金太尔对西方伦理学史的解读的话，道德相对主义的萌芽恰恰发生在启蒙运动时期。麦金太尔是当代美国著名的道德哲学和政治哲学家，他在1981年出版了《追寻美德：伦理理论研究》一书，这本书在当代影响深远。在这本书中，麦金太尔对于当今社会中的道德无序现象进行了深入批评。在麦金太尔看来，当今社会的道德无序、道德相对主义以及道德情感主义的直接原因跟元伦理学的发展有关，但是其深层次的根源在于启蒙筹划的失败，即整个启蒙运动对道德的理解导致了我们今天所面临的种种困境。因此，他开始从事一项新的筹划，即"追寻美德"筹划，希望借助于过去的道德哲学资源，特别是亚里士多德和托马斯·阿奎那的道德哲学思想，来拯救今天我们所面临的道德困境。

对于中国人来说，在过去我们思想发展的历史上，"相对主义"以及"道德相对主义"这样的思想几乎没有太多的地位。在谈到相对主义的时候，我们最多可以将庄子在《齐物论》中的思想拿出来分析一下。在我们谈论中国道德哲学发展历史的时候，需要注意"道德"在中国思想发展中一般都是作为两个独立的"字"出现的，而且这两个字对于中国人来说都是非常重要的。在过去，中国人的表意单位是单个的字，用词语来表意其实是后来的事情。我们今天所说的"道德"在中国古典文献中对应的最为合适的一个词是"礼"。虽然有可能对"礼"的来源和"礼"的具体表现形式有不同的理解，但是，对"礼"的客观有效性是毋庸置疑的。在中国有文字记载的历史当中，很少有看到那种否认"礼"的客观有效性的观点，最多会看到一些对具体的"礼"的一些批评。在过去的时代，甚至从春秋战国时期开始，就有这样的思想，即中国而失礼义则夷狄之，夷狄而能礼义则中国之。这句话主要说的是，中国如果失去了礼义就变成了夷狄，而夷狄如果能够坚守礼义就变成了中国。过去所说的中国其实更多的是一个"文化"概念，中国之所以为中国，最大的特点就是因为对于"礼义"的坚守。

中国过去一直以为"礼"是古代的圣人们有意识地建立起来的。这些圣人之所以要去建立一套礼仪制度，在很大程度上是因为他们受到一些神圣的召唤。关于古代圣人有意识地建立"礼"的观点可以在儒家的很多文献中找到。在这里，笔者举三个比较有影响的段落。

> 人之有道也，饱食、暖衣、逸居而无教，则近于禽兽，圣人有忧之，使契为司徒，教以人伦：父子有亲，君臣有义，夫妇有别，长幼有序，朋友有信。（《孟子·滕文公上》）①
>
> 圣人积思虑，习伪故，以生礼义为起法度。然则礼义法度者是生于圣人之伪，非故生于人之性也。（《荀子·性恶篇》）②
>
> 礼起于何也？曰：人生而有欲；欲而不得，则不能无求；求而无度量分界，则不能不争；争则乱，乱则穷。先王恶其乱也，故制礼义以分之，以养人之欲，给人之求，使欲必不穷乎物，物必不屈于欲，两者相持而长，是礼之所起也。（《荀子·礼论篇》）③

---

① 朱熹：《四书章句集注》，中华书局，1983，第259页。
② 荀子：《荀子》，方勇、李波译注，中华书局，2011，第379页。
③ 荀子：《荀子》，方勇、李波译注，中华书局，2011，第300页。

在中国过去的传统文化中，关于"礼"的研究和文献是非常多的。在过去的读书人最为看重的四书五经中，《大学》和《中庸》都来源于《礼记》。五经中的一经就是《礼记》，而《礼记》通常包括三礼，即《礼记》《仪礼》《周礼》。在《论语》和《孟子》中也有很多关于"礼"的论述。孔子人生的主要追求就是复兴周礼，孔子在他的人生中也不断跟各种不符合周礼的行为进行斗争。在《论语》中，我们可以找到很多这方面的证据，比如，孔子谓季氏："八佾舞于庭，是可忍也，孰不可忍也！"（《论语·八佾》）在说到我们华夏文明特征的时候，我们经常会将礼乐文明作为华夏文明最为重要的一个特征，而礼乐无疑都是由孔子之前的周公所奠定的。毫无疑问，"礼"在过去中国人的政治制度和道德规范方面具有根本性的地位。

但是，自从中国进入近代以来，我们不断对自己的文化进行解构和批判，不断引入西方的各种技术和思潮，希望能够使中国摆脱落后和衰落的状况。在中国不断走向现代化的过程中，其实中国人也付出了非常大的代价，而最大的代价就是我们过去的做事方式和对于世界的信仰都被颠覆了。在鸦片战争之前，中国人对于世界的认识按照我们今天流行的说法是一种"天下观"。我们一直都认为自己是这个世界的中心，尽管我们知道在我们之外也存在不少文明，但是我们往往选择无视这些文明。鸦片战争、甲午海战、戊戌变法等一系列在中国近代发生的事情，让我们意识到，我们自己对于世界的认识出现了问题。当时的很多知识分子都陷入对中国文化的批评之中，而新文化运动无疑是这一诉求最为集中的体现。反对中国旧有的传统文化和价值系统，特别是儒家的礼教，似乎是当时的主流，比如陈独秀、鲁迅等人；甚至当时还有一些人主张全盘西化，比如胡适。当时也有一些人以保守主义的姿态来捍卫儒家思想在中国的地位，比如康有为等人。在那个时候，中国人以非常开放的姿态认真学习当时世界上的各种先进文化，曾经在不同的时期分别向日本、德国、美国、苏联等当时世界上先进的国家学习。

正是在这样一种对传统文化的反思和批判中，在向发达国家学习的过程中，中国人开始慢慢地构建自己的哲学体系和伦理学体系。胡适和冯友兰无疑是在建构现代中国的哲学体系方面具有奠基性地位的人物。冯友兰先生写作的《中国哲学史》即使是在今天仍然具有非常重要的参考价值。在这两位先生写作中国哲学史的过程中，毫无疑问，他们共同的特点是发现中国过去的思想体系与西方的思想体系有很大的不同，最大的不同之处是，中国的思想中缺乏论证的成分，而这恰恰是源于古希腊的哲学的精髓之所在。当然，关于中国的思想是不是哲学这个问题一直以来都有人争论。当时有一个哲学家叫张东荪，他在《哲学是什么？哲学家应该做什么?》这篇演讲中，就直接说道：

> 哲学是西方的文化，在中国学术中找不出哪一种学问是与它完全相同的。文化是一个整体，就像人体一样，头部手足都互相配合；至于马的躯体，配合就与人不同。西方人的文化也是一个整体，哲学是整体中的一部分；在中国，也有过"哲学"这个名称，譬如贵校校长胡适之先生和冯友兰先生都写过"中国哲学史"。从这名称上看，中国似乎也有哲学，但其实这是很勉强的，我们看这里面所谈的问题与西方人所谈的问题并不相同。（张东荪：《哲学是什么？哲学家应该做什么？——四月五日在北京大学讲演》，载张东荪《科学与哲学》，商务印书馆，2003，第188页。）

不过，像冯友兰先生这些中国哲学现代的奠基者在写作中国哲学史的过程中，非常清楚地意识到我们的思想跟西方人所说的哲学在很大程度上是不同的。在《中国哲学史》一书的开篇，冯友兰先生就明确说道，"哲学本一西洋名词"，过去中国是没有"哲学"这个词的。他写作《中国哲学史》的目的，在很大程度上是看看中国历史中的各种学问中，有哪些可以用西洋所说的哲学来命名。冯友兰先生在考察完哲学的分类之后，明确指出哲学之为哲学最为核心的就是对论证的强调。他说道："故哲学乃理智之产物；哲学家欲成立道理，必以论证证明其所成立。"①他明确意识到，与西方的哲学相比，中国过去的学问在论证方面是欠缺的。他说道："中国哲学家之哲学，在其论证及说明方面，比西洋及印度哲学家之哲学，大有逊色。"②不过，冯友兰先生也看到，虽然中国的学问在宇宙论和逻辑学方面与西方所说的哲学有很大的差距，但是，中国在伦理学方面有着非常多的探索。按照冯友兰先生的说法，正是因为中国人太过于重视伦理学，才导致中国学问在宇宙论和逻辑学方面显得比较弱势一些。冯友兰先生说道："中国哲学家，又以特别注重人事之故，对宇宙论之研究，亦甚简略。故上列哲学中之各部分，西洋哲学于每部皆有极发达之学说；而中国哲学，则未能每部皆然也。不过因中国哲学家注重'内圣'之道，故所讲修养之方法，即所谓'为学之方'，极为详尽。此虽或未可以哲学名之，然在此方面中国实甚有贡献也。"③

在近代，中国出现了不少伦理学方面的著作，其中最有影响的当数蔡元培留下的《中国伦理学史》，这本书也可以算是在伦理学研究方面中国诞生的第一本比较有影响的书。之所以将这本书当作中国伦理学的开山之作，按照蔡元培先生的说法，主要是因为我们以前虽然有很多伦理道德方面的资源，但是我们并没有伦理学。以论证的方式来探讨伦理或者道德问题在过去的中国并不多见。过去中国人有很多讲道德修养的资料，但是，很少有人会去探究这样做背后的理论依据。蔡元培在《中国伦理学史》一书的开篇就谈到了一个重要的区分，即"伦理学与修身书之别"。他说道："盖伦理学者，知识之途径；而修身书者，则行为之标准也。持修身书之见解以治伦理学，常足为学识进步之障碍。故不可不区别之。"④在讲到中国伦理学的特点的时候，他看到了在中国过去的历史中，我们有很多关于伦理的探讨，与其他学科相比，伦理学应该是我国唯一发达的学科，但是，中国的伦理学并

---

① 冯友兰：《中国哲学史》（上），华东师范大学出版社，2000，第6页。
② 冯友兰：《中国哲学史》（上），华东师范大学出版社，2000，第7页。
③ 冯友兰：《中国哲学史》（上），华东师范大学出版社，2000，第8页。
④ 蔡元培：《中国伦理学史》，商务印书馆，2000，第1页。

不纯粹。蔡元培说道:"我国以儒家为伦理学之大宗。而儒家,则一切精神界科学,悉以伦理为范围。哲学、心理学,本与伦理有密切之关系。我国学者仅以是为伦理学之前提。其他曰为政以德,曰孝治天下,是政治学范围于伦理学也;曰国民修其孝悌忠信,可使制挺以挞坚甲利兵,是军学范围于伦理也;攻击异教,恒以无父无君为辞,是宗教学范围于伦理也;评定诗古文词,恒以载道述德眷怀君父为优点,是美学亦范围于伦理也。我国伦理学之范围,其广如此,则伦理学宜若为我国惟一发达之学术矣。然以范围太广,而我国伦理学者之著述,多杂糅他科学说。其尤甚者为哲学及政治学。欲得一纯粹伦理学之著作,殆不可得。"①蔡元培先生关于伦理在中国学问中的地位以及当时伦理与其他学问之间关系的判断在当时完全是可以接受的。他确实看到了伦理道德在过去中国学问中的地位和作用,即使是今天,当我们拿中国文明跟世界上其他文明进行比较的时候,我们还经常会提到中国文明最大的特点是重伦理道德。20世纪大多数新儒家都持这样的看法。

自蔡元培开始,中国对伦理学的探索便走上了一条快车道,当时出现了很多关于东方和西方伦理学的著作。在民国,伦理学毫无疑问是哲学当中最为繁荣的一部分,出现了不少在今天仍然被广泛阅读的著作。比如方东美先生在抗日战争时期所发表的《科学哲学与人生》以及《中国人生哲学》,杨昌济出版的《西洋伦理学史》等。伦理学涉及的主要问题是人到底该如何去生活,到底什么样的行为是对的,这些问题对于当时处在变革中的中国人来说,无疑都是非常重要的问题。那个时候的伦理学家除了翻译介绍西方的一些伦理学思想之外,也在尝试着书写和建构适合于中国人的伦理学体系。

新中国成立之后,作为学科的伦理学曾经在一段时间消失不见。改革开放之后,伦理学的发展迎来了新的春天。自20世纪80年代以来,我国学者对伦理学的建构主要是依据马克思的道德哲学理论展开的。马克思曾经在《政治经济学批判》序言中说道:"物质生活的生产

① 蔡元培:《中国伦理学史》,商务印书馆,2000,第1-2页。

方式制约着整个社会生活、政治生活和精神生活的过程。不是人们的意识决定人们的存在，相反，是人们的社会存在决定人们的意识。"①这句话也是经常被引用的马克思的经典话语。在当今中国的社会语境中，我们经常用三层决定关系来分析和解释社会的结构和运作，即生产力决定生产关系，生产关系决定上层建筑，上层建筑决定意识形态。在这一思想框架当中，最为革命的力量是生产力的发展，而道德是被放在意识形态这样一个层次当中的。所以，在朱贻庭所主编的《伦理学大辞典》中，关于道德是这样定义的，即"以善恶评价为形式，依靠社会舆论、传统习俗和内心信念用以调节人际关系的心理意识、原则规划、行为活动的总和。即包括道德意识、道德规范和道德实践。社会意识形态之一"②。我们用这样一种对于道德的理解来建构我们自己的道德哲学体系，来重新写作中国过去的伦理学史，建构新的道德秩序和道德规范。根据不同的生产方式将历史上的道德分为不同的形态，主要有原始社会道德、奴隶社会道德、封建社会道德、资本主义社会道德和共产主义社会道德。这种分类强调道德的阶级性和历史性。

　　《伦理学大辞典》对道德的这一界定，主要是从马克思主义伦理学的角度对什么是"道德"进行了解读。将道德与社会经济的发展联系起来，指出道德所包括的主观和客观的内容。从这个定义中，我们可以看出，道德确实有相对性，是相对于经济、政治和阶级利益关系而存在的，但是，道德同样也有其客观性。这些客观性主要体现在道德在社会生活的方方面面对人的具体要求。

　　通过对中西方伦理学史的简单梳理和考察，我们可以发现，在不同的时代，在不同的文化当中，人们对伦理和道德的理解确实有很多差异，甚至将道德建立在不同的基础之上。在西方，古希腊哲学通过神的命令以及对人的灵魂的考察来构建人们的道德生活，中世纪主要是将道德哲学建立在对上帝的信仰之中，自然法传统通过审视人性以

---

　　① 马克思、恩格斯：《马克思恩格斯选集》（第2卷），人民出版社，1995，第32页。

　　② 朱贻庭主编《伦理学大辞典》，上海辞书出版社，2002，第15页。

及人在宇宙中的位置来构建伦理学体系，功利主义通过对行动所导致的幸福的计算来决定行为的正确性，康德伦理学诉诸人的理性来发现道德的法则，契约论伦理学通过对自然状态和人性的考察来创造一套伦理学体系。在中国，我们通过对礼的构建来告诉人们到底该如何生活。在近代，随着对传统文化的怀疑，我们重新将道德建立在新的基础之上，即马克思主义哲学的基础之上。

虽然有不同的对道德的理解，但是这些道德体系共同的方面都不认同道德相对主义，都不认为道德是可有可无的。他们认为，道德规范是在变动不居的道德现象背后的依据。虽然会有各种不同的道德现象，但是作为道德现象背后的道德根据和道德规范，在具体的历史和现实场景中是可靠的，是值得依赖的。

第三节　道德相对主义的定义

考察完"相对主义"和"道德"这两个核心术语之后，我们现在回到本章的主题，即给"什么是道德相对主义"下一个定义。我们首先要做的是将一些哲学家关于道德相对主义的定义阐释清楚，在此基础上给出笔者对于什么是道德相对主义的理解。

由朱贻庭教授主编的《伦理学大辞典》在界定什么是道德相对主义方面无疑在当前的中国具有一定的权威性，在界定什么是道德相对主义方面，我们首先看看《伦理学大辞典》关于这个问题的阐述。

伦理相对主义：一种用相对主义观点认识和解释道德本质与道德判断的伦理学理论。与"伦理绝对主义"相对。断言道德观念和道德概念具有极端相对性和条件性，否认在道德发展中存在着具有普遍性和规律性的客观因素，把不同民族的习俗和风俗中的多样性和变动性绝对化。按其主要表现，可分为两类：（1）从道德主体出发，把道德只看作是主体的意志、情感、需要的表现，道德价值（善、恶；正当、不正当）完全以主体的赞成与不赞成的态度、快乐与不快乐、满意与不满意的主观体验为转移，从而否定道德的客观根据，任何是非、善恶的标准都被看作是主观的，相对的，甚至是任意的。这种相对主义常被称为主观心理主义的相对主义。（2）从社会、文化环境出发，夸大不同国家、民族、社会文化的道德、风俗之间的差异性，否认道德的普遍规律，过分强调道德标准的相对性。这种相对主义亦称客观伦理相对主义或文化相对主义。在西方伦理学史上，相对主义观点可追溯到公元前5世纪古希腊的智者普罗塔格拉。近代霍布斯、曼德维尔、洛克也具有伦理相对主义思想倾向。伦理相对主义在现代西方伦理学中占着主导地位，并成为其重要特征之一。新实证主义、实用主义、存在主义以及各种形式的境遇伦理学，都是相对主义的极端形式。伦理相对主义虽然反映了现实道德领域的发展变化和不同时代、社会、阶级、集团和个人道德观念的差异，但它夸大道德的相对性，否认道德的客观性、真理性和普遍性，因而导致道德上的怀疑主义和虚无主义。（朱贻庭主编《伦理学大辞典》，上海辞书出版社，2002，第8页。）

在这一定义中，词条的编写者首先指出伦理相对主义的对立面是"伦理绝对主义"。编写者并没有在"道德"和"伦理"之间做出明确的区分，一般来说，除非做特殊的说明，一般的学者都很少会在这两个词的细微差别方面做出明确的区分。编写者认为持有道德相对主义观点的人夸大了道德的相对性和条件性。根据出发点的不同，将伦理相对主义区分为两种类型，即道德主体的相对主义和道德客体的相对主义。编写者进一步指出，伦理相对主义最早来源于普罗泰戈拉的相对主义观点，在近代主要有三位代表人物，即霍布斯、曼德维尔和洛克，他们在当代有重要的影响，各种强调境遇主义的伦理学流派都持有伦理相对主义的观点。不过，编写者也指出，这样一种关于伦理学的认识并不是一种关于伦理或道德的正确认识，虽然这样一种认识看到了不同时代不同人在伦理学上的认识存在差异，但是，他们的错误在于其不承认道德的真理性、客观性和普遍性。

聂文军教授在《西方伦理相对主义探析》一书中指出，伦理相对主义的问题阐述方式（探问或表述方式）通常有两种：一种是本体论的方式，一种是认识论的方式。本体论的阐述方式是："道德或伦理是客观的、普遍的、绝对的还是主观的、特殊的、相对的？"认识论的阐述方式则是："我们是否能够当下认识或把握客观存在的道德或伦理？""我们能否建构普遍使用的道德体系或伦理学体系？"①在聂文军看来，伦理相对主义认为道德规范、道德原则以及道德体系的现实运用总是不确定的、有限的、缺乏普遍性的，不存在普遍有效的和必不可少的道德价值；道德只是相对于特定的社会、民族或文化才是确定的和有效的②。从聂文军教授关于伦理相对主义的定义中，我们可以看到，聂文军教授在很大程度上对伦理相对主义持一种认可的态度。聂文军教授在《西方伦理相对主义探析》一书中写道："它（这里指的是伦理相对主义）几乎是贯穿全部西方伦理思想发展史的重要思想倾向，它汇聚了众多的思想人物和理论流派。西方伦理相对主义既不是一个独立的伦理学派，也不是某一时代的伦理思潮，而是在西方伦理思想发展史上所体现出来的一种具有长期性和普遍性的倾向——它萌芽于古希腊，在中世纪时期不绝如缕，凸显于现当代；美国著名伦理学家宾克莱因为伦理相对主义在现代的突出体现而把20世纪称为'在道德方面采取相对主义的世纪'。"③笔者不同意聂文军教授关于伦理相对主义的看法，将在后面对这种观点展开辩驳。

根据不同的标准，可以将道德相对主义分成不同的类别，美国当代哲学家戴维·王（David B. Wong）是比较有影响的道德相对主义捍卫者，他在《劳特利奇哲学百科全书》（*Routledge Encyclopedia of Philosophy*）中认为，道德相对主义是关于道德判断差异与时间、社会、个人的一

① 聂文军：《西方伦理相对主义探析》，中国社会科学出版社，2011，第2页。

② 聂文军：《西方伦理相对主义探析》，中国社会科学出版社，2011，第4页。

③ 聂文军：《西方伦理相对主义探析》，中国社会科学出版社，2011，第4-5页。

组教义，他将道德相对主义分为如下几个类别：描述性的相对主义（descriptive relativism），这一教义认为存在大量的差异，并且它关系到道德中极为重要的价值和原则；元伦理学的相对主义（meta-ethical relativism），这一教义认为没有唯一正确或可以得到证明的道德判断；规范性的相对主义（normative relativism），这一教义认为对于接受了不同于我们自己的道德的人，如果我们把适用于自己的道德判断放在他们身上，或者干涉他们的道德实践，那么在道德上就是错误的。很多关于道德相对主义的辩论围绕这些问题展开：描述的相对主义是否在事实上描绘了道德的多样性？是否事实上的多样性支持元伦理学的相对主义和规范性的相对主义？很多批评者也害怕相对主义会陷入虚无主义的深渊[①]。戴维·王关于道德相对主义不同类型的区分在当今西方伦理学界被大部分学者所认同。

中国伦理学会会长万俊人教授在《关于美德伦理学研究的几个理论问题》一文中，曾经对道德相对主义的特征做过一个简单的概括，他认为："道德相对主义的根本特征之一，是否认任何确定的道德价值标准，甚至否认道德判断本身的真实可能性。因此，在道德相对主义这里，既不存在任何确定的或客观的'对'与'错'或'正当'与'不当'、'善'与'恶'的评价标准，也不存在任何确定客观的道德行为规范，更不存在任何形式或名义的'绝对价值'，诸如'至善'、'完美'和'真理'。"[②]在这句话中，万俊人教授不仅指明了道德相对主义的典型特征，即否认道德评价标准，否认道德判断的可能性，而且指出道德相对主义的危害性。一旦人们相信道德相对主义的理论，那么道德判断和价值判断几乎不可能成立。万俊人教授在其成名作《现代西方伦理学史》中，在评价境遇伦理学的时候，曾经对道德相对主义有一个简单的评价，万俊人教授认为："道德相对主义是哲学相对主义

---

① David B.Wong, "Moral Relativism," *Routledge Encyclopedia of Philosophy* [London: Routledge, 1998（6）], p.539.

② 万俊人：《关于美德伦理学研究的几个理论问题》，《道德与文明》2008年第3期，第24页。

最深刻的反映。它不仅反映出现代哲学方法论的危机和困境，而且在实质内容上反映出人伦道德价值观念上的矛盾、困惑和无所适从。20世纪初，道德社会学家威斯特·马克最先提出了道德的相对性问题。随之，以詹姆斯、杜威为代表的美国实用主义从哲学和道德（真理和价值）两方面把相对主义推向高峰，它与稍后席卷欧美的存在主义一起，使道德相对主义或自由价值观风行一时。由是，西方传统价值观念系统陷入深刻的危机，传统被鄙弃，原则被否定，一切都被置于个人自由创造和主观意志、偶然、不定和荒谬性的冲刷之中，接受现实经验的洗礼。这一历史的过程无疑是痛苦的，人类也为之付出了巨大的代价。"①笔者对于万俊人教授关于道德相对主义特征的描述以及关于道德相对主义在当代西方道德哲学中境况的评价是比较认可的。万俊人教授抓住了道德相对主义最为核心的特征，以及道德相对主义对当今人们的精神生活所构成的严峻挑战。

李义天教授在《美德伦理学与道德多样性》一书中，曾经力图解决美德伦理学所面临的道德相对主义的指控问题。在该书的第五章，他将道德相对主义的内在逻辑分成三个层面：（1）在事实层面，道德相对主义必先承认一个事实状况，即世界上存在多种有差异的道德传统、共同体及其具体主张。（2）在道德相对主义看来，多种有差异的道德探究传统及其具体主张都有各自的一套标准、尺度或理由；当它们摆在人们面前时，无法找到一种外在的共同尺度来进行丈量评判……也就是说，这种"多"必须是一种不可公度的"多"。（3）既然世界上不存在一种公认有效的共同尺度，有差异的道德话语只能在各自内部谋求合理性证明，那么，在道德相对主义看来，这对其中各方都将带来两方面的影响：第一，它不能得到他者证明，但也不会被他者证伪；第二，它不能证明他者，但也不能证伪他者②。从这一分析中，

---

① 万俊人：《现代西方伦理学史》（下卷），中国人民大学出版社，2011，第843-844页。

② 以上三个层面的分析，具体参见李义天：《美德伦理学与道德多样性》，中央编译出版社，2012，第253-255页。作者在书中对这三个层面有详细的论证。

我们可以看出，道德相对主义这样的理论在逻辑上容易导致困境，道德相对主义在理论上也很难有所建树，很难指导人们在现实生活中的行动。

对于现有的道德状况来说，很少有人会否认第一个判断，即大部分人都会认同道德的多样性，但是，同样也很少有人会接受第二个和第三个判断，即这些不同的道德理解之间不可公度和不可比较。对于一个受过很好教育的现代人来说，我们希望能够通过我们人类的理性对不同的道德规范进行一定的评判，找到正确行为的依据和理由，指出哪些道德规范是合适的，哪些道德规范是不合适的。

当然，关于道德相对主义还有其他的理解，综合我们在第一部分和第二部分对"相对主义"和"道德"这两个核心术语的考察，以及我们对现有的关于"道德相对主义"的界定，笔者尝试着给出一个关于道德相对主义的理解，给道德相对主义下一个定义。

通过对西方伦理学史和中国伦理学史的简单考察，我们很清楚地看到，人们对于道德有着不同的理解和领悟，道德的理论和道德的实践在人类历史上并非只有一副面孔，而是有着各种可能性。生活在不同时代、不同文化中的人们，总是想要通过各种不同的方式对道德有所领悟。我们对于道德的理解也不能脱离其产生的历史、文化与现实生活。但是，不管怎么说，我们都必须以道德的方式去生活，不论是西方还是中国，道德在人类的生活方式中都占有不可取代的地位。因为，道德在最核心的意义上代表着正确的有意义的生活方式。

基于上面所提到的几种关于道德相对主义的理解，笔者尝试着给道德相对主义下一个定义。道德相对主义虽然在人类文明的开端已有其萌芽，但是，在整个人类的文明史上，道德相对主义一般来说都没有处于核心地位。道德相对主义根据不同的区分标准有不同的分类，这和道德理论最大的特点是夸大道德的相对性，否认道德的客观性、普遍性和必然性，不承认不同道德文化之间可以达成道德共识，认为人们无法为道德判断找到客观有效的标准。道德相对主义的盛行跟人们对理性的否定有很大的关系。笔者在书中所谈论的主要是这样一种道德相对主义。

这种道德理论对现实社会中的人们会产生非常不好的影响，这种影响主要体现在人们将失去行为的依据，认为什么样的行为都无所谓，善恶好坏都无关紧要。我们无法对人们行为的正确性做出可靠的结论。这样的结果对于人们的社会生活和社会制度的安排来说，无疑是非常危险的。如果道德相对主义这样的思想获得大多数人的认同，那么，对于那些危害社会行为的活动我们就无法去谴责，人们的行动也将失去依据。

第四节　关于"道德相对主义"的几个重要区分

通过前面三节的努力，笔者为道德相对主义下了一个简单的定义，为了使讨论更清楚明确，我们需要在与道德相对主义类似的几个概念之间做出区分。这些区分能够使我们在讨论道德相对主义这一问题的时候不会陷入讨论的陷阱当中。

一、"道德相对主义"与"道德相对性"[①]

道德相对性指的是道德的实践与道德的理论跟文化传统、历史时期、经济发展、政治制度等因素密切相关。万俊人教授在《美德伦理的现代意义——以麦金太尔的美德理论为中心》一文中，曾经就道德相对主义与美德伦理学之间的关系谈到这样一个重要的观点："如果我们能够划清道德的文化相对性与道德相对主义之间的界线，则有关美德伦理（学）的道德相对主义或文化相对主义的指控就难以成立。很

_____

① 这一区分主要受益于万俊人教授，在《关于美德伦理学研究的几个理论问题》一文中，万俊人教授曾经对"道德相对主义"与"道德相对性"做出过明确的区分。关于这一区分详细的讨论，见万俊人：《关于美德伦理学研究的几个理论问题》，《道德与文明》2008年第3期，第24页。

显然, 无论是麦金太尔本人还是其他的道德共同体主义者, 所主张和坚持的仅仅是一种道德的文化相对性, 而不是道德或文化的相对主义。承认和捍卫道德的文化相对性是一码事, 主张道德相对主义则是另一码事; 前者与后者并不构成必然的逻辑蕴涵关系, 毋宁说是一种偶然的、有条件的、有可能发生转化的外在关系: 当且仅当前者不仅申认和呼求各种文化传统及其道德谱系的特殊性、差异性和多样性, 而且由此进一步否认各种特殊文化传统和道德谱系之间存在着任何沟通对话的可能性和必要性, 甚至仅仅从维护某一种道德文化或道德谱系的自主权利出发, 否定或排斥其他道德文化传统或道德谱系的正当权利, 这时候, 我们才能合理正当地断定, 前者已然从某种独特之道德文化权利的正当合理的申认或呼求, 转化成了某种形式的道德相对主义极端主张。换句话说, 只要前者恪守'承认的文化'或'承认的道德'之基本立场, 我们就没有充分的——更不用说充分正当的——理由, 对之提出道德相对主义的指控。"①从这一段话中, 我们可以看出, 要想反驳道德相对主义对美德伦理学的指责, 首先必须搞清楚美德伦理所强调的道德相对性并不是道德相对主义。道德相对性和道德相对主义之间存在明确的界限。按照今天我们关于道德理论与道德实践的理解, 很少有人会否认这样一个明显的事实: 在不同的文化类型中, 人们所信奉的道德规范有很大的区别, 甚至某些文化类型中所遵守的道德原则对于其他文化类型来说完全是不可理喻的。但是, 这样的事实并不能推出人们相信道德相对主义的结论, 这只能说不同的文化模式对什么是道德的有其自己的理解。大多数族群虽然对道德有着不同的领会, 但是他们都会坚持一定的道德原则。他们所坚持的这种道德原则, 在很大程度上是为了自己族群的繁荣和发展。如果我们深入去研究他们所坚持的道德原则, 我们也会发现很多共同之处。2000 年左右, 在中国伦理学界, 曾经有一段时间很多学者都在讨论普世伦理的问题, 而普世伦理所要做的一个工作就是要在不同文化中所坚守的道德原则

---

① 万俊人:《美德伦理的现代意义——以麦金太尔的美德理论为中心》,《社会科学战线》2008 年第 5 期, 第 232 页。

之间寻找最大公约数。关于普世伦理的探索也取得了很多有益的成果。道德相对主义对道德的相对性进行了无限夸大，否认在善恶对错之间存在明晰的界线，因此，无所谓善恶对错，怎样都行。在一个相对稳定的文化模式内部，大多数人对善恶对错仍然存在明晰的界限。如果某一个文化传统中的人们在关于善恶对错的标准问题上出现冲突或者有完全不一致的理解时，那么，这个文化模式无疑会陷入困境当中。失去了善恶对错标准的指引，人们无疑会在生活中进退两难，无所适从。对于我们来说，坚持道德相对性是没有问题的，我们不能接受的是对道德相对性的过分夸大，进而导致道德相对主义。

二、"道德相对主义"与"道德多元主义"

多元主义的英语写作"pluralism"，这个词的词根"plural"在拉丁语中写作"plūrālis"，这个词的意思表示"复数的"；"多个的、超过一个的"。哈贝马斯曾经对多元主义有一个界定："多元主义意味着，作为整体的世界，是根据不同的个人和团体所接受的不同观点被打开并得到不同的解释的——至少在最初的时间。我们因此可以判断说，一种解释性的多元主义参与了对世界观和自我理解、价值的感知以及人们的不同兴趣的规定，他们的个人历史被置入规定他们个人历史的特定生活的传统和形式之中。"[1]道德多元主义认为，关于道德的内容以及道德判断的标准，存在多种不同的意见和看法。道德相对主义与道德多元主义的不同点在于：道德多元主义虽然承认有多种不同的道德体系或者道德判断标准，但是并不认为这些标准是随意的，可有可无的。他们仍然认真对待其自身内部的价值判断标准。正如罗尔斯在《政治自由主义》一书中所说的那样："合理的多元主义这一事实不是人类生活的不幸条件。"[2]也就是说，在现代社会，多元主义是一个事

---

[1] 哈贝马斯等：《商谈伦理——问题与回答》，载《对话伦理学与真理的问题》，沈清楷等译，中国人民大学出版社，2005，第7页。

[2] John Rawls, *Political Liberalism* (Cambridge: Cambridge University Press, 1996), p.144.

实，但是，这一事实并不需要人们过分担忧。

三、"道德相对主义"与"道德地方主义"

"道德地方主义"是由"道德"和"地方主义"这两个词构造出来的，"地方主义"这个词在这里主要指的是对普遍性的怀疑。"地方主义"的出现跟西方哲学在当代的进展有关，特别是跟后现代思想的发展有密切的相关性。后现代思想在对普遍性和确定性进行怀疑的同时，也希望能够构建一套新的知识体系，而这样的知识体系往往以"地方性知识"的面貌出现。所谓"地方性知识"，并不是指这些知识的地方特征，而是强调知识形成离不开特定的语境、文化背景和历史条件。在这样一种观点看来，任何思想和观念首先都是一种地方性的存在，是在后来的发展过程中才逐渐获得了普遍的认同。不过，似乎每种地方性的知识都自觉认为他们对这个世界所拥有的知识是适合于所有人的。借用"地方性知识"这样一种说法，笔者在这里构建了"道德地方主义"这种思想。"道德地方主义"认为，道德的理论和实践与其产生的文化传统和社会背景密切相关。只有在其产生的文化传统和社会背景这一特定的语境之中，才能更好地理解道德、讨论道德。与"道德相对主义"不同，"道德地方主义"并不否认在其生活的传统与共同体内部存在客观有效的道德标准，认为不同地方关于道德的不同理解可以通过沟通、学习，从而达成一定程度的道德共识。

四、"道德相对主义"与"道德特殊主义"

"特殊主义"是与"普遍主义"相对立的一个语词。"普遍主义"是在过去学术研究中的一种基本要求。学问的探究在很大程度上都是希望能够找到普遍的、放之四海而皆准的一些知识。"特殊主义"所要强调的恰恰是个人、时间、地点等特殊的境况。在伦理学上出现对"特殊主义"的强调和讨论主要是在现代伦理学当中，以前的伦理学总是希望找到适应于所有人的道德规范和道德准则。"特殊主义"强调我们在进行道德推理的时候不能一视同仁，应该根据不同的场景、针对不同的个人做出不同的判断。这个很像儒家所强调的"爱有等差"。道德上的"特殊主义"强调道德推理的过程中要针对不同的人和不同的场景来进行。这样的观点很容易被有些人等同于道德相对主义。"道德特殊主义"或许会像"道德相对主义"那样不承认道德推理的普遍有效性，但是，"道德特殊主义"只是强调从一个"特殊的地点"出发，希望借助一个特殊的地点来展开道德推理，并没有像"道德相对主义"那样否认判断善恶对错的可能性。

第五节 "道德相对主义"的对立面： 道德绝对主义

为了更好地理解道德相对主义问题，我们看看道德相对主义的对立面，即道德绝对主义。在《伦理学大辞典》中，并没有道德绝对主义的概念，有的是关于伦理绝对主义的概念。当然，一般来说，道德相对主义和伦理相对主义这两个词如果不进行严格区分是可以通用的。下面，我们看看《伦理学大辞典》是如何阐述伦理绝对主义的。

　　伦理绝对主义：一种用绝对主义观点认识和解释道德本质及其发展的伦理学理论。与"伦理相对主义"相对。认为人们的善恶观念和道德规范是永恒不变的超历史的范畴，否认它们的历史性、阶级性和民族性，否认道德由低级向高级发展的进步性。主张建立一种适合于一切时代、一切民族的绝对的道德真理体系。古希腊柏拉图把善作为一种永恒不变的真理，认为它具有绝对的价值。基督教伦理学把上帝的意志视为道德的绝对法则。康德把"绝对命令"看作是普遍的、先验的、永恒不变的绝对原则；杜林从"两个人意志的绝对平等"出发去构筑终极的道德体系，把道德视为宇宙所有天体上"个人的和公共生活必须遵循"的一种模式，是伦理绝对主义的代表。斯宾塞则从庸俗进化论的观点出发虚构了一个他认为可以解释一切自然和社会现象的综合哲学公式。主张道德是进化的产物，凡有助于扩建和延续生命的，或适应环境的就是快乐、幸福，也就是善，反之就是恶，并认为这是普遍的人类进化而来的善恶标准。在中国古代，董仲舒提出"天不变，道亦不变"，也是伦理绝对主义的一种表现。伦理绝对主义把道德基础归结为所谓永恒不变的神性、理性与人的自然性，否定道德与社会物质生活条件的联系，否认道德历史性，因此是唯心主义的观点。恩格斯指出："我们驳斥一切想把任何道德教条当作永恒的、终极的、从此不变的道德规律强加给我们的企图，这种企图的借口是，道德世界也有凌驾于历史和民族差别之上的不变的原则。相反地，我们断定，一切以往的道德论归根到底都是当时的社会经济状况的产物。而社会直到现在还是在阶级对立中运动的，所以道德始终是阶级的道德。"（朱贻庭主编《伦理学大辞典》，上海辞书出版社，2002，第8-9页。）

从这个关于"伦理绝对主义"的界定中，我们可以看出，编写者认为"伦理绝对主义"的错误在于其过分夸大了道德的绝对性，没有看到道德的历史性、阶级性以及发展性。编写者在这个词条中列举了在历史中出现的几种伦理绝对主义的观点，即柏拉图的理念论、基督教的神立论、康德的"绝对命令"论、杜林的"意志绝对平等论"、斯宾塞的进化论以及中国董仲舒的"天人合一"论。当然，在道德发展的历史过程中，类似的各种绝对主义观点还有很多。无论他们把道德的绝对性奠定在什么样的基础之上——不管是上帝、理性还是人的自然性，都没有意识到人的道德与社会物质生活的联系。词条编写者还借用恩格斯的名言对这些所有的伦理绝对主义的观点进行了驳斥。词条编写者认为，道德具有阶级性，是社会经济状况的产物。当然，词条编写者主要是站在马克思主义伦理学的立场和角度出发来对伦理绝对主义进行批驳的。

第六节 "道德相对主义"的
"家族相似"概念

"家族相似"这个概念主要是由当代分析哲学家维特根斯坦在《哲学研究》一书中的使用而被人们所熟知的。这个概念对于理解维特根斯坦后期思想非常重要。"家族相似"这样一个思想是对以前哲学中经常出现的"共相"观念的一种改进。在以前的哲学中,我们总是假设能够找到不同事物之间的"共相"。但是,在很多时候,我们会发现,一个事物与另一个事物之间并不完全存在"共相",而只是在一定程度上存在某些相似之处。维特根斯坦用"家族相似"这一概念所要表达的就是这一思想。在《哲学研究》中,维特根斯坦用大量的篇幅来解释什么是"家族相似"。通过"家族相似"这一概念,维特根斯坦想要表达的是:在我们日常所使用的语言中,我们很多时候无法用本质特征对一些概念进行界定,但是,我们可以用与这些概念类似的东西来对这些概念进行说明。笔者借用"家族相似"这一概念主要也是为了对与道德相对主义相类似的各种道德理论进行简单的概括和说明。下面提到的这五种理论都与道德相对主义有些类似的地方。这五种道德理论也可以被看作是道德相对主义的不同表现形式。

一、道德主观主义 (moral subjectivism)

在道德主观主义者看来,道德判断完全是每个个体的事情,道德判断是相对于个人而说的,因此,每个人在道德问题上都可以根据自己的喜好做出道德判断,别人很难对这些个人所做出的道德判断做出正确或错误的评价。程炼教授在《伦理学导论》一书中曾经说道:"道德主观主义的基本思想是,道德不是普遍的,而是因人而异的。这似乎是道德相对主义的一种极端化。"[①]程炼教授进一步比较了道德相对

---

① 程炼:《伦理学导论》,北京大学出版社,2005,第61页。

主义与道德主观主义之间的区别和联系，在他看来："道德相对主义否认道德的普遍性，是基于道德规范因不同社会而各不相同，每个社会的习俗和传统是道德规范的权威性的来源；相形之下，道德主观主义否认道德的普遍性，是基于道德原则因人而异，每个人自己才是他的道德原则的最终来源。因此，道德相对主义是一种集体版本的主观主义，道德主观主义是一种个人版本的主观主义。"①程炼教授的这个比较非常有意思，当然，在这里，读者也需要注意到，程炼教授所说的道德相对主义跟笔者在前面所界定的道德相对主义并不完全相同。笔者所说的道德相对主义范围更广泛，而程炼教授所说的道德相对主义主要是跟文化上的道德相对主义密切相关。程炼教授还进一步谈到了道德相对主义和道德主观主义之间的一些区别，认为在道德相对主义和道德主观主义之间存在一个严重的冲突，即"主观主义否认道德的社会性，而相对主义则坚持道德的相对性"②。

二、道德情感主义（moral emotionalism）

万俊人教授在《现代西方伦理学史》一书中，将情感主义伦理学理解为元伦理学的典型理论形式之一。万俊人教授将情感主义伦理学的理论宗旨概括为："把伦理学作为一种非事实描述的情感、态度或信念的表达，认为它不具备逻辑与科学那样的普遍确定性和逻辑必然性。因此，伦理学的命令不属于科学命题的范围；或者反过来说，如果伦理学命题是事实的陈述，那么它既不具备命令的意味，也不可能提供普遍的行为规范。因为科学只提供真理，不提供行为命令。所以，伦理学不具备科学性、知识性和规范性特征。换言之，反自然主义、非认识主义和反规范性是情感主义伦理学的基本特点所在。"③在《现代西方伦理学史》一书中，万俊人教授花了大量篇幅来阐述情感主义伦

---

① 程炼：《伦理学导论》，北京大学出版社，2005，第61页。

② 程炼：《伦理学导论》，北京大学出版社，2005，第62页。

③ 万俊人：《现代西方伦理学史》（上卷），中国人民大学出版社，2011，第266页。

理学，并且将罗素、维特根斯坦、维也纳学派以及史蒂文森都当作情感主义伦理学在20世纪伦理学中发展的不同阶段。他将史蒂文森当作情感主义伦理学的集大成者。史蒂文森曾经有以下一些非常有名的观点："道德词汇是情感性的，道德词汇的主要功能在于校正其他人的态度以使他们更完全地符合我们自己的态度。"①史蒂文森指出："句子'这是善的'意义与句子'我赞成这，你也赞成吧'的意义大致相同，他想通过这一等式同时注意到道德判断之表达说话人态度的功能和道德判断之用以影响听者态度的功能。"②从这些观点中，我们可以很容易得出这样的结论：道德情感主义认为，客观的道德标准在我们的文化中是不存在的，而且我们也很难找到道德判断中绝对合理的权威性。

三、文化相对主义（culture relativism）

文化相对主义的倡导者大多是人类学家，而其中最为有影响的是美国人类学之父弗朗兹·博厄斯（Franz Boas）。《道德的理由》一书的作者詹姆斯·雷切尔斯对文化相对主义的主要观点做过如下的概括："文化相对主义认为，在伦理学中，没有普遍真理这回事；只有各种不同的文化规范，没有别的。而且，我们自己的规范也没有特殊的地位，它只是众多规范中的一种。"③这样的思想对道德真理的客观性和有效性构成了严峻的挑战。詹姆斯·雷切尔斯曾经将文化相对主义的主张概括为以下五条：

第一，不同社会有不同的道德规范。

第二，一个社会的道德规范在那个社会的范围内解决什么是对的；也就是说，如果某个社会的道德规范说某个行为是对的，那么这个行为就是对的，至少在那个社会内是这样的。

---

① 转引自麦金太尔：《伦理学简史》，龚群译，商务印书馆，2003，第333页。

② 转引自麦金太尔：《追寻美德：伦理理论研究》，宋继杰译，译林出版社，2003，第15页。

③ 詹姆斯·雷切尔斯：《道德的理由》，杨宗元译，中国人民大学出版社，2009，第19页。

第三，没有客观的标准来判断一个社会的道德规范比另一个社会的道德规范更好。换句话说，在伦理学中，没有"普遍真理"，没有在所有的时代、被所有人坚持的道德真理。

第四，我们自己社会的道德规范也没有特殊的地位，它只是众多规范中的一种。

第五，对我们来说，判断其他人的行为是否正确是一种自大。我们对其他文化的实践应当采取一种宽容的态度①。

四、道德虚无主义（moral nihilism）

"虚无主义"这个词的拉丁语词根是"nihil"，意思是"什么都没有"。中山大学的刘森林教授关于"虚无主义"写过多篇相关文章。在《虚无主义与马克思：一个再思考》一文中，刘森林教授认为，虚无主义有三个语境，即施特劳斯所谓的特殊的德国现象；尼采所谓的柏拉图主义；认定现实世界是完全堕落和虚无的诺斯替主义②。虚无主义否认人存在的意义和价值，认为一切都没有任何意义。道德虚无主义完全否认存在道德判断的客观标准或尺度，彻底拒绝一切旧有的道德规范。在西方和今天的中国，都有很多人谈论虚无主义的问题，而其中最有名的无疑是德国哲学家尼采。尼采在道德上藐视一切传统，特别是西方价值由之而来的基督教传统和柏拉图哲学传统，认为一切道德传统中都包含有破坏人的本身与人的生活的因素，主张为了使生活获得自由，就要消灭道德和一切道德传统。幻想有一种强者、"超人"能冲破一切已形成的道德原则和规范，完全立于日常道德之外来主宰世界③。

---

① 詹姆斯·雷切尔斯：《道德的理由》，杨宗元译，中国人民大学出版社，2009，第20页。

② 刘森林：《虚无主义与马克思：一个再思考》，《马克思主义与现实》2010年第3期，第16页。

③ 朱贻庭主编《伦理学大辞典》，上海辞书出版社，2002，第9页。

五、道德怀疑主义〔moral skepticism〕

"怀疑主义"在哲学发展的历史上一直都是存在的，从苏格拉底之前的智者运动开始，"怀疑主义"就已经出现在哲学历史的舞台上。与怀疑论相对的是独断论。怀疑论的基本观点是，我们无法认识外在的世界，因此，我们无法对任何外在的知识做出肯定或否定的判断。古希腊哲学家皮浪的"悬置判断"被认为是怀疑论最好的对待外在知识的态度。皮浪因为其对怀疑主义的极端推崇而被称为怀疑主义的鼻祖。黑格尔在《哲学史讲演录》中曾经说道："怀疑论在历史上有多种不同的名称……由于皮浪看起来比前人更加彻底、公开地致力于怀疑论，又被称为'皮浪派'。"①《劳特利奇哲学百科全书》对道德怀疑主义的界定如下：道德怀疑主义认为我们根本就不可能知道道德真理。一些道德怀疑主义者论证：我们无法拥有任何道德知识，因为我们没有任何证据证明任何道德判断的合理性。更多极端道德怀疑主义者认为：我们没有任何道德知识，因为在道德中无法知道真理②。如果道德怀疑主义被接受，那么我们也无法对道德哲学进行任何可能的讨论。

第七节　小　结

在这一章中，笔者主要从六个维度出发，对"道德相对主义"这一理念进行了必要的划界工作。笔者对构成"道德相对主义"这一术语的两个更根本的术语，即"相对主义"和"道德"都进行了深入的剖析。笔者不仅对"相对主义"和"道德"这两个术语进行了梳理，

① 黑格尔:《哲学史讲演录》(第三卷)，贺麟、王太庆译，商务印书馆，1959，第112页。

② Mark T. Telson, "Moral Skepticism," *Routledge Encyclopedia of Philosophy* [London: Routledge (6)], p.542.

而且还试图找到了"道德"和"相对主义"之间的关联。作为社会规范的道德总是跟其产生的文化、传统与社群密不可分，道德实践在不同的文化、传统和社群以及历史阶段都存在很大的差异。道德规范总是相对于不同的文化、传统和社群以及历史阶段而存在是一个不可否认的事实。这一事实决定了道德哲学和道德规范无法摆脱各种各样的相对性。但是，这并不足以构成道德相对主义成立的理由。笔者认为，道德的相对性并不等同于道德相对主义，我们必须在道德的相对性与道德的相对主义之间做出明确的区分。道德相对主义之所以不能成立，在很大程度上是因为对道德的相对性进行了过分的夸大，并且认为不同文化、传统以及社群中的道德规范无法比较、无法沟通，进而得出这样一个结论，即无所谓善恶、对错和好坏，根本不存在可靠的道德判断标准。这一结论很明显是夸大了不同道德哲学与道德实践之间的不可公度性，无法从道德多样性的事实得出无所谓道德规范的结论。笔者认同道德多元和道德多样化的事实，但是，笔者并不认为这样的事实必然推出无所谓善恶对错这样的道德相对主义的结论。虽然在不同社群、文化和传统中存在不同的道德规范，但是，每种特殊的道德规范都在寻求某种普遍性，希望能够解决自己的文化传统和他人的文化传统中一切的道德难题。不同的道德哲学文化传统一直都在解决其所面对的道德难题过程中互相借鉴，互相比较，互相学习。道德绝对主义构成了道德相对主义的对立面。道德主观主义、道德情感主义、道德文化主义、道德虚无主义和道德怀疑主义这五种学说是道德相对主义主要的家族相似概念。希望读者能够从笔者上面所做的划界工作中得出道德相对主义的整体面貌，在讨论"道德相对主义"相关问题的过程中不至于混淆概念。

第 三 章

道德相对主义的历史谱系及其类型

在前面的章节中，我们知道道德相对主义是我们这个时代在道德哲学上所面临的一个非常重大的课题。这个课题不仅是一个理论问题，也是一个实践问题。那么，道德相对主义到底是如何产生的呢？在道德相对主义产生的过程当中，都有一些什么样重要的流派和代表人物呢？笔者在这一章节中将着力解决这一问题。为了更全面地探索道德相对主义的发展谱系，我们在开头首先必须将这一问题的探索分为两个不同的维度来展开，即中国的维度和国外的维度。当然，笔者在这里对外国的探索很有可能不能穷尽所有国家的探索，只能选取当今欧美发达国家一些比较有影响的人物来进行。在今天，我们很清楚，欧美等发达资本主义国家在一些思想文化方面是世界潮流的引导者。毫无疑问，我们生活在一个全球化的时代，这个时代的诸多特征是由欧美等发达资本主义国家所塑造的。随着中国在经济、政治、文化方面的崛起，中国在世界上所扮演的角色越来越重要。但是，就目前来说，中国的声音还不够大，中国所提出的理论和解释模型还不够有影响力，中国在整个世界范围内还缺乏比较有影响的学者，特别是人文方面的学者。

第一节　道德相对主义问题在中国的发展

　　具体到我们谈论的道德相对主义问题，在最近几年，国内虽然有不少学者写过相关文章，但是并没有形成一些有重大影响的流派。当然，中国现代形态的学术研究其实也是很晚才出现的。我们以前的学问探究方式跟西方学问的探究方式是完全不同的，在第二章中，笔者曾经谈过中国哲学的诞生过程，在其中已经对这一问题进行过一定的阐释。严格来说，在中国进入现代语境之前，我们是很难找到关于道德相对主义的一些探究的。在中国传统伦理思想中，虽然我们的先哲很少谈论道德相对主义，但是，我们仍然可以找到道德相对主义的影子。"道德相对主义"这样的思想在庄子的思想文本中可以找到一些相似的表达。在庄子的思想中，相对主义不仅体现在人对世界的认识方面，也体现在人的道德实践方面。庄子认为，同样的行为在不同的历史时期并不一定具有同样的正确性，庄子说道："昔者尧舜让而帝，之哙让而绝；汤武争而王，白公争而灭。由此观之，争让之礼，尧桀之行，贵贱有时，未可以为常也。"[1]庄子从对一些历史事件的观察中，得出这样一个结论：人的行为没有什么常理，一个人这样做有可能会取得好的效果，另一个人还以相同的方式去做就可能会取得灾难性的后果。庄子说道："自我观之，仁义之端，是非之涂，樊然淆乱，吾恶能知其辩。"[2]在这句话中，他认为很难在是非和仁义之间做出区分。庄子还说："是亦彼也，彼亦是也。彼亦一是非，此亦一是非。"[3]"以道观之，物无贵贱；以物观之，自贵而相贱；以俗观之，贵贱不在

---

　　① 庄子：《庄子》，孙海通译注，中华书局，2007，第251页。

　　② 庄子：《庄子》，孙海通译注，中华书局，2007，第43页。

　　③ 庄子：《庄子》，孙海通译注，中华书局，2007，第32页。

己。"①从庄子的这些表述中，我们可以看出，庄子否认善恶是非之间存在明确界限，这跟笔者在整个文章中所反对的道德相对主义是类似的。庄子之所以能这样思考问题，主要是因为他经常站到"以道观之"的立场上，认为在大道之下，善恶是非并没有明确的区别。或者说，人们对善恶是非所做的区分跟大道对善恶是非所做的区分并不相同。庄子的这种道德相对主义思想在儒家思想占正统地位的中国并没有深入普通老百姓的心目当中。不过，在社会动荡不安、战乱冲突盛行的时候，庄子的思想往往成为知识分子躲避世俗最好的思想来源。

在中国古代伦理思想中，除了在庄子的思想中我们能够找到道德相对主义的一些表达外，我们很难在其他重要的思想家那里找到类似道德相对主义的表达。中国过去的伦理学主要以一种绝对主义的形态表现出来。中国人过去关于道德的理解主要建立在儒家礼学的基础之上。

关于道德相对主义的话题，是在20世纪90年代之后国内有些学者才开始进行探讨的。国内对这一问题的探索没有西方学者那么深刻，这里面有很多原因。

第一，中国的伦理学研究起步很晚。虽然在民国时期我们有很多关于伦理学思想的著作，但是，在新中国成立之后的一段时间，中国伦理学研究被取消了。而且，即使在民国时期，我们虽然有很多对中国传统伦理思想的研究，但是我们的研究更多的是对自己的传统伦理思想展开批判。五四运动后，很多知识分子开始反思和批判中国旧有的伦理道德思想，特别是对儒家礼教传统进行批判。

第二，关于道德相对主义这样一个话题在中国主流的伦理学研究中有一个标准答案。在马克思主义哲学中，当谈到认识的时候会强调认识是绝对与相对的统一。在关于道德等价值的理解上，马克思主义哲学也认为道德真理是绝对性与相对性的统一。这样就不需要对道德相对主义展开进一步的研究了。我们在国内的大多数伦理学教科书中很难看到对道德相对主义的讨论。这跟西方伦理学的教科书很不相

---

① 庄子：《庄子》，孙海通译注，中华书局，2007，第251页。

同①。虽然我们现在关于道德相对主义的问题已经在现实中出现了，但是似乎这样的探讨方式很难回应这一现实问题。

第三，国内关于道德相对主义的讨论大部分来源于西方学术的刺激。在本书的第一部分，我们知道，在西方进入现代社会以来，有很多关于道德相对主义的讨论。我们必须对西方人所谈论的这一问题展开进一步的回应。在今天的学术研究文献中，我们会看到有不少学者去介绍或者讨论西方在道德相对主义这个问题上的一些争论。虽然道德相对主义已经对国人的道德实践构成了严重的挑战，但是，国内关于如何去应对道德相对主义的研究成果还不太理想。当然，这也给笔者从事这样的研究提供了充分的理由和充分的必要性。在第一章的国内文献综述部分，笔者曾经对国内关于道德相对主义的研究做过比较详细的综述，在此不做赘述。笔者在本书中对道德相对主义问题发展脉络的梳理主要以西方道德哲学发展的历史为参照。

第二节　道德相对主义在西方的发展脉络

在西方伦理学的发展历史当中，道德相对主义既是一个古老的话题，也是一个时髦的话题。一方面，道德相对主义这个问题伴随伦理学问题的产生而产生，早在古希腊时代就有哲人对这个问题进行过探讨，其中，最为著名的当数古希腊智者普罗泰戈拉。即使很多没有学

---

① 在国内伦理学的教学中，以前流行最为广泛的是罗国杰先生所编写的《伦理学》这一教材。在这一教材中，我们很少看到关于道德相对主义的讨论。在当前伦理学的教学中，国内高校所使用的教材大多是马克思主义理论研究和建设工程所推出的《伦理学》这一教材。在这一教材中，我们也很少看到关于道德相对主义的讨论。当然，在有些中国学者所编写的伦理学教材中，我们还是可以看到一些关于道德相对主义的讨论的。比如程炼教授在北京大学出版社出版的《伦理学导论》和徐向东教授在商务印书馆出版的《自我、他人与道德——道德哲学导论》，在这两部教材中都有关于道德相对主义问题的讨论。

过哲学的人也都知道他的这句名言："人是万物的尺度，是存在者如何存在的尺度，也是非存在者如何不存在的尺度。"在普罗泰戈拉看来，不同的人对世界的认识在很大程度上依赖于个人的主观感受，知识也是相对于个人的感受而言的，对于同样的事情，不同的人有可能有不同的感受，因此，我们很难找到普遍确定性的知识。每个人对善恶好坏的理解也取决于个人的看法，很难找到绝对的善恶好坏标准，标准只能是在每个不同的人那里。另一方面，道德相对主义也是一个非常时髦的话题，因为道德相对主义作为一个热点话题主要是在20世纪之后才开始兴起的。关于道德相对主义的发展，笔者将着重从现代西方伦理学发展史的角度对这个问题进行必要的梳理。

一、道德相对主义的萌芽阶段

聂文军教授在《西方伦理相对主义探析》一书中，曾经用差不多一半的篇幅来回顾和梳理道德相对主义（在他的书中用的术语是伦理相对主义）在西方伦理学思想史上的发展，在他看来，道德相对主义渗透在差不多所有重要的道德哲学家的思想中。笔者所说的道德相对主义并不同于聂文军教授所谈论的道德相对主义。在第二章中，笔者曾经花费了很大的篇幅对什么是笔者所谈的道德相对主义进行了界定，而且，笔者也对西方伦理学发展的历史进行了非常简单的梳理。在这一梳理的过程中，笔者想给读者呈现的是，在西方过去的伦理学发展史中，道德相对主义所占的分量是非常少的，并没有很多学者对道德相对主义有所关注。

在笔者看来，西方道德相对主义的萌芽阶段主要跟苏格拉底之前的智者学派的一些思想有关。在西方哲学史上，智者学派的思想所占分量极少，当时活跃的那些智者几乎没有留下著作。我们今天对智者学派的了解大多是通过亚里士多德和柏拉图所留下的思想文本。苏格拉底、柏拉图和亚里士多德这三位古希腊时代最为重要的哲学家恰恰是想寻找到关于外在世界和关于人如何行动的客观有效的知识。我们今天所进行的学术研究，在很大程度上也是在继承古希腊三哲所进行的这种哲学探究，将普遍有效的知识以及客观真理作为探究的最终目的。

按照我们今天所通行的哲学史的理解，哲学的开端源于泰勒斯所提出的"水是万物本源"这一命题。根据我们今天所拥有的知识，我们很容易得出这一命题并不是对世界正确的认识，但是，这一命题的提出代表着一种新的认识世界方式的出现。这样一种认识世界的方式想要在不断变化的世界背后找到世界的来源和依据，对外在的世界进行原理化的研究。这样的探究方式对于当时的人们来说是一个非常重要的事件。很多古希腊哲学家追随泰勒斯的脚步，对世界的本源提出了很多不同的解读。我们之所以将泰勒斯所提出的这一命题看作是哲学的开端，并不是因为这一命题本身的价值，更多的是因为泰勒斯在这一命题中尝试着用理性思辨的方法来认识世界，而不是按照当时一般人所接受的神话的叙事来认识世界。以理性的方式追问世界的本源使当时的希腊哲人走出了神话的思维方式，开始以理性思辨的方式来面对外在的世界。德国哲学家文德尔班在其所著的《哲学史教程》中将这段时间的哲学探索称为"宇宙论时期"。在这段时期，希腊哲人的研究兴趣主要集中在对宇宙的本源、生成、演化等问题的探索。在这段时间，哲人们并没有显示出对道德相对主义有太多的关注。我们在下面要探讨的智者学派关于道德相对主义的思考主要在希腊哲学发展的第二个阶段，即文德尔班在《哲学史教程》中所说的"人类学时期"。

根据德国哲学家文德尔班关于希腊哲学史的叙述，智者的出现跟当时希腊人所面临的环境密切相关。在文德尔班看来，波斯战争的胜利，让希腊人在理智生活和精神生活中都不断积极进取。科学与哲学开始逐渐走上希腊的历史舞台。这个时期的希腊社会已经走向了成熟，进入成年时期。当然，在希腊文化成熟的同时，智者们也面临很多问题。在文德尔班看来，这个时期是世界历史上最伟大的时期之一，"这个时期带来了种种理智力量的火热竞争，而在这种竞争中有一种思想得到普遍承认：在各行各业中，有知识的人最有能耐，最有用，最成功。在实际生活的每个部门中独立思考和个人判断的卓有成效的改革取代了被习俗控制的旧生活"①。在这个时候，智者们也很希望将自己学到的或发现的东西教给人们。在这样做的过程中，教人智慧就变成了他们的职业，很多人甚至以此谋生。我们所说的智者就是指那些专门以教人知识为职业的人。

希腊社会在其政治结构上实行民主制，在希腊的这种民主制度中，能言善辩是一种非常重要的能力。如果一个人能够在公共场合中滔滔不绝，很容易说服别人，这样的人在希腊社会无疑会受到很多人的注意和重视。这与中国古代的理想人格很不相同，《论语》中，如果一个人能言善辩，那么，这个人在大多数时候都不会被认为是君子。孔子心目中的君子在言谈方面的形象是：木讷刚毅。在孔子看来，"巧言令色，鲜矣仁"（《论语·学而》），"刚、毅、木、讷近仁"（《论语·子路》）。策勒尔在《古希腊哲学史纲》中曾经说过："无论谁想要在公共生活中发挥作用，不仅要取得比当时通常更广泛的知识，而且首先要在思维和语言方面有全面正规的训练，在风度和品行方面有切合实际的指导，在变化多端的情况下有从容不迫的举止。"②所以，对于当时的希腊人来说，学习如何在公共场合发表演说、学会辩论的技巧以及修辞的技巧就成为一件非常重要的事情。智者也就是在这样的情况下出现的，他们向当时的人们传授公共演讲的技巧、如何在辩论中说服别人及城邦中确立的政治和法律知识等等。因为智者们所强调的更多的是如何在辩论中说服别人，所以很多时候他们所传授的知识并不以真理为目标。正如策勒尔在《古希腊哲学史纲》中所说的："对于智者来说，问题不在于确定真理——智者教育体系的巨大道德危机就在这里——而在于使自己的听众信服在某一特定场合看来什么是有利的。"③从策勒尔的这段话中，我们就可以看出，智者们的探究在很大程度上存在严重的问题。为了在论辩中战胜别人，他们是可以放弃真

① 文德尔班：《哲学史教程》（上卷），罗达仁译，商务印书馆，1996，第95页。
② E.策勒尔：《古希腊哲学史纲》，翁绍军译，山东人民出版社，1992，第83页。
③ E.策勒尔：《古希腊哲学史纲》，翁绍军译，山东人民出版社，1992，第84页。

理的。在道德问题上，他们也会放弃对于道德客观有效性的立场。关于智者学派的活动，曾经有一个非常有名的故事。从这个故事中，读者可以看出智者学派为什么会支持道德相对主义。

普罗泰戈拉曾经收了一个叫欧提勒士的学生，主要教他法律和论辩。但是这个学生比较穷，不能在上学前把学费交清。普罗泰戈拉就答应他先免费上学，等他毕业后打赢第一场官司再付钱。结果这个学生学习后一直不去打官司，也就总不给普罗泰戈拉交学费，普罗泰戈拉实在拿这个学生没有办法，就把这个学生告上了法庭。糟糕的是，这个学生深得真传，在诡辩方面已经非常成熟。

学生在法庭上说：如果我输掉这场官司，那么我就还没有打赢过官司，也就不用向普罗泰戈拉交钱；如果我打赢了这场官司，也就是说，法庭驳回了普罗泰戈拉的要求，那么我还是不用交钱。总之，无论输赢，我都不用交钱。

面对这种境况，普罗泰戈拉反驳说：如果他输掉这场官司，既然输了就说明我的要求是正当的，那么他就必须交钱；如果他打赢这场官司，他就赢过了第一场官司，那么他还是必须交钱。总之，无论输赢，他都必须交钱。

这个故事在哲学史上流传广泛，甚至被看作是最早的逻辑悖论。最后这个学生是否给普罗泰戈拉交钱，我们不得而知，但是，我们确实知道，这个故事的诡辩色彩非常强。他们师徒到底谁是对的这本身就是一件很难说清楚的事情。

根据文德尔班的考察，智者学派的领袖人物恰恰是普罗泰戈拉，他是非常具有原创性的思想家。虽然人们经常将高尔吉亚与他相提并论，但是，在文德尔班看来，与普罗泰戈拉相比，高尔吉亚不过是一个雄辩家而已。高尔吉亚在哲学史上留下了三个关于知识非常有名的命题："无物存在"；"即使有某物存在，我们也无法认识它"；"即使我们可以认识某物，我们也没有办法把它告诉别人"。高尔吉亚的这三个命题彻底否认了我们认识的可能性，是后来希腊哲学史上怀疑主义的重要思想来源。关于普罗泰戈拉的"人是万物的尺度，是存在者如何存在的尺度，也是非存在者如何不存在的尺度"这一命题，我们在前面的章节中曾经分析过这一命题中所隐含的道德相对主义思想，在此不做赘述。

智者学派的这种思想倾向无疑是危险的，正如策勒尔所评价的那样："那就是形式简直要盖过内容，雄辩术要窒息追求真理的感情。智者学说不仅以其哲学的怀疑主义使人们怀疑科学的可能性，而且以其相对主义理论以及某些成员彻底的个人主义从根本上动摇了宗教、国家和家庭现存的权威。它所提出的问题超过了它所解决的问题。"[①]与智者们活跃于同一时代的苏格拉底，虽然也经常被人们称为智者，但是，苏格拉底本人从来不承认他是智者中的一员，他也从来不靠贩卖知识来赚钱。更重要的是，苏格拉底希望能够找到普遍的知识，而不是只想在辩论上胜过别人。

智者运动之后，希腊哲学经由苏格拉底、柏拉图和亚里士多德这师徒三代人的不断贡献走到了哲学的顶峰。这段时期被文德尔班称为希腊哲学史上的"体系化时代"。在这一体系化的时代，他们建立体系的出发点恰恰是从对智者们的批评开始的。虽然柏拉图和亚里士多德在构建他们的伦理学体系的时候，采取了不同的进路，对伦理学的理解也很不相同，但是，他们共同的一点都是希望能够找到关于道德的真理。在第二章中，笔者对柏拉图和亚里士多德的伦理学思想进行过简单的介绍，通过笔者在那一部分的介绍，我们知道，在柏拉图和亚里士多德这里，他们是反对道德上的相对主义的。

在希腊哲学发展的后期，出现了一些怀疑主义的思潮。怀疑主义所处理的更多的是认识的问题，但是在用怀疑主义处理认识问题的同时，也把这种怀疑主义带入了伦理思想当中。在哲学史上，我们一般将皮浪当作怀疑主义的鼻祖。他曾经说过："没有任何事物是美的或丑的，正当的或不正当的，这只是相对于判断而言的。没有任何事物真正是这样的，只是人们按照风俗习惯来进行一切活动。每一件行为都

---

① E. 策勒尔：《古希腊哲学史纲》，翁绍军译，山东人民出版社，1992，第100页。

既不能说是这样的，也不能说是那样的。"①通过这句话，我们很明显可以感受到这句话中所隐含的道德相对主义气息。他的这一思想跟普罗泰戈拉的思想很像，都将判断的标准主观化，将善恶是非的标准看作是主要相对于个人主观的判断而言的。皮浪有一个很有名的做法，即"悬置判断"。"（皮浪）认为真理不可知，不作任何判断。他否认事物有光荣的与不光荣的，正当的与不正当的。他并且一般地认为并没有事物真实地存在，而是人们的风俗习惯作下了这样的约定；因为没有一件事物本身是这样而不是那样的。"②通过对怀疑主义者一些言论的介绍，我们可以很容易看出，在怀疑主义者的思想中渗透着道德相对主义的思想。西方道德相对主义的早期发展主要体现在智者学派和怀疑主义者的言论当中。这些智者学派和怀疑主义的思想文本大多没有被保留下来。我们今天所能看到的只是通过别人的一些文本而留下的只言片语。

二、道德相对主义在近代的发展阶段

在西方世界进入中世纪之后，基督教在西方世界影响日益增大。在这样一种环境中，当时的人们将道德理解为上帝对人的立法。在漫长的中世纪当中，人们精神生活的核心是对上帝的信仰，人要关心的主要事情就是希望能够得到上帝的拯救。在这样一种精神生活中，人犯了原罪，如果想获得上帝的拯救，就需要通过对上帝的信仰和苦行禁欲来进行。因此，世俗生活是没有任何意义的，人生的主要目标不是今生，而是来世。尘世生活不仅没有意义，而且充满罪恶。在这样的价值体系当中，道德相对主义没有适合生存的环境。随着文艺复兴和宗教改革的出现，道德相对主义才有了进一步发展的空间。我们说道德相对主义在文艺复兴和宗教改革之后才有发展空间，一个非常重

---

① 北京大学哲学系外国哲学史教研室编译《西方哲学原著选读》（上卷），商务印书馆，1981，第177页。

② 北京大学哲学系外国哲学史教研室编译《古希腊罗马哲学》，商务印书馆，1961，第341页。

要的原因是：文艺复兴和宗教改革让人开始觉醒。在文艺复兴和宗教
改革之前，西方世界当中的人并没有觉醒，他们大多生活在一种朦胧
的状态之中。文艺复兴的巨匠彼得拉克曾经有一句名言："我自己是凡
人，我只要求凡人的幸福。"这句话可以看作是文艺复兴中的精神坐
标。在文艺复兴时代，人们打着复兴希腊精神的旗帜，直面自己的感
性和自己的欲望，张扬属于人之为人的特点，不再将人完全从信仰上
帝的角度来理解，他们以人道来对抗神道。像我们今天所熟知的"人
道主义"正是文艺复兴的产物。对于"凡人的幸福"和"世俗生活"
的重视，使西方文明走上了一条不同于中世纪的道路。恩格斯曾经对
文艺复兴有一个非常高的评价："这是人类以往从来没有经历过的一次
最伟大的、进步的变革，是一个需要巨人而且产生了巨人——在思维
能力、激情和性格方面，在多才多艺和学识渊博方面的巨人的时
代。"[1]在文艺复兴运动中，出现了很多对人类影响深远的一些伟大的
思想家。文艺复兴运动的展开也毫无疑问地开启了现代西方文明的大
门，从此以后，人的尊严和价值逐渐代替了"神的尺度"，与人的生活
息息相关的世俗科学获得了非常大的发展，世俗的学问也成为重要的
学问，世俗的生活也变成了更重要的生活。

在文艺复兴运动之后，西方兴起的宗教改革运动对后来西方文化
的发展也产生了重要的影响。在西方的中世纪，基督教渗透在人们生
活的方方面面，也塑造了人们特定的生活方式。如果说文艺复兴运动
是打着复兴古希腊精神的旗号来反对基督教对人生各方面的宰制，那
么，宗教改革运动就是直接从基督教内部对过去那种压抑人的世俗生
活的宗教进行变革。宗教改革开始的时候主要是针对当时基督教教会
中所存在的各种腐败现象而展开的，特别是臭名昭著的"赎罪券"。当
时一位叫马丁·路德的年轻神父公然反对教会这样的做法，甚至在他
所在的城堡大门上张贴了九十五条论纲，公开反对教会的一些堕落的
行为。宗教改革运动比较复杂，也是一个漫长的活动。宗教改革的口

---

① 马克思、恩格斯：《马克思恩格斯选集》（第4卷），人民出版社，1995，第
261-262页。

号是"因信称义"。也就是说，每个人都能够直接面对上帝，面对自己的信仰，不需要借助教会这一中介。这对旧有的基督教生活方式是一次非常伟大的变革，因为在宗教改革之前，人们必须借助于教会才能获得上帝的拯救，教会的生活是人们生活的核心。当然，宗教改革并不只有马丁·路德所倡导的一种，还有很多种，其中约翰·加尔文所进行的宗教改革同样影响深远。从此，基督教新教从基督教中分离出来，并且越来越有活力。新教改革不仅使人能够直面上帝，最为重要的是，通过这一改革，世俗生活的价值获得了充分的肯定，甚至为资本主义的产生和发展提供了源源不断的动力。关于这一点，作为社会学的三大奠基者之一的马克斯·韦伯曾经写过一本社会学方面的经典著作，即《新教伦理与资本主义精神》。在这本书中，马克斯·韦伯主要解决的问题是为什么资本主义在西方发展起来，在资本主义发展背后的动力到底是什么。通过研究，他发现新教伦理的出现是资本主义能够在西方发展起来最为重要的原因。新的基督教与旧的基督教一个很大的不同在于：在新的基督教中，实现世俗事务中的各项责任对于每一个人来说都非常重要，在世俗生活中完成自己的工作是体现上帝荣耀最好的一种方式，这跟以前不同；在旧有的基督教体系当中，人们并不知道自己该如何行动才能获得上帝的拯救。当时很多人在修道院中进行苦修，希望获得上帝的拯救，当然，这种行为是否有效，他们也没有十足的把握。因为对世俗生活的重视，所以才导致以财富增值为主要特征的资本主义获得了非常迅速的发展。当然，新教精神也对后来的康德产生了非常大的影响。对于康德伦理学有所研究的学者都会注意到康德伦理与新教伦理之间的密切关联。康德本人是一位新教徒，康德所建构的伦理规范跟新教的伦理规范在内容上并没有太大的差距。

因为对世俗生活以及人的感性欲望的强调，道德相对主义又重新开始发展起来。法国文学家蒙田主要通过诉诸大量经验事实的描述来论证认识的相对性和道德的相对性。他曾经说过一段话被后人经常拿来引用："大多数最有意识的人把后嗣发旺当作大幸福，我和有些人却把没有子女看作同样大的幸福……事物的价值是我们的意识给它们的：这道理从许多我们不独看它们本身的价值，而且看它们对于我们有何价值的事物见得出来；我们不管它们的品质和用途如何，而只顾我们把它们取来时的破费多少，仿佛这也是它们本质的一部分似的：于是我们之所谓事物的价值，并不是它们带给我们，而是我们带给它们。"①如果我们不知道这句话是蒙田所说，很容易将这一思想理解为现代人的想法。很多人都会认为外物的价值是人所赋予的，并不具有客观性。我们认为一个东西是好的，那么这个东西不管是好是坏都是好的。这跟普罗泰戈拉将人作为万事万物的尺度是类似的。

　　与此同时，经验主义在英国逐渐兴起。英国经验主义在建构起理论体系的过程中强调个别性、特殊性，将个人的经验当作人们认识的起点。虽然他们也希望通过对经验的强调来找到普遍有效的知识，但是，这样一种理论因为对个人经验的强调很容易导致怀疑论。现代政治哲学的奠基者托马斯·霍布斯曾经说过："凡是任何人嗜欲或欲求的任何对象，自他一方面言，便名为善；而任何他所仇视及憎避的对象，则名为恶。"②他这样的说法跟上面我们所提到的蒙田是类似的，托马斯·霍布斯也将价值判断的标准诉诸人的主观性。在托马斯·霍布斯看来："善与恶乃是指示我们的嗜欲和憎恨的别名。我们的嗜欲和憎恨，则是依乎人们的性情、风俗和学说之不同而不同的。不同的人，不仅对于见，闻，触，嗅，味等感觉之愉快与否的判断是不同，即对于共同生活的行动之合乎理性与否的判断，也不相同。不仅此也，即相同的人，在不同的时期，其判断也自己不同起来。有时候对一种行动，他加以赞美，也就是，名之为善；而在另一时候对相同的行动，他又加以诋毁，名之为恶。"③在这一句话中，我们可以非常明显地感受到霍布斯背后的道德相对主义色彩。

---

　　① 蒙田：《我不想树立雕像》，梁宗岱、黄建华译，光明日报出版社，2001，第40页。

　　② 周辅成：《西方伦理学名著选辑》（上卷），商务印书馆，1964，第656页。

　　③ 周辅成：《西方伦理学名著选辑》（上卷），商务印书馆，1964，第671页。

作为现代社会三权分立制度奠定者的洛克曾经说过："人们只要仔细考察人类底历史，考察各民族底生活，并且以中立眼光来视察他们底行动，则他们一定会相信，在一个地方人们所提到的或想到的道德原则，几乎没有一种不是在其他地方，为其他全社会底风俗所忽略、所鄙弃的，因为后一种人所遵守的生活底实践意见和规则，正是与前一种人相反的。"①从这句话中，我们也很容易看出，洛克认为不同文化中的道德规范并不相同。道德是相对于不同的社会文化而存在的。这跟我们在第一章中所提到的文化道德相对主义者很像。

大卫·休谟是英国经验论的集大成者，在他的思想中同样存在道德相对主义的倾向。休谟在对道德的理解上，跟他同时代的人很不相同。休谟将道德置于情感的维度上来理解，他更愿意将道德判断理解为一种情感判断。在西方伦理学史上，休谟也被看作是道德情感主义的先驱。他曾经说道："道德宁可以说是被人感觉到的，而不是被人判断出来的。"②"一切道德都依靠于我们的情绪；当任何行为或心灵的性质在某种方式下使我们高兴时，我们就说它是善良的；当忽略或未作那种行为，在同样方式下使我们不高兴时，我们就说我们有完成那个行为的义务。义务的改变以情绪的改变为其前提；新的义务的发生以某种新的情绪的发生为前提。"③从这句话中，我们可以明确看出，休谟将行为的对错与人类的情感联系到了一起。从常识的角度来说，人的情感总是会发生变化的，缺乏客观有效性。他还说道："除非有某种自然的情感或动机驱使我们趋善避恶，任何行为都不能在道德上成为善的或恶的；而且显而易见，情感有多少自然的变化，道德也必然会有多少变化。"④休谟虽然也强调人类理性的作用，但是，在人类理性和情感的关系问题上，休谟有这样一句影响深远的名言："理性是且只应当是激情的奴隶，并且除了服从激情和为激情服务之外，不能扮

---

① 洛克：《人类理解论》（上册），关文运译，商务印书馆，1959，第33页。
② 休谟：《人性论》（下册），关文运译，商务印书馆，1980，第510页。
③ 休谟：《人性论》（下册），关文运译，商务印书馆，1980，第557页。
④ 休谟：《人性论》（下册），关文运译，商务印书馆，1980，第572页。

演其他角色。"这句话在哲学史上广为流传，也经常被后来的学者引用来攻击理性的独断。在我们的日常生活当中，我们也很容易体会到，人的理性在很多时候确实会成为人的激情的奴隶。很多时候，人类行动的动力不是源于人的理性，而是源于人的激情。

通过我们对英国经验论中伦理学思想的简单介绍，可以看出，在英国经验论当中，因为当时的哲人们将道德与人的有限经验联系在一起，强调道德的经验性和有限性，因此，道德相对主义获得了很大的发展。与此同时，在欧洲大陆兴起的大陆哲学对哲学的强调非常不同于英国经验论。他们对哲学的强调主要是强调人类的理性能力。这些理性派的哲学家在对道德的理解上更加强调道德的普遍性和客观性，不会强调道德的有限性和相对性，更不会赞同道德相对主义这样的想法。康德伦理学是理性伦理学的典型代表，在我们关于康德伦理学的介绍中，我们可以明确看出，这种伦理学是一种绝对主义的伦理学，不承认道德相对主义的任何想法。当然，大陆哲学对理性的过分强调，也导致理性对人的欲望和情感的压制，这在很大程度上也为现代哲学的发展对理性的批判提供了很好的理由。熟悉哲学史的学者大多知道，正是对黑格尔所代表的理性主义哲学的批判开启了当代哲学的序幕。

毫无疑问，大陆哲学对理性的强调是希望给道德找到新的基础，即希望通过对人类理性能力的分析来为人类的道德行为奠定坚实的基础。德国哲学家康德毫无疑问是这一做法最为成功的典范。康德的道德理论主要体现在《道德形而上学基础》（或《道德形而上学奠基》）这本小书中。在这本书中，康德希望通过对人类理性的实践能力的考察来为人类的道德行为奠定新的基础。但是，这样一种通过分析人类的理性来重新认识人的道德行为的活动，在当代著名道德哲学家麦金太尔看来，也存在很多问题。麦金太尔认为，诉诸人类理性能力的启蒙运动并没有给人们的道德奠定合理的基础，恰恰相反，启蒙运动在为人类的道德行为奠基方面失败了，而启蒙运动的这一失败正好为后来道德相对主义和道德情感主义的出现提供了前提。这一观点是麦金太尔在其经典著作《追寻美德：伦理理论研究》一书的前半部分所论述的主要问题。麦金太尔在这部伦理学的经典著作中详细分析了为什么现代道德失败的根源在启蒙运动那里，为什么启蒙运动所发起的道德筹划必然失败，为什么我们今天的道德困境是启蒙运动道德筹划失败的产物等等。在这里，笔者并不打算对这一问题进行深入的探讨，笔者将在分析道德相对主义在现代社会泛滥的原因部分（即本书的下一个章节）对这一问题展开详细的讨论。笔者将沿着道德相对主义的发展线索进一步展开道德相对主义发展的历史画卷。其实，恰恰是进入当代社会之后，关于道德相对主义的讨论和思想发展到一个高潮阶段。道德相对主义的发展跟理性主义和经验主义的过分发展也有着密不可分的联系。在上文中，笔者提到，以休谟为代表的英国经验论因为对个人经验特殊性的过分强调，最后走向了怀疑主义和相对主义。以康德为代表的大陆哲学因为对理性的过分强调，最终导致欧洲大陆对理性的反思和批判，导致后来很多哲学家强调人的感性欲望等方面，这也导致伦理学中的相对主义倾向。比如说当时跟黑格尔对着干的叔本华，其伦理学思想总是有很强的道德相对主义的影子。在下面的内容中，笔者将围绕当代一些重要哲学家的思想对道德相对主义在当代的发展进行一个简单的介绍。

三、道德相对主义在当代发展的高潮阶段

《西方伦理相对主义探析》一书的作者聂文军教授在其书中对"现当代时期的伦理相对主义"的研究中，曾经把现当代的伦理相对主义分为六种，分别是：叔本华和尼采的唯意志论伦理学的伦理相对主义；元伦理学的相对主义；实用主义的伦理相对主义；存在主义的伦理相对主义；境遇伦理的伦理相对主义；后现代主义的伦理相对主义。对于聂文军教授所提到的现当代的这几种伦理相对主义的类型，笔者大体上都是认同的。笔者在下面将把聂文军教授所提到的这几种伦理相对主义的类型做一个简单的介绍，同时，笔者将增加一些聂文军教授所没有提到的一些道德相对主义的类型和观点。虽然在什么是道德相对主义或伦理学相对主义的定义方面，笔者不完全赞同聂文军教授的

观点，但是，笔者还是非常肯定聂文军教授在对西方伦理相对主义的研究方面所做的工作。

（一）叔本华和尼采的唯意志论伦理相对主义

叔本华在黑格尔如日中天的时候公然反抗黑格尔，在柏林大学任教的时候，曾经在讲台上跟黑格尔叫板，将他的课程跟黑格尔的课程安排在同一天，只是他最终并没有获得预想的成功，去听他上课的学生总是寥寥无几。他只能以他的哲学不属于这个时代这样一个蹩脚的借口来安慰自己，不过，在他晚年的时候，他终于迎来了他的时代，他的哲学也获得了当时人们的肯定。他所开创的哲学将其思考的起点建立在自由意志基础之上，他是现代西方哲学中唯意志主义的开创者。他公然反对以黑格尔为代表的理性主义哲学传统，后来成为西方哲学中非理性主义哲学传统的开创者。在《伦理学的两个基本问题》一书中，叔本华将意志自由问题和同情问题作为伦理学的两个基本问题。在叔本华看来，没有意志自由就不可能有伦理学，这和康德的伦理学是一脉相承的。康德也将意志自由问题作为伦理学的根基之所在。叔本华的哲学也深受康德哲学的影响，只是，与康德伦理学不同的是，康德认为通过对人的理性的反思可以为人类的道德行为找到可靠的基础，而叔本华对意志自由的强调走上了反理性的道路。在叔本华的思想体系中，意志上升到了康德哲学中自在之物的高度。在《作为意志和表象的世界》一书中，叔本华说道："意志不但是自由的，而且甚至是万能的。从意志出来的不仅是它的行为，而且还有它的世界；它是怎么样的，它的行为就显为怎样的，它的世界就显为怎样的。"①从这段话中，我们可以很明显看出，在叔本华的世界中，自由意志构成了其整个哲学体系的基石，而且自由意志不仅是人行动的动力，也同时是世界运动与构成的动力。不过，叔本华这里所说的自由意志并不能由理性所把握，相反，自由意志本身就是出发点。那么，什么是自由意志呢？叔本华说道："一个自由的意志可能是这样一种意志，它不是

---

① 叔本华：《作为意志和表象的世界》，石冲白译，商务印书馆，1992，第373页。

由理由，不是由任何东西所决定的；它的单个的表现（意志动作）因此从本原来讲就完完全全是产生于它自己的，而并不是由事先的条件所必然造成的，因此也就不是由任何东西，按照什么规则所能决定的。"①从叔本华关于自由意志的界定中，我们可以发现，自由意志在叔本华哲学体系中的位置，以及自由意志在其哲学体系中的优先性，甚至整个世界都是意志的产物。当然，因为自由意志完全是没有方向、没有目标的，这也导致作为秩序标志的道德规范在这样的体系中受到了严重的挑战。因为伦理学作为一门学科，在很大程度上就是在为人类活动立法，确立各种规则。那么，叔本华又是如何处理这个问题的呢？在这里，叔本华在解释人的行为的时候，引进了一个概念，即"性格"，关于"性格"，他是这样说的："意志的这种专门的、个别的特性，使得它对相同的动机在每一个人身上的反应都不一样，这种特性就构成了我们所称的性格。"②也就是说，性格是意志的一种专门的特性，有了性格的加入，我们对人类行为的分析相对来说就可以展开了。叔本华甚至认为人的性格是不变的。我们要想知道人会做出什么样的行为，就要对这个人的性格进行必要的分析。当然，这一观点本身还存在不少值得争论的地方：首先就是性格和意志是一种什么样的关系；其次，如果性格不会发生变化，那么如何去看待人们的学习和成长；最后，性格这个词本身在解释人类行为的问题上还存在一些没有解决的理论问题。

叔本华所理解的道德在更大的程度上主要指的是利他和无私，这明显跟建立在自由意志基础上的伦理学相违背。在评价一个行为是否道德的这一问题上，叔本华说道："一个行为的利己主义和其道德价值是绝对相互排斥的，如果一个行为的动机有一自私目标，那么，任何自私自利的目标，无论直接的或间接的，近的或远的，都不可能是它

---

① 叔本华：《伦理学的两个基本问题》，任立、孟庆时译，商务印书馆，1996，第39页。

② 叔本华：《伦理学的两个基本问题》，任立、孟庆时译，商务印书馆，1996，第75页。

的动机。"①也就是说，在评价一个行为是否道德的行为方面，他所提供的标准是动机论的，主要是从在行动之前人的动机是否好的这一点出发来判断道德正当性。在这里，我们可以很明显地看到，好的动机很明显跟无目的性的自由意志相冲突。叔本华在他的思想体系中又是如何解决这个问题的呢？这个时候，我们就不得不引出其哲学体系当中另一个重要的概念，即同情。在叔本华看来，道德行为之所以能够存在，在很大程度上是因为人类的同情心和同情能力。虽然自由意志是叔本华整个哲学体系的出发点，但是，叔本华所理解的这种自由意志很明显无法担当起道德哲学基础的重任。叔本华最终将同情作为人类道德行为的基础，这跟英国哲学家休谟很像。

在如何评价行为的善恶方面，叔本华对伦理学的核心概念"善"进行了认真的考察和界定。叔本华认为："这概念（笔者注：主要指的是'善'）基本上是相对的，是指一客体对意志的某一固定要求的相适性。"②他进一步说道："善在其概念上就是此对彼［的善］，所以任何'善'在本质上都是相对的。这是因为善只在它对一欲求意志的关系中才有它的本质。"③也就是说，我们对于善的理解没有办法离开其存在的环境和处境。在关于对行为的价值评判方面，叔本华认为："每一'价值'是通过比较产生的一种评价，其关联必然是两方面的。第一，它是相对性的，因为它为某一物而存在；第二，它是比较性的，因为是同其他某物比较，才得估价的。"④从叔本华关于"善"的论述和关于价值的评价，我们可以清楚地看出其思想中所存在的道德相对主义的成分。叔本华的哲学对后来德国哲学家尼采影响很大，尼采进

---

① 叔本华：《伦理学的两个基本问题》，任立、孟庆时译，商务印书馆，1996，第232页。

② 叔本华：《作为意志和表象的世界》，石冲白译，商务印书馆，1992，第494页。

③ 叔本华：《作为意志和表象的世界》，石冲白译，商务印书馆，1992，第496页。

④ 叔本华：《伦理学的两个基本问题》，任立、孟庆时译，商务印书馆，1996，第145页。

一步将这种唯意志主义的非理性伦理学发扬光大。

1865年，尼采当时在莱比锡大学任教，他偶尔在一个旧书摊上面买到了一本叔本华的《作为意志和表象的世界》，从此就陷入对叔本华哲学的狂热学习当中。尼采哲学的出发点是强力意志或者权力意志。这一思想是深受叔本华哲学影响的结果。尼采所理解的世界是这样一幅图景："你们知道'世界'在我看来是什么吗？……世界就是：一种巨大无匹的力量，无始无终；一种常住不变的力量，永不变大变小，永不消耗……它为'虚无'所包围……这就是我的这个无目的的'超出善恶的力量'……这个世界就是权力意志——岂有它哉！你们自己也是这个权力意志——岂有它哉。"①从这段话中，我们可以清楚看到，尼采在认识这个世界的时候，将权力意志作为其哲学体系的基石，这个权力意志与叔本华所讲的自由意志既有相同的一面，又有不同的一面。在对人的认识上，尼采跟叔本华是一致的，都认为人是自私自利的动物，受到意志冲动的支配。在尼采的世界中，权力意志的活动是自发的，不受道德的影响。相反，权力意志是超越善恶的。

尼采对当时人们所奉行的道德原则持一种极端批判的态度。他认为当时人们所奉行的道德是一种基督教所宣扬的奴隶的道德，是整个时代的败血病，道德让人们变得软弱无力。在尼采看来，真正的道德是张扬强大意志的道德，也就是他所要建构的一套主人的道德，一种"超人"的道德。尼采在《查拉图斯特拉如是说》一书中曾经对"超人"有一个简单的解释："我来把超人教给你们。人类是某种应当被克服的东西。为了克服人类，你们已经做了什么呢？"②尼采在书中还用大地、大海和闪电来述说超人，教导人们不断超越自己。尼采认为："人身上伟大的东西正在于他是一座桥梁而不是一个目的；人身上可爱的东西正在于他是一种过渡和一种没落。"③尼采希望人们不要没落，

---

① 洪谦主编《西方现代资产阶级哲学论著选辑》（上册），商务印书馆，1993，第18-19页。

② 尼采：《查拉图斯特拉如是说》，孙周兴译，商务印书馆，2010，第9-10页。

③ 尼采：《查拉图斯特拉如是说》，孙周兴译，商务印书馆，2010，第13页。

不要自甘堕落，要积极进取，勇于超越自我。尼采所主张的超人有健全的体魄、旺盛的生命力，他们敢于否认世俗的价值尺度，坚持自己的价值尺度。所以，尼采也要给这个世界重建一种新的价值尺度。

尼采在《论道德的谱系》中说道："我不再在世界的背后寻找恶的根源……人在什么样的条件下形成了善与恶的价值判断，这些价值判断本身的价值又是什么？到目前为止，它们对于人类繁荣是起阻碍作用还是起推动作用？它们是不是生活的困苦、褫夺、退化的标志？"① 在尼采看来，现有的道德对于人类的繁荣并没有任何的益处，相反，现有的道德恰恰是人类繁荣的障碍，人们是现实社会和道德的奴隶，他进一步说道："我们对自己必定仍然是陌生的，我们不理解自己，我们想必是混淆了自己。"② 首先，善并不是人们共同追求的好或目标，而是政治压迫的工具，"政治优越观念总是引起一种精神优越的观念，这一规则暂时尚未有例外（虽然有产生例外的机会），当最高等级是教士等级的时候，这一规则表现为教士们喜欢采用一种向人们提醒教士职能的称呼来作为他们的共同标志"③。其次，义务和良心也成了恶之根源，"'负罪'、'良心'、'义务'、'义务的神圣'等等，它们的萌发就像地球上所有伟大事物的萌发一样，基本上是长期用血浇灌的"④。最后，尼采把道德理想单纯理解为禁欲主义，进而再批判禁欲主义对人的压制，"禁欲主义理想……显示出来的基本事实是……人对于空虚的恐惧。人需要一个目标，人宁可追求虚无也不能无所追求"⑤，"禁

---

① 尼采：《论道德的谱系》，周红译，生活·读书·新知三联书店，1992，第3页。

② 尼采：《论道德的谱系》，周红译，生活·读书·新知三联书店，1992，第1页。

③ 尼采：《论道德的谱系》，周红译，生活·读书·新知三联书店，1992，第16页。

④ 尼采：《论道德的谱系》，周红译，生活·读书·新知三联书店，1992，第46页。

⑤ 尼采：《论道德的谱系》，周红译，生活·读书·新知三联书店，1992，第75-76页。

欲主义理想不仅败坏了健康和趣味，而且还败坏了第三种、第四种、第五种、第六种东西——我谨防自己说出它败坏了一切，假如我数到最后的话，恐怕难免要说出那句话来"①。从尼采的这些话语中，我们很明显可以看到，尼采对他所生活年代的道德所持的态度。

尼采的道德哲学甚至被有些学者称为是价值虚无主义的典型代表，虽然尼采曾经坚持主张他想要重估一切价值。笔者在前面的章节中也曾经谈到过尼采的这种道德虚无主义。尼采一方面确实是非常严厉地批评了当时社会中流行的道德规范中虚伪的一面，但是，尼采在另一方面也几乎摧毁了道德本身。

（二）元伦理学的伦理相对主义

在今天的道德哲学研究中，学者们一般将元伦理学当作伦理学中一种非常重要的伦理学类型来看待，与规范伦理学和美德伦理学一起构成当今伦理学中的主要理论类型。其实，在元伦理学这一理论类型内部也有很多种不同的关于元伦理学的理解。即使是今天，当我们讲到元伦理学的时候，一般来说，都有两种理解，一种是考虑伦理学中最为基本和最为核心的问题；另一种是以语言分析的方式来从事伦理学的研究。在《伦理学大辞典》上关于元伦理学的界定主要是在第二种意义上来理解元伦理学的。《伦理学大辞典》的界定："元伦理学是以逻辑和语言学的方法来分析道德概念、判断的性质和意义，研究伦理词、句子的功能和用法的理论。"②

1903年，英国哲学家摩尔发表的《伦理学原理》被认为是元伦理学诞生的标志。有些研究现代西方伦理学史的学者也会将摩尔《伦理学原理》一书的出版当作是当代西方伦理学或20世纪西方伦理学诞生的标志。摩尔所开创的元伦理学最大的贡献是从语言分析的角度来重新审视伦理学中的基本问题。在摩尔看来，他对伦理学最大的贡献是其所发现的"自然主义谬误"。根据摩尔的研究，过去的伦理学家经常

---

① 尼采：《论道德的谱系·善恶之彼岸》，谢地坤、宋祖良、刘桂环译，漓江出版社，2000，第121页。

② 朱贻庭主编《伦理学大辞典》，上海辞书出版社，2002，第8页。

犯的一个错误是，用各种"善的事物"来定义或规定"善"的概念，把善的事物与善的性质相混淆。在摩尔看来，凡是以各种自然事实或超自然的实在来定义"善"概念的伦理观点或学说都犯了他所说的"自然主义谬误"。简单来说，在摩尔看来，在他以前的伦理学家都犯了一个非常致命的错误，即对于他们所使用的"善"这个概念在下定义的时候都是错误的。摩尔认为，"善"是一个单纯的、简单的、不可以进一步分析的概念，是不可以定义的。摩尔用这样的做法相当于否定了过去整个西方伦理学的传统，当然，摩尔在否定西方伦理学传统的同时，也相当于开辟了一条新的道路。

既然摩尔认为我们没有办法去定义"善"，那么到底什么是"善"呢？面对这个伦理学必须给出答案的问题，摩尔又是怎么回答的呢？摩尔将"善"这样的词语当作"原子概念"，即构成其他复杂概念基础的最小单位的概念，这样的概念是不可以进一步分析和还原的。对于像"善"这样的原子概念，我们可以通过我们的直觉来直接把握。因此，在摩尔的伦理学体系中，"直觉"就变成一个非常重要的基础性概念。摩尔也在很大程度上因此被称作是元伦理学中"直觉主义"重要的代表性人物。不过，对于到底什么是"直觉"，摩尔并没有给出进一步的分析和说明。这样导致的结果是，对于伦理学最为根本的核心问题，我们只能诉诸人的直觉来进一步说明。如果从常识的角度来说，我们很容易看到，对很多问题进行道德判断的时候，直觉并没有我们想象的那么可靠。来自不同社会中的人，因为生活阅历、知识背景等的不同，在面对同一个问题的时候往往会有不同的直觉。这个时候，我们的道德推理就很难进行下去，因为直觉是没有办法通过理性的分析和论证来进一步说明的。这样，很明显，摩尔的伦理学就有了一种主观相对主义的色彩。所以，摩尔在《伦理学原理》中也不得不进一步求助于功利主义来说明行为的正当性。摩尔说道："断言'我在道德上理应采取这行为'跟断言'这行为会产生可能最大总量的人类善'是同一的……这一基本论点显然是毫无疑问的。"[1]从这句话中，我们

---

[1] 摩尔：《伦理学原理》，长河译，商务印书馆，1987，第29页。

很明显可以看出，摩尔是用功利主义来解决行为合理性的问题，这与他所强调的直觉并不相同。

元伦理学自从摩尔开创之后，吸引了很多人的研究兴趣，从语言分析的角度来研究伦理学问题甚至被看作是伦理学发展的新纪元。摩尔的后继者中也有不少人在当代西方伦理学发展史上留下了一些非常重要的文献，比如罗斯、普理查德、史蒂文森等人。在类似"二十世纪伦理学"这样的西方大学所开创的课程当中，我们很容易看到这些人的著作。

到了20世纪30年代，在元伦理学的发展中出现了一种新的思潮，即情感主义。在第二章第六节部分，笔者对情感主义伦理学有所说明，在这里不做赘述。情感主义伦理学将道德判断理解为个人情感的表达，这样的伦理学很容易陷入道德相对主义的泥潭当中。

（三）存在主义的伦理相对主义

在第一章中，笔者在开始部分就提到过萨特这位存在主义旗帜下最有影响的人物以及他的存在主义所导致的道德相对主义问题，然而，存在主义本身并不是一件很容易说清楚的理论流派。存在主义作为一种理论，虽然共享一些共同的特征，但是，在这一理论内部却有着非常多的特殊性和不一致性。萨特曾经将存在主义按照是否具有超验维度区分为两种：有神论的存在主义（如雅斯贝尔斯和马尔库塞等人）和无神论的存在主义（如海德格尔、萨特、梅洛-庞蒂等人）。甚至有人宣称，有多少存在主义者就有多少种存在主义。由此可见，存在主义作为一种哲学流派的复杂性。

学术界一般都将丹麦哲学家克尔凯郭尔（有学者将其译为祁克果）作为存在主义的创始人。克尔凯郭尔和黑格尔生活在同一个时代，他对黑格尔所构建的那套体系也非常不满。他曾经对黑格尔的哲学有着非常深刻的批判，在他看来，黑格尔从"最伟大的思想家"到"小丑"的转变，就在于黑格尔思想与生活的二重化分离。黑格尔的生活和他所建构的思想并没有任何的关联。在克尔凯郭尔看来，人的思想应该服务于人的生活或存在，人的存在是思想考察的最为核心的问题。克尔凯郭尔讽刺黑格尔是:"建立了巍峨壮观的城堡而却住在毗邻的牲口棚中的人,他并不生活在自己伟大的体系框架中。但是在精神的东西中,这总是一个巨大的缺陷……一个人的思想必须是自己生活于其中的大厦,否则,它就是荒谬的东西。"①克尔凯郭尔十分推崇古希腊那些怎样思想也怎样生活的圣哲们,他把苏格拉底当作思想之父、生活之楷模,认定"选择你自己"与"认识你自己"是同一的,矢志要从理论和行动中唤回"你怎样认识就怎样生活"的希腊精神。在伦理学上,克尔凯郭尔将人的存在和人的选择作为伦理学的基础。后来的萨特对克尔凯郭尔在伦理学上的这一做法进行了进一步的修订和完善。

当代美国哲学家麦金太尔对克尔凯郭尔的工作曾经做过非常有意思的评价,在麦金太尔看来,克尔凯郭尔所写的《非此即彼》一书,恰恰标志着启蒙运动为道德合理性进行证明的失败。麦金太尔认为,《非此即彼》一书中有三个核心特征值得我们关注。

第一,表达模式与中心论点之间的关联。在《非此即彼》一书中,克尔凯郭尔发明了一种新的文学风格,在这种风格中,克尔凯郭尔可以比任何传统戏剧的形式都更直接、更深切地表现自己,同时通过分裂自我又否定他自己的在场。

第二,"根本选择"的概念与其伦理概念之间存在深层的内在矛盾,这种矛盾一定程度上为该书的形式所掩盖。克尔凯郭尔将"根本选择"这一概念作为伦理生活的基础,但是,正如我们在前文中所批评的那样,"根本选择"概念并不足以成为伦理生活的基础。

第三,克尔凯郭尔所理解的伦理生活方式具有保守性与传统性特征。从这一特征中,我们可以看出,克尔凯郭尔和康德一样,希望能够为传统的生活方式和价值观念提供一种新的哲学解释。只是这种解释充满了矛盾,无法将新的哲学基础与传统的生活方式和价值观念很好地融合在一起。克尔凯郭尔所提出的"根本选择"观念也无法为道

---

① 桑代克:《克尔凯郭尔手册》(英文版),约翰·诺克斯出版社,1979,第11页。转引自魏磊:《中国人的人格——从传统到现代》,贵州人民出版社,1988,第230-231页。

德行为提供一种合理的基础。

在后来哲学史的发展中，尼采、海德格尔和萨特等人都深受克尔凯郭尔的影响，克尔凯郭尔的"存在先于本质"被萨特借用过来，并且被更多的人所熟知。"存在先于本质"这一命题在很大程度上确实是彰显了人的各种可能性和人的高贵性，但是，这一命题也同样使人充满了偶然性。笔者在第一章中曾经就萨特的这一做法进行过详细的分析，在此不做赘述。毫无疑问，存在主义将人的选择作为道德哲学的基础这样的做法是一种主观道德相对主义的做法。

（四）境遇伦理学的伦理相对主义

从广义上来说，强调或主张面对具体条件的伦理学都属于"境遇伦理学"。境遇伦理学是一种特殊主义的伦理学，强调根据不同的情景做出具体的道德判断。因为强调具体问题具体对待，所以，对境遇伦理学来说，很多时候都很难达成共识。在当代我们对境遇伦理学的了解主要跟约瑟夫·弗莱彻有关。在朱贻庭主编的《伦理学大辞典》上，如果我们查"境遇伦理学"这一词条，会发现一个非常有意思的现象，即关于"境遇伦理学"这一词条的介绍主要跟美国伦理学家约瑟夫·弗莱彻的《境遇伦理学》一书有关。约瑟夫·弗莱彻的《境遇伦理学》一书在1989年被翻译到中文世界，只是这本书在中文世界中并没有引起足够的讨论和重视。

在当代，道德相对主义的一些具体流派还有不少，比如笔者在第一章中提到的后现代伦理学，麦凯和哈曼所代表的主观主义伦理学以及一些人类学家所倡导的文化道德相对主义等等。因为在第一章中对这些流派已经做过一些说明，在此不做赘述。不管怎么说，我们可以很容易得出这样的结论，即在20世纪的伦理学发展中，道德相对主义确实已经有了非常大的影响。很多学者不得不对这样的问题做出回应。笔者在前面也提到过，像元伦理学的集大成者理查德·黑尔将克服道德相对主义作为其最重要的学术目标。国内不少学者，比如像武汉大学的程炼教授，在其所著的《伦理学导论》中，也将道德相对主义作为我们这个时代在道德哲学上所面临的最大挑战。

第三节　道德相对主义的类型

在《西方伦理相对主义探析》一书中，聂文军教授对伦理相对主义进行了深入的研究，他主要从历史和逻辑的维度对什么是伦理相对主义进行了界定。在谈论道德相对主义的类型方面，我们先看看他在《西方伦理相对主义探析》一书中所做的工作。他在书中用大量的篇幅回顾了哲学上形形色色的伦理相对主义，将哲学史划分为三个不同阶段，分别是古希腊罗马时期、近代时期和现当代时期。在古希腊罗马时期，伦理相对主义的类型主要有：智者学派的伦理相对主义；苏格拉底-柏拉图的伦理相对主义；亚里士多德的伦理相对主义；怀疑派的伦理相对主义。在近代，伦理相对主义的类型主要有：人文主义者的伦理相对主义；英国经验派和大陆理性派的伦理相对主义；近代道德情感论派的伦理相对主义；18世纪法国唯物主义启蒙学者的伦理相对主义。在现当代，伦理相对主义主要有以下几种类型：叔本华和尼采的唯意志论伦理学的伦理相对主义；元伦理学的伦理相对主义；实用主义的伦理相对主义；存在主义的伦理相对主义；境遇伦理学的伦理相对主义；后现代主义的伦理相对主义。笔者在本章中也借用了部分聂文军教授的研究成果。聂文军教授用了很大的篇幅对这些在伦理学发展史上出现的各种伦理相对主义的派别进行了介绍。当然，聂文军教授在历史回顾中，将很多学派都纳入伦理相对主义的范畴中，特别是将康德伦理学也当作一种道德相对主义的类型，这是笔者所不能接受的。聂文军教授如此考虑，主要跟他对什么是伦理相对主义的界定有关，但是，笔者相信，大多数伦理学家并不会认同聂文军教授将苏格拉底、柏拉图、亚里士多德、康德等人的伦理思想归入伦理相对主义的范畴。

聂文军教授对西方伦理相对主义进行了非常全面的研究。在《西方伦理相对主义探析》一书的第四章中，聂文军教授将伦理相对主义区分为三个层面或层次，即规范层面的伦理相对主义、原则层面的伦理相对主义和体系层面的伦理相对主义。在这一章中，聂文军分别对这三个层面的伦理相对主义进行了界定①。

规范层面的伦理相对主义②：各种伦理规范或道德规范的正确性都具有相对性，不存在任何普遍正确的道德规范，一种道德规范仅仅对把该规范作为其行为的道德准则的群体来说才是正确的；规范层面的伦理相对主义，其道德原则或伦理原则不一定就是对的，伦理原则可能是相对的也可能是绝对的。

原则层面的伦理相对主义③：现实生活所遵循的道德原则并不是唯一的，而是众多的；这些不同的道德原则之间不存在轻重缓急的先后关系，同一道德现象可能适用于不同的道德原则，同一道德原则可能被运用于极不同类的道德现象。

体系层面的伦理相对主义④：极其不同的伦理学说或伦理体系都能够对同一社会生活予以同等程度的解释；在同样的道德生活中能够产生出极不同的伦理学说或伦理体系，这些不同的伦理体系在价值上没有优劣之别，它们在理论上具有同等程度的可辩护性；同一社会既可采用此一伦理体系，也可采用与之迥异的其他伦理体系。

聂文军教授将伦理相对主义的类型分为三种：主观的或心理的伦理相对主义；客观的或文化的伦理相对主义；经验的或境遇的伦理相对主义。聂文军教授认为，在伦理相对主义的各种类型中，客观的或文化的伦理相对主义最为普遍、最为典型⑤。在随后的内容中，聂文军

---

① 关于这三个层次或层面的区分，详细参见聂文军：《西方伦理相对主义探析》，中国社会科学出版社，2011，第145-146页。

② 聂文军：《西方伦理相对主义探析》，中国社会科学出版社，2011，第145页。

③ 聂文军：《西方伦理相对主义探析》，中国社会科学出版社，2011，第145页。

④ 聂文军：《西方伦理相对主义探析》，中国社会科学出版社，2011，第145-146页。

⑤ 关于这三种类型的区分，详细参见聂文军：《西方伦理相对主义探析》，中国社会科学出版社，2011，第148-159页。

教授分别对这三种类型的相对主义进行了详细的介绍和说明。

主观的或心理的伦理相对主义：一切道德原则、道德规范或道德体系都是人类群体主观建构的产物，它们是人类的一种主观需要。在不同的时代、不同的民族、不同的国家中，这种主观的需要当然是各不相同的，它们必然呈现出显著的相对性。应当说，伦理主观主义与伦理情感主义也是伦理相对主义的独特形式。

客观的或文化的伦理相对主义[1]：道德是社会所必需的客观规范，具有实在性；不同的社会形态或文化系统必然要求不同的道德，道德是相对于该社会或文化系统而言的。

经验的或境遇的伦理相对主义[2]：由于不同个人、不同群体各自面临的道德境遇千差万别，即使是相同的外部境遇，不同个人、不同群体对该境遇的经验也各不相同，这就使得道德原则、道德规范的适应必须是相对的、因人而异的。

为了更清楚地对这三种不同类型的伦理相对主义进行说明，聂文军教授分别对文化的伦理相对主义、境遇伦理学等在20世纪流行的道德哲学理论进行了简单的介绍。

在区分道德相对主义的不同类型方面，聂文军教授确实做了很多奠基性的工作，这是毫无疑问的。其实笔者在书中的不同地方也谈论过对于道德相对主义的区分，比如在第一章中关于道德相对主义文献综述部分，在第二章中关于道德相对主义家族相似概念部分。通过对聂文军教授所做区分的介绍，我们可以看出，在整个西方伦理学发展的历史过程中，道德相对主义有诸多的表现类型，道德相对主义一直都是西方道德哲学发展历史过程中所要面对的一个重要问题。当然，在这里，笔者并不完全接受聂文军教授在道德相对主义类型上的看法，在很大程度上是因为笔者所理解的道德相对主义与聂文军教授所理解的道德相对主义并不相同。在笔者看来，虽然在整个西方伦理学思想发展的历史上道德相对主义都占有一定的位置，但是，笔者认为，道

---

① 聂文军：《西方伦理相对主义探析》，中国社会科学出版社，2011，第149页。

② 聂文军：《西方伦理相对主义探析》，中国社会科学出版社，2011，第149页。

德相对主义成为道德哲学核心问题主要是20世纪以来的事情，在整个西方伦理学发展的历史中，特别是在前现代社会，道德相对主义都是作为道德哲学所要克服的问题而出现的，而且那个时候道德相对主义的影响并不是很大。严格来说，笔者在本书中所谈论的道德相对主义主要是第二章中所提到的那种强道德相对主义。在对道德相对主义的类型进行划分的时候，可以参考第二章中所提到的各种道德相对主义的家族相似观念。

第四节　小　结

在这一章中，笔者主要对道德相对主义的历史谱系及其发展类型进行了一定的探究。笔者首先分析了道德相对主义在中国伦理学思想上的发展谱系，着重分析了道德相对主义在西方伦理学史上的发展谱系。通过笔者的分析，希望读者能够对道德相对主义在中西方伦理学发展历史上的谱系有所了解。

通过对道德相对主义发展谱系的考察，我们可以发现，在前现代社会，道德相对主义并不流行，道德相对主义这样的思想主要是在西方进入现代社会才开始逐渐发展壮大起来的。道德相对主义在中国古代社会影响也比较小，除了能够从庄子的思想资源中找到一些道德相对主义的思想之外，很难在其他思想家那里找到道德相对主义的思想。但是，在西方社会，道德相对主义有着悠久的历史，虽然在前现代社会，道德相对主义的支持者比较少，但是，自从进入20世纪以来，有很多学者支持道德相对主义，道德相对主义在20世纪以来伦理学的发展史中有多种表现形式、多种表现类型。

除了对道德相对主义的历史发展谱系进行了梳理之外，笔者主要参考聂文军教授在《西方伦理相对主义探析》一书中所做的工作，对道德相对主义的类型进行了简单的概括和总结。需要指出的是，笔者所讨论的道德相对主义跟聂文军教授所讨论的伦理相对主义存在很大差别，笔者也并不完全认同聂文军教授对道德相对主义类型的区分。笔者对道德相对主义的类型划分可以参考本书第二章第六节所讨论的道德相对主义"家族相似"观念。这样，笔者主要从历史的维度和现实的维度两个层面，对道德相对主义的发展谱系及其表现进行了深入的探索。在接下来的一章中，笔者将分析为什么道德相对主义会在现代社会产生巨大的影响。

第 四 章

道德相对主义
在现代社会流
行的根源探究

　　通过前面的论述，我们可以很肯定地断言：在当今中国的社会语境中，道德相对主义已经在当代中国人的道德实践中产生了非常大的影响。虽然不能说大部分中国人都已经信奉了道德相对主义，但是，我们也可以毫不犹豫地说，道德相对主义已经对很多人的行为方式产生了深远的影响。那么，我们现在所面临的问题是：道德相对主义为什么会在现代社会广为流行？道德相对主义为什么没有在前现代社会广为流行？有哪些理由导致道德相对主义在现代社会泛滥？笔者将在本章中对道德相对主义在现代社会泛滥的原因进行简单的分析和阐述。

第一节　现代性价值的确立
与道德相对主义

　　通过笔者在第三章中对道德相对主义历史发展谱系的梳理，我们看到，道德相对主义在整个西方道德哲学发展的过程中并不是主流，甚至我们在哲学发展史的大部分历史阶段当中都很难找到道德相对主义的影子。当然，笔者在这里所说的道德相对主义主要指的是在第二章中所界定的那种道德相对主义。道德相对主义是一种关于道德思想和规范的一种理论。道德相对主义虽然在人类文明的开端有其萌芽，但是，在整个人类的文明史上，一般来说道德相对主义并没有处于核心地位。道德相对主义根据不同的区分标准有不同的分类，这种道德理论最大的特点是夸大道德的相对性，否认道德的客观性、普遍性和必然性，不承认不同道德文化之间可以达成道德共识，认为人们无法为道德判断找到客观有效的标准。道德相对主义的盛行跟人们对理性的否定有很大的关系。这样的道德相对主义观点无疑对社会的健康发展来说是有害的。这样一来，社会的运作将会缺乏有效的规范，人们的行为也会充满各种紧张和冲突。

通过笔者在第二章中对道德哲学发展历史的考察，以及在第三章中关于道德相对主义历史发展谱系的梳理，我们很容易得出这样一个结论：在古代社会，人们的价值体系基本上是稳定的。普通人对善恶对错有着非常清楚的界限。到了现代社会，人们的道德观出现各种混乱的表现。我们不得不去考虑这样的问题，即，为什么是在现代社会出现道德相对主义泛滥的现象呢？

当然，在我们开始谈论现代价值或者现代性价值与道德相对主义这个话题之前，我们必须注意到关于现代性或现代性价值这一问题的复杂性。关于现代社会的价值或者说现代性价值，本身是一个充满了争论的话题。什么是"现代性价值"这一问题本身就足够写一本大部头的著作。而且，在我们今天的哲学发展中，也有不少学者写过类似的专著。关于什么是现代性价值本身也是一个很难说清楚的问题。有太多学者从不同的角度对现代性价值进行了界定和论述。陈嘉明教授甚至以现代性与后现代性为题写了一本相关的教材，即《现代性与后现代性十五讲》。

不仅哲学家在讨论现代性，很多社会学家和文化学家也对现代性问题比较感兴趣，比如说当代著名的社会学家吉登斯曾经写过一本名为《现代性与自我认同》的书。英国哲学家和社会学家齐格蒙特·鲍曼写了一本名为《现代性与大屠杀》的书。不仅如此,现代学者对现代性价值的态度也充满了差异。有人认为现代性是一个已经过去的文化遗产,比如很多后现代的哲学家认为应该超越现代性。还有些学者认为现代性是一场未完成的谋划,还在不断生长当中。比如像当代著名德国哲学家哈贝马斯,他曾经写了《现代性:一个未完成的方案》一书。为了继续关于道德相对主义的探讨,笔者在这里将现代性价值的复杂性暂时搁置起来,选取一个大家普遍能够接受的关于现代性价值的理解来展开进一步的讨论。笔者在这里所理解的现代性价值,主要参考万俊人教授在《寻求普世伦理》一书中对现代性价值的界定和阐释。万俊人教授在《寻求普世伦理》一书的第四章的引言部分,曾经谈论过对"现代性"道德的批评与辩护。他认为,我们今天所说的"现代性"至少包括三个基本要素:市场经济、民主政治和个人主义[①]。在这些要素背后,始终支配现代化社会运动的根本的"现代性"文化价值是一种基于现代科学理性判断的进步理念,而这种科学理性和进步理念所支配的价值观念系统具有如下三个特征。

第一,普遍理性主义。由于科学理性被认为是普遍合理的和唯一科学的,因而建立在科学理性基础上的伦理价值观也必然是普遍理性的。

第二,普遍理性主义信念促使现代伦理学选择了一种知识论或道德认知主义的论理方式。

第三,现代主义的"进步"价值观。作为一种文明价值观,"进步"标示出现代主义的精神内核,它既是现代人和现代世界的基本价值理想得以确定的价值坐标,也理所当然地构成了"现代性"道德的终极性价值圭臬[②]。

对于理性的信仰毫无疑问是现代性价值的核心。在近代哲学史上,是德国哲学家康德将理性的旗帜高高举起。在《答复这个问题:"什么

———————————

① 万俊人:《寻求普世伦理》,商务印书馆,2002,第306页。

② 关于这三个特征的概括,参见万俊人:《寻求普世伦理》,商务印书馆,2002,第306-309页。

是启蒙运动?"》一文中，康德说："启蒙就是人类脱离自己所造成的不成熟状态的处理，所谓不成熟，即没有他人的指导就不会使用自己的理性，由于这种不成熟并不是因为缺乏理性，而是缺乏在没有他人指导之下敢于使用自己的理性的勇气和决心，所以是人自己造成的。因此，'敢于认识'，大胆地使用你的理智，这就是启蒙的座右铭。"[1]也就是说，在现代社会，我们要把一切都放在理性的尺度上进行考量，不盲从，不迷信。然而，我们在哲学史中也发现，虽然大家都在高扬理性的大旗，但是，各自理性的内容并不相同。表面上看来，大家都在理性地争论，但是，在争论的背后，其实更多的是利益和权力的争夺。当代法国哲学家福柯对这一点有着非常深刻的洞见。我们看到，在启蒙运动中，不同的思想家将道德规范的来源理解为不同的内容，不同的哲学家尝试用不同的关键词为道德奠定基础。理性、欲望、情感、意志甚至选择，都被不同的道德哲学家用来去界定道德的基础。按照麦金太尔教授的研究，这恰恰是道德哲学和道德争论在20世纪之后陷入困境的根源之所在。启蒙运动之后，人们在道德哲学方面构建了各种不同的理论，对人性也进行了更深刻的研究，但是，在道德判断和道德选择方面，很多人都变得无所适从。会出现这样一种现象，一个很重要的原因就是现代人的意识结构跟古代人的意识结构恰恰相反。

万俊人教授在《寻求普世伦理》一书中，曾经对现代人的意识结构和古代人的意识结构进行过对比，当然，注意到这种对比的学者并不少见，或者说万俊人教授的这一洞见在学术界算是一种共识。在他看来："如果说人类传统的道德意识结构是一种完整世界观和社会历史观指导下的道德人生观结构的话，那么现代人类的道德意识结构不仅恰好与之相反，而且呈现出不稳定或紊乱的结构状态。在传统的人类道德意识结构中，人们对世界和社会的认识是基本的和首要的，因为在传统的伦理学或道德哲学观念里，只有首先正确地认识了自身存在

---

① 康德：《答复这个问题："什么是启蒙运动?"》，载《历史理性批判文集》，商务印书馆，1991，第22页。

于其间的整体世界和各种关系，才有可能正确地认识自身。确定这一认知秩序的哲学前提是，人作为一种生命存在不过是整个世界的一部分，因而具有着与整个世界和社会相通的本性。"①

通过对古代社会和现代社会道德意识结构的对比，我们可以很容易找到现代社会的意识结构和古代社会的意识结构之间的重大不同。在前现代社会，人们对自己的理解总是跟某种目的论的"宇宙秩序"或"天道"有关，人应该如何去生活这一问题总是跟"宇宙秩序"和"天道"的假设有关。"天道"或"宇宙秩序"对人应该如何去生活进行了明确的规定，比如基督教教徒所理解的道德规范是上帝与人之间的立法，中国古人所理解的礼仪制度是天道在人道中的显现。要想安顿好人在世俗生活中的位置，人们首先必须很好地理解"宇宙秩序"或"天道"的秩序，"宇宙秩序"或"天道"给人生的意义和价值以担保。

但是，现代价值在形成的过程中恰恰是从否定和解构"宇宙秩序"或"天道"开始的。现代道德意识结构完全是从古人的自由和理性出发的，这样的道德意识结构导致我们在今天进行道德建构和道德推理的过程中出现了很多不好解决的问题。在否定了前现代人的道德意识结构之后，现代人将道德建立在理性基础之上，而这一基础并没有像现代人所想象的那么可靠。人们对理性是什么以及怎么做才是理性总是充满了分歧。

大部分现代人认为，只要对人是什么有充分的把握和认识就可以给人确定道德秩序了。比如像英国的哲学家休谟和德国的哲学家康德都是这种看法的支持者。休谟所著的《人性论》是这一思想最好的体现。然而，正如当代美国哲学家麦金太尔所批评的那样，现代道德哲学家试图将人性作为构建道德秩序的起点，但是，对于"人性"究竟是什么，现代的道德哲学家却根本无法达成共识。在近代的西方哲学史中，出现了很多种不同的关于人性的解释。人的感性、理性、欲望、情感、语言等都曾经被当作人性最为重要的界定。这样一来，道德的

① 万俊人：《寻求普世伦理》，商务印书馆，2002，第21-22页。

本质和道德的起源这样的基础问题就遇到了巨大的困难和挑战。近现代的道德哲学家们不仅在什么是道德的基础和本质这些根本问题上缺乏共识，而且在道德的行为是一种什么样的行为这一问题上也很难达成一致。这样的后果就是，道德相对主义的问题就不可避免地产生了。

第二节　事实价值的二分 与道德相对主义

当然，道德相对主义的产生不仅是现代价值确立的结果，而且在现代价值确立的过程中，有一个问题的产生对道德相对主义的确立有着深远的影响。这个问题即休谟问题。我们一般在说到休谟问题的时候，通常指的是休谟对于因果性的怀疑。在我们认识的过程中，因果性是认识可能的前提，我们总是假设在万事万物之间存在一定的关联，一件事情的发生总是跟另一件事情有着一定的关联。借助因果性，我们能够分析事物发展的过程。但是，休谟根据他对于知识的理解，认为我们只能看到一件事情的发生与另一件事情之间存在一定的关联，但是我们没有办法观察到这两种事物之间的关联。休谟在《人类理智研究》一书中说道："我们在各个方面都得承认，在这些可感的性质和秘密的能力之间并没有可知的联系；因此，人心不论在它们的本性方面知道什么东西，它也不能借此对它们的恒常的规则的联络有任何结论。"①从中，我们可以看出，休谟并不认为因果性有客观必然性，建立在因果性基础上的知识探究并不可靠。休谟对于因果性的怀疑会导致一种怀疑主义，休谟的怀疑主义恰恰为康德哲学的发展提供了动力。笔者在这里所说的休谟问题并不是指休谟对因果性的怀疑这一问题，在伦理学上的休谟问题指的是"是"是否能够推出"应该"这一问题，或"事实"是否能够推出"价值"这一问题。而这一问题在整个20世纪伦理学发展史上都是道德哲学家无法回避的一个核心问题。

---

① 休谟：《人类理智研究》，关文运译，商务印书馆，1997，第33页。

我们在进行道德推理的时候，一般会从一个事实性的陈述出发，或者从人所领悟的宇宙秩序或神的命令出发，推导出人应该如何生活或应该如何行动的问题。在前现代社会，很少有人对这种道德推理的有效性产生疑问。第一次对这种道德推理的有效性产生疑问的是休谟。在《人性论》中第三卷第一章第一节中，休谟写道：

> 对于这些推理我必须要加上一条附论，这条附论或许会被发现为相当重要的。在我所遇到的每一个道德学体系中，我一向注意到，作者在一个时期中是按照平常的推理方式进行的，确立了上帝的存在，或是对人事作了一番议论；可是突然之间，我却大吃一惊地发现，我所遇到的不再是命题中通常所用的"是"或"不是"等连系词，而是没有一个命题不是由一个"应该"或一个"不应该"联系起来的。这个变化虽是不知不觉的，却是有极其重大的关系的。因为这个"应该"或"不应该"既然表示一种新的关系或肯定，所以就必须加以论述和说明；同时对于这种似乎完全不可思议的事情，即这个新关系如何能由完全不同的另外一些关系推出来的，也应该举出理由加以说明。不过作者们通常既然不是这样谨慎从事，所以我倒想向读者们建议要留神提防；而且我相信，这样一点点的注意就会推翻一切通俗的道德学体系。并且我们看到，恶与德的区分不是单单建立在对象的关系上，也不是被理性所察知的。（休谟：《人性论》，关文运译，郑之骧校，商务印书馆，1996，第549-510页。）

休谟在上面这段话中所提出的问题，就是我们今天在伦理学中讨论比较多的"事实与价值"问题或"是与应当"问题。这个问题，休谟并没有给出明确的答案，也没有对这个问题展开更深入的论述。但是，休谟的这个问题无疑对整个伦理学的基础构成了严峻的挑战。正如休谟所说的，注意到这个问题，会推翻一切通俗的道德哲学体系。在休谟之前，哲学家们并没有在事实与价值之间做出明确的区分，事实与价值是互相纠缠在一起的。一个好的人总是跟这个人的一些品质和行为联系在一起。我们不会把对这个人好的评价和这个人的品行区分开来。在20世纪伦理学的发展中，很多道德哲学家都对这个问题进行过回应。而且，现在我们也经常听到这样的说法，即道德是一种价值体系，这种价值体系是主观的，是人们为了满足自己的需要建构的结果。当然，这样的体系并不具有客观性。人们完全可以根据不同的偏好建立起不同的价值体系。

在20世纪初期，西方伦理学进行了一场巨大的理论变革，这场变革的动力来源于逻辑实证主义的兴起。因为弗雷格所引导的现代逻辑的诞生，哲学的兴趣从认识论转向了语言分析。摩尔在20世纪初所发表的《伦理学原理》被认为是现代伦理学诞生的标志。摩尔对"是与应当"问题的重视使这个问题成为当时伦理学讨论中的核心问题。在《伦理学原理》一书中，摩尔提出了"自然主义谬误"这一命题，在他看来，道德属性不同于自然属性，任何用自然属性来定义道德属性的尝试都犯了一种低级的"自然主义谬误"。在摩尔看来，过去的伦理学都在一定程度上犯了"自然主义谬误"。这一观点是对休谟"是与应当"问题的补充和说明，从此以后，"是与应当"就成为很多伦理学家讨论的核心问题。在摩尔之后，出现的不少伦理学流派，诸如情感主义、规约主义等，都想要建立一种合乎普遍理性要求、符合逻辑论证的伦理学体系，都想要改变以前那种犯了"自然主义谬误"的伦理学体系。

在"是与应当"或"事实与价值"二分的基础上，20世纪的伦理学出现了不少混乱。有些道德情感主义者把道德判断理解为情感表达，这使得人们无法进行有效的道德推理。在第一章文献综述部分提到的澳大利亚学者麦凯在道德理论上提出一种"错误理论"，认为道德陈述没有客观对象，道德语句系统为假（在二阶逻辑的意义上）。麦克·道威尔（Mac Dowell）继承了摩尔的直觉主义路径，创立"敏感性理论"。莱尔顿（Railton）对自然主义持有还原论的立场，试图把"善"还原为完全自然的概念。这些不同的伦理学理论都建立在"事实与价值"二分的基础之上，表面上看来，这些学者丰富了伦理学的理论，但是，这些人恰恰从最根本上瓦解了伦理学的基础。

在过去，我们对于好生活或者正确行为的评判总是跟具体的一些事实联系在一起，但是，现在我们会认为价值不过是个人主观意愿的表达而已，跟事实没有太多必然的关系。这样一来，在我们把价值跟事实完全割裂起来对待的时候，我们也没有可能为道德的客观性寻找到有效的基础。随之而来的结果必然是：道德相对主义成为一种不得不接受的观点。如果我们仔细考察20世纪伦理学发展的历史，我们很容易看到，在各种道德相对主义观念的背后，多多少少假定价值与事实无关，价值与事实是两个世界的事情。当然，我们也看到，在20世纪伦理学发展的历史过程中，有很多学者对事实与价值二分这样的根深蒂固的现代观念进行了很多批判与反思。其中最有名的就是普特南所写的《事实与价值二分法的崩溃》。笔者将在下一章中对事实与价值问题展开更深入的讨论。

第三节　文化多样性与道德相对主义

现代性价值的确立是一系列历史事件的结果，而现代性价值和现代化本身就是互相纠缠在一起的一个历史事件。从世界文明史的角度来说，西方的现代化主要是从15世纪的地理大发现开始的。地理大发现不仅开拓了新的海上航路，发现了很多未知的领域，促进了资本主义的发展，人们对这个世界有了更深入的认识，而且，地理大发现也发现了很多不同于西方已有的文化形式。从那个时候开始，就涌现了一批对这些异域文化进行研究的学者，这些人就是后来的文化人类学家的先驱。只是，在刚刚开始的时候，那些文化人类学家的先驱大多把这些不同于西方文化的文化模式贴上落后和愚昧的标志，甚至把那些人当作异教徒来看待。所以，在世界文明史上，伴随着地理大发现的进行，野蛮的掠夺和血腥的屠杀也在新发现的土地上不断上演。无数不同于西方文明的文化模式被无情地抹掉。在19世纪以前，人类学研究比较迷信线性进步的历史发展观念，认为人类的历史是不断走向进步的历史，每个文明都要经历"蛮荒阶段"—"野蛮阶段"—"文明阶段"。他们认为，当时欧洲人的生活方式所代表的就是整个人类文明最终的发展阶段。但是，在这些野蛮屠杀的过程中，在与这些不同于西方文化模式打交道的过程中，有些学者也在不断反思西方文明中心论，认为他们以前完全按照西方人对于世界的认识来理解他们所发现的不同于西方的文化模式这样的做法是有问题的。他们不断抛弃西方人所持有的一些关于文化的偏见，很多西方的文化人类学家开始按照一种新的思路来重新审视人类的文明。到了20世纪，文化人类学在这样的视角之下获得了飞速的发展，涌现出一大批在人类文明史上有着重要影响的人物。

西方有些人类学家在对一些原生态的文化进行研究之后，发现很多原生态文化并不像他们所想象的那么简单，相反，有些原生态文化非常复杂，有不同的符号系统和表达方式。过去西方人类学家想当然地对原生态文化有一种优越感，现在他们开始不断反思自己以前的文化偏见。他们在很多不同文化中发现了各种各样的道德模式，很多在他们自己文化中被认为是道德的实践模式在他们所研究的文化模式中并不认为是道德的模式。很多人类学家必须思考为什么在这些文化中他们所理解的道德跟我们不同。有很多伦理学的教材在谈论道德相对主义这个话题时，都会提到文化上的道德相对主义，从一些原生态文化与我们不同的道德实践说起，特别是那些被现代文明所不能接受的实践方式。比如，我们经常在各种伦理学教科书中看到，在有些原生态文化中，人们会将年迈的老人杀死①。我们今天关注道德相对主义并

---

① 比如汤姆·彼彻姆：《哲学的伦理学——道德哲学引论》，雷克勤、郭夏娟、李兰芬、沈珏译，中国社会科学出版社，1990，第49-65页。徐向东：《自我、他人与道德——道德哲学导论》，商务印书馆，2007，第47-54页。程炼：《伦理学导论》，北京大学出版社，2008，第47-58页。

且讨论道德相对主义，在很大程度上都受益于以前的一些人类学家，特别是20世纪上半叶的一些人类学家在一些原生态社会中所做的一些田野调查。

　　曾经对美国治理日本提出很好建议的美国人类学家露丝·本尼迪克特公开警告那些用自己的文化标准来研究其他文化的人类学家，提醒他们不要站在种族中心主义或文化中心主义的立场上从事研究，而应从他们所研究的文化本身的立场上考虑问题。关于道德，露丝·本尼迪克特这样说道："道德在每个社会中都各不相同，它是一个方便的术语，代表被社会地赞同的习惯。"①也就是说，通过对异质文化的研究，本尼迪克特甚至放弃了西方文化对于道德的理解，完全按照另一种更有解释空间的说法来重新定义了什么是道德的行为。另一位人类学家威廉·G.萨姆纳也深受这一思想的影响，他认为："'正确'的做法是祖先的做法和古老相传的做法。传统是其自身的保证。它不受经验的验证。正确这个观念就在习俗中。它不外在于习俗、没有独立的起源、不用来检验习俗。在习俗中，存在的，总是正当的。这是因为它是传统的，从而拥有先祖鬼神的权威。在习俗面前，我们的分析戛然而止。"②萨姆纳对道德哲学中最为核心的关于"正确"的问题进行了新的解读。将"正确"与每个文化的传统做法和习俗联系在一起，并且认为我们无法对这样的行为进行一定的分析和评判。这样一来，道德毫无疑问就没有办法进一步从理性的角度来展开分析和论证了。通过对这两位人类学家只言片语的分析，我们可以很容易看到，至少在这两位人类学家的思想中，道德是相对于各自的文化而存在的，道德并不是永恒的东西，也不是完全相同的东西。按照这两位人类学家的说法，道德只是社会风俗的一部分，社会风俗在不同文化模式中具有不同的表现形式。那么，很明显，我们很容易得出这样的结论，即道德随着文化的不同而不同，道德在不同的文化中具有不同的表现模

---

　　① Ruth Benedict, "Anthropology and the Abnormal," in *The Journal of General Psychology*, no. 10（1934）: 73.

　　② William G. Sumner, *Folkways*（Boston: Ginn & Co, 1906）, p.76.

式。甚至，在萨姆纳的思想中，对于涉及好坏对错的评判问题，只要我们把思想落实在习俗习惯上，那么就没有必要对这样的问题进行追究了。我们也无法对异质文化中的道德去按照我们的方式进行评价。

程炼在《伦理学导论》一书中曾经将文化道德相对主义论证形式概括如下：

（1）在一个社会习俗中的人们相信X是正确的，在另一个社会习俗中的人们相信X是不正确的。

（2）因此，在X是否正确的问题上不存在客观的答案①。

在程炼教授看来，这一推理在逻辑上存在很大的问题。从前提（1）中，我们可以推论出这样一个判断：不同社会中的人未必都会认为X这样的行为是正确的，但是，对于一个行为究竟是正确的还是错误的，并不能因为不同社会中人们在这个问题上存在分歧就否认我们无法找到一个被理性人所接受的答案。我们更不能因为某些社会存在一些习以为常的做法就认为这些行为可以在道德上得到辩护。比如在非洲某些原始部落中存在的割礼或者在中国过去社会中存在的女人要裹小脚这样的行为，我们不能因为这些行为或者习俗是客观存在的，就认为这些行为可以在道德上得到合理辩护。也就是说，从前提（1）并不能顺利得到（2）。文化上的道德相对主义这样的推理模式并不成立。在《自我、他人与道德——道德哲学导论》一书中，徐向东教授对文化上的道德相对主义的论证模式进行了类似的概括和总结，同时也从道德推理的角度对这一推理模式进行了反驳②。

---

① 程炼：《伦理学导论》，北京大学出版社，2008，第51页。

② 参见徐向东：《自我、他人与道德——道德哲学导论》，商务印书馆，2007，第46页。徐向东在这里总结的论证相对复杂一些，他把道德相对主义的论证过程分为如下四个步骤：（1）道德价值植根于社会习俗、历史条件和形而上学信念这样一些东西之中，而这些东西在不同的社会中是不同的。（2）所以，道德判断必然与社会约定和社会习俗牵涉在一起。（3）没有中立的标准使我们可以判定竞争的道德主张。（4）因此，道德判断必定是相对的。在后面的文章中，他从不同角度对道德相对主义进行了批驳。

第四节　后现代伦理思想与道德相对主义

　　跟我们前面谈到的现代性一样，我们同样很难给后现代主义或者后现代性下一个定义。对于后现代主义主要理论家来说，他们大多反对以各种形式来界定或者规范其主义。后现代主义最早在20世纪二三十年代就出现了，其主要的口号是反对现代性，希望通过各种努力突破现代性的边界。后现代主义不仅是哲学的一个理论，而且也涉及许多不同的文化现象。

　　作为现代性的对立面而出现的，后现代主义这一思潮所要做的主要事情就是超出现代性给思想所设定的框架和目标。在20世纪末，后现代主义思潮成为一种非常流行的社会思潮。西方很多学科都参与到这一思潮中。哲学、社会学、人类学、文学、语言学、政治学、伦理学等各种学科都尝试着从自己学科的角度阐释后现代的思想和精神。正如研究后现代的加拿大学者大卫·莱昂在《后现代性》一书中所写的那样："从20世纪80年代开始，它（这里主要指的是后现代主义）已经在许多学科中——从地理学到神学，从哲学到政治学——造成了一个巨大的，时而激愤、时而焦虑的争论。"[1]

　　强调理性是整个现代性思想的核心之所在，这是由整个启蒙运动的诸多伟大思想家所共同缔造出来的精神。但是，后现代主义恰恰要反对理性，要让人们认识到理性的弊端。认为现代性所追求的知识的普遍性和确定性是不成立的，他们强调知识的有限性和相对性。后现代主义在哲学上的代表人物很多，主要有尼采、德里达、福柯等。

　　《劳特利奇哲学百科全书》对"后现代主义"这个词条是这样解释的："后现代主义"这个词出现在一系列的语境中，从学术论文到《纽约时代》杂志上的服饰广告。在文化活动的不同范围内，后现代主义

---

[1] 大卫·莱昂：《后现代性》，郭为佳译，吉林人民出版社，2004，第8页。

对西方欧洲文化的一些基础性假设进行了持续且全面的挑战。要想理解后现代主义的危险所在，必须从历史和更广泛的角度进行思考，在一种不可避免地包含多学科努力的复杂术语中进行思考。尽管后现代主义是如此多样和折中，但是可以通过两个关键假设认识后现代主义。首先，假设在"自然"（nature）、"真理"、"上帝"或"未来"之中没有共同特征，这一假设既不能确保世界的整一（one-ness），也不能确保中立或客观思想的可能性。其次，假设所有像语言运作那样的系统是自我自反性（self-reflexive）系统，而不是参照（referential）系统。这些不同功能的系统起着很大的作用，但同时也是有限的，它们构建和维系意义和价值①。在这一词条的解释中，我们可以看出，后现代主义涵盖范围比较广泛，但是其核心是对西方传统文化价值的挑战，特别是现代性所树立的各种价值观念的挑战。后现代主义有两个最为核心的假设，第一，否认世界的整体性和思想的客观性；第二，强调语言等系统的有限性。

　　对于后现代主义这样的思潮来说，很多时候因为其作为现代性的反叛者而出现，因而给人的感觉就是含糊而不确定。对于后现代主义包含哪些流派，在当前的语境中，很多时候也是莫衷一是、众说纷纭。后现代主义不仅有很多哲学上的倡导者，在文学、建筑、历史、政治、艺术、伦理甚至女性主义方面都有一些积极的拥护者。后现代主义更像是一场文化运动。在这样一场文化运动当中，他们倡导多元主义，反对一元主义；颠覆客观价值秩序；支持随意和偶然性；沉迷于残缺和断裂，反对整体和一致性。在这样一场文化运动中，现代价值被消解，理性出现危机。偶然、边缘、碎片、无序、多元等观念盛行起来。权威、普遍、整体、一致等观念受到挑战。理性不再是认识世界的可靠方式，解构主义、视角主义变成认识世界的可靠方式。在这样一场文化运动之中，现代性所确立的普遍理性被抛弃，各种各样的相对主

---

　　① 具体内容参见：Elizabath Deeds Ermarth，"Postmodernism"，in *Routledge Encyclopedia of Philosophy* [London：Routledge，1998（7）]，pp.587-590.笔者对这一词条进行了总结和概括。

义观点流行起来。道德相对主义也是后现代主义思潮中一股强大的
力量。

在本书的第一章中，笔者曾经以齐格蒙特·鲍曼为例对后现代伦
理学进行过简单的介绍。读者可以从中看出后现代伦理学的一些基本
理论旨趣。从齐格蒙特·鲍曼所构建的后现代伦理学的基本理论观点
中，我们也可以很明显看到后现代伦理学对整个西方伦理思想的解构，
以及后现代伦理学当中所蕴含的道德相对主义因素。

第五节　社会转型与道德相对主义问题

社会转型是我们今天所生活的一个大背景，不管对于西方还是对
于中国，在最近这一百多年的时间里面都发生了太多的事件。对于中
国来说，社会转型的力度和强度在整个中国社会发展的历史中都是不
多见的。日本裔美国思想家福山曾经提出一个很有意思的观点："并非
人们没有自由意志或是不能做出合乎道德的选择，而是道德选择是在
一定的技术和经济框架下进行的，这一框架会使某些结果可能产生在
某些时期，而非产生在其他时期。"[1]也就是说，社会发展在技术和经
济层面上的变化很容易改变人们的道德选择。在这些变革时期，人们
在道德的行为上确实会出现一些问题。弗朗西斯·福山在《大分裂：
人类本性与社会秩序的重建》一书中主要的一个思想就是：社会的转
型和变革会对人们的道德选择产生一系列的影响，而且很多都是负面
的影响。在整个西方社会的大分裂期间，也可以说是大变革时期，西
方世界的犯罪率不断升高，家庭出现破裂，人与人之间的信任感在降
低。福山教授在《大分裂：人类本性与社会秩序的重建》一书中用很
多数据和事例对人们在社会转型期间的道德混乱进行了描述。但是，

---

① 弗朗西斯·福山：《大分裂：人类本性与社会秩序的重建》，刘榜离、王胜利
译，中国社会科学出版社，2002，第121页。

随着社会变革的完成，人类必然需要某种秩序，人类也必定会建构出一套新的道德秩序出来。福山教授在《大分裂：人类本性与社会秩序的重建》一书中对社会变革所引起的道德问题以及人类社会规范性的来源从很多不同的角度给出了比较科学和合理的解释与说明。他的这本书对理解今天中国出现的道德问题具有非常重要的参考价值。

毫无疑问，今天的我们也是生活在社会转型的大背景中，这一社会转型其实从鸦片战争之后就开始了。从鸦片战争之后，中国进入近代史，而近代史在很大程度上就是寻找适合自己发展道路的历史。新中国成立之后，整个中华民族就经历了非常多的变革，而从20世纪80年代以来的改革开放无疑是一场人类文明史上最为惊心动魄的变革。自从改革开放之后，我国的社会变化可以从以下五个方面来加以阐发：第一，农业文明向工业文明再向商业文明深度推进。中国自古是一个农业大国，1949年以来，工业得到长足进步，到了20世纪80年代实行改革开放后，商业得到突飞猛进的发展。第二，计划经济向市场经济全面推进。目前我国在公有制为主体前提下，多种所有制经济共同发展以及个人财富不断增加已成为现实。第三，同质的一元社会向异质的多元社会不断推进。第四，乡村社会向城镇社会不断推进。中国传统社会以世居农村为主，人与人相互间以宗族、血缘关系为主，城市化水平较低。改革开放以来，中国城镇化建设得到较快发展。第五，中国本土文化向"地球村"文化不断推进。随着科学技术的巨大发展，特别是通信业、互联网的进一步发展，中国传统文化不再能够"独善其身"，它不断受到多元文化，特别是西方文化的冲击。

1986年，德国社会学家乌尔里希·贝克在《风险社会》一书中首次提出社会风险概念。他提出社会转型和社会结构的剧烈变化会带来各种社会风险。对于这一观点，我们现在都并不陌生。我们现在就生活在社会转型的过程中，我们现在也生活在一个高风险的社会当中。姚亮在《中国社会转型期的社会风险及特征分析》一文中说道："一旦社会结构运行遇到障碍或产生病变时，社会结构预定的社会功能就容易遭到破坏，甚至发生扭曲或嬗变，社会问题就会增多。"①我们今天在道德上面临如此多的困境，跟社会转型和社会结构发生巨大的变迁有着千丝万缕的关系。

中国现在所经历的社会转型为整个中国社会的发展带来了很多变革。第一，商业文明的发展致使获得巨额利益以及获得利益的周期缩短成为可能，商业文明的发展也使赚钱成为很多人首要的人生目标。第二，市场经济打破平均主义心态，极大地促进了"利益至上"和"利益最大化"的规则固化，"利益至上"和"利益最大化"这两个原则甚至成为一些人行动的首要准则。第三，价值的多元化鼓励人们采取不同的生活方式，各种不健康的生活方式也有了生存空间。第四，城镇化发展使不同阶层的意识形态和生活方式发生强烈的冲撞，社会隔阂加深。第五，"地球村"的形成使中国传统文化受到全球文化的洗礼，包括法理社会对伦理社会的冲击，产生社会信任危机。随着全球化进程的不断加剧，各种各样的西方意识形态传入中国，对中国人的世界观和人生观产生了非常重大的影响。有一些不太健康的人生观和价值观开始在中国人的观念世界中生根发芽，比如拜金主义、功利主义等。在全球化的洗礼中，中国人也不得不重新考虑如何建立一套新的人生观和价值观。对于普通的中国人来说，他们的人生观和价值观已经发生了很大的变化。在传统的中国社会，人们更看重道德修养，甚至整个文化的核心都是围绕着人如何通过修身来不断提高自己的修养展开的。很多从事中国哲学研究的学者将中国文人的追求概括为"内圣外王"或者"修己以安人"。不管是"内圣外王"还是"修己以安人"，说的都是要加强自己的道德修养，要将做事的起点放在自己的道德修养上面。而在现在的社会转型时期，我们可以很明显地看到，很多人更看重的是财富的获得。对于很多人来说，衡量人生价值的主要手段就是获取了多少财富。道德修养这样的问题变成了一个非常私人的话题。毫无疑问，中国现在所发生的社会转型对人们的生活已经

---

① 姚亮：《中国社会转型期的社会风险及特征分析》，人民网，http://theory.peo-ple.com.cn/GB/41038/10233431.html，访问日期：2022年7月2日。

产生了非常重大的影响，这些影响主要体现在以下四个方面。

第一，对道德认识的强烈影响。由于转型期对人生价值坐标体系的重建，使原有道德体系遭到破坏，人们的道德认识演变为两种情况：一种是及时重建，建立起与转型期相适应的新的价值认识；另一种是无法及时重建，道德认识产生模糊甚至混乱。在第一种情况中，有些人在现代社会中的道德认识发生了根本改变，崇尚物质主义、拜金主义，把"追逐名利"当作人生目标，因而不断丧失道德情感，逐渐失去道德的动力，最后甚至走向"去道德化"的极端。在第二种情况中，人们传统的人生价值坐标和新的价值坐标发生严重冲突。由于经济的高速发展，道德认识出现短暂的滞后现象。一方面仍然信守传统的道德认识，另一方面却不断受到新的道德认识的冲击。有些人进而在现代社会变得无所适从。

第二，对社会舆论的强烈影响。我们知道，社会舆论的主要功能是形成"声誉"，即是否赢得"尊重"，这其实就是社会文化价值导向的作用。而转型期价值评判标准的重建，尤其是廉价的网络传输的普及，使得传统道德价值体系失去根基，良莠不分，公平和正义感缺失。讲道德并不一定得到声誉和尊重，不讲道德也不一定得不到声誉和尊重；财富就是声誉，有钱就有身份，许多人把"有钱能使鬼推磨"奉为圭臬。更恐怖的是，这样的社会舆论竟然形成了"群体效应"，使道德受传统社会舆论监督的影响减弱。

第三，对人际关系的强烈冲击。自古以来，"一方有难，八方支援"是国人道德行为的典范，"好人好报"的因果关系深入人心，并且得到传统社会的有力支撑。而转型期一方面由于社会竞争加剧，产生利益对立，甚至出现尔虞我诈、巧取豪夺，极端个人主义和利己主义思想抬头，社会焦虑增加，并逐步滋生出社会的信任危机；另一方面，由于城市化的发展，社会人员流动频繁，"陌生人"社会逐渐形成，加上贫富差距拉大，社会隔阂不断加深，"信任半径"越来越小，人际关系不断疏远。我们知道，人与人之间一旦失去了应有的信任，便不可能产生出深厚的情感。正如姚亮在《中国社会转型期的社会风险及特征分析》一文中所指出的："经济增长不仅会用某一速度改善着人们的物质福利，同时还会以更高的速度增加着人们的社会挫折感。"①另外，"好人得不到好报""好心当成驴肝肺""热脸贴冷屁股"等活生生的社会现实让人心寒，人与人之间相互防范，不再那么"亲密无间"，温情逐渐被法理甚至被冷酷替代。表现最为明显的就是人们既不再"关心他人"，同时又感到不被他人"关心"，可怕的是这样的状况像瘟疫一般形成"恶性循环"："邻里互不相识"成为常态，"各人自扫门前雪，莫管他人瓦上霜"的自私自利思想重新抬头。这从理论上解释就是主体需要得不到体现（或者误认为不需要），甚至反对这种需要，那么，客体事实便不再有善或价值。

第四，对道德底线的强烈影响。我国传统道德教育的一个特点是"君子"教育、"圣人"教育（包括现代的英雄主义教育），人人都按照君子对自己进行要求，人人都盼望着成为君子。其实，这是一种对道德的高标准、高要求的现象。虽然道德还有更丰富的内涵，但现在的问题是连最基本的道德底线也不保了，这不禁令人毛骨悚然。具体表现为很多人丧失了最起码的"同情心"，或者叫作"怜悯心"，伦理学上也称为"人道"或者"良心"。孟子早就提出过"四端"的概念："恻隐之心，人皆有之；羞恶之心，人皆有之；恭敬之心，人皆有之；是非之心，人皆有之"，还说"恻隐之心，仁也"。这正是对儒家仁、义、礼、智道德常规的深刻注解。道德基础的崩塌，道德的底线便无法坚守。正如前述，"不要伤害任何人"是道德底线，但触目惊心的害人事件仍有发生，利欲熏心到了无以复加的地步。以前人们还怕做坏事遭"报应"，现在有些人已经没有任何的敬畏感，不去体会他人痛苦，认为做坏事的成本低和风险小，所以什么缺德的事都敢做。一些以前受人尊敬的共产党员和干部的腐化变质也导致了严重的道德失范。

当然，社会转型并不是产生道德相对主义的全部原因，但转型期对道德的冲击是显而易见的，它严重干扰了人们的价值观和意识形态，

---

① 姚亮：《中国社会转型期的社会风险及特征分析》，人民网，http://theory.people.com.cn/GB/41038/10233431.html，访问日期：2022年7月2日。

促使人们对道德的自我怀疑甚至否定，进而造成心理扭曲，最后导致行为失范，而最终的后果就是在行为的正确性上失去了判断的尺度，甚至有人觉得道德不过是一种欺骗，在生活中坚守道德规范会吃亏，道德相对主义泛滥。

第六节　现代技术的发展与道德相对主义

在本书的第一章中，笔者就谈到技术时代的发展对稳定的道德所构成的严峻挑战。我们今天所生活的这个时代最为典型的特征就是科学技术的飞速发展。科学技术的飞速发展是我们这个时代能够迅速发展最为重要的动力来源。从20世纪80年代开始，科学技术就成为第一生产力。对生产力在整个社会结构中的强调导致我们盲目迷信科学技术。在我们这个科学技术高歌猛进的时代当中，其实充满了各种各样的危险。

现代科学技术的发展，特别是信息科技和生物科技的发展，一方面给人类社会创造了巨大的生产力，对人类社会的方方面面产生了各种各样的影响；另一方面，也给人类带来了很多道德伦理方面的危机。电脑、手机等电子信息技术的迅速发展，一方面极大地改变了现代人类的生活和生产方式，极大地提高了人们的劳动生产率，给人类的生活带来了很多便利；另一方面，也让人们过分沉溺于信息技术虚拟的世界而不能自拔。现在虽然交流的方式更方便，但是大家普遍发现人与人之间的交流变得更困难。一些青少年甚至犯了网络成瘾综合征，分不清真实的生活和虚拟的生活。电子信息技术的发展给人类带来了一种新的生活方式，即网络化生存。人类在网络化生存中也会面临各种各样的道德问题。网络化生存作为一种虚拟的生存方式目前还没有建构起来一套完整的道德规则。网络在给人们的生活提供便利的同时，也给各种犯罪活动提供了便利。网络诈骗、网络暴力等网络犯罪呈多发高发态势。

前几年人类基因组工作草图的绘制成功以及基因编辑技术的日趋完善使人们看到按照自己的想法去改变人类基因的可能性。当人类可以按照自己的想法来改造自己身体的基因和遗传信息的时候，不知道那个时候还有多少人能够抵挡这样的诱惑，更不知道那个时候的人们如何去获得自己的身份认同。人类的尊严和价值在那种情况下应该依靠什么来获得确证将成为一个严峻的问题。克隆技术的飞速发展同样使人们充满担忧。1997 年 2 月，科学家维尔穆特博士领导的研究小组宣布他们成功克隆出一头叫"多莉"的小羊。在这之后，大多数政府都发表了反对克隆人的一些声明。时任美国总统比尔·克林顿公开宣布，禁止政府资金用于一切与人体无性繁殖有关的研究。世界卫生组织和大部分国家在后来都明确反对进行克隆人相关的研究。即使到目前为止，虽然有一些疯狂的科学家在从事关于克隆人的研究和实验，但是，文明社会普遍禁止克隆人的研究，没有哪一个政府公开宣布支持克隆人的研究。在现实生活中，能够做的事情未必就是在道德上可以做的事情。虽然科学技术的飞速发展给人们带来了前所未有的力量，让人们可以做很多以前想都不敢想的事情，但是，科技发展本身也让人们面临很多风险。

事实上，在人类思想史上，一直以来都有很多思想家对技术进行过各种各样的反思。在西方世界，柏拉图和亚里士多德都公开讨论过技术的问题，柏拉图因为坚持理念论而将技术放在第二位。亚里士多德将技术当作手段和工具看待，是最早的技术价值中立论的提出者。在中国过去的文化中，儒家思想盛行，一般不太重视技术问题。中国过去对技术反思比较有影响的是庄子。

庄子在《天地篇》里讲过一个"抱瓮入井"的寓言，这个寓言非常生动地表达了庄子对于技术的态度。孔子的高徒子贡在去楚国的过程中，他看见有位老者以一种非常吃力的方式浇菜园："凿隧而入井，抱瓮而出灌，搰搰然用力甚多而见功寡。"[①]也就是说，这个老人抱着

---

① 庄子：《庄子》，孙海通译注，中华书局，2007，第 203 页。

装水的容器跳到井里去灌水，然后再带着这个容器出来浇水，花了很大的力气但是效率很差。子贡便将一种新的浇水的技术推荐给他："有械于此，一日浸百畦，用力甚寡而见功多，夫子不欲乎？"①也就是说，这种技术使用的力气很少，但是效率很高，可以非常好地提高浇水的效率。但是，这个老人并不领情，因为这个老者曾经听他的老师说过："有机械者必有机事，有机事者必有机心。机心存于胸中则纯白不备，纯白不备则神生不定，神生不定者，道之所不载也。"②按照注释者的解读，这句话的意思是："使用机械的人必定要从事机务之事，从事机务之事的人必然要存机动之心。机动之心一旦存于心中，那纯粹素朴的天性就不完备了；纯粹素朴的天性一旦不够完备，那精神就会摇荡不定；一旦精神摇荡不定，便不能容载大道了。"③从这段话中，我们明确可知，老人为了保持纯朴的"人心"，坚决反对使用先进技术，仍然采用抱瓮入井的老办法。这个老者也明确地对子贡说，他其实知道使用技术能够很好地提高浇水的效率，但是，他为了保持"人心"不会这样做。

对于熟悉市场经济规则的现代人来说，这样的做法完全是不可理喻的。现代人总是希望以最为有效的方式做事，不会考虑最为有效的方式做事本身是否存在问题。自从西方进入现代社会以来，对技术的强调就越来越多，有些学者甚至认为发明和使用新的技术是人类最大的利益之所在。在那个时代，新技术和新工具也层出不穷。然而，在那个时代，也有一些时代的先行者对技术充满了担忧。在法国学术地位最高的第戎科学院悬赏征文"科学和艺术的复兴是否有助于敦化风俗"④中，法国著名的思想家卢梭认为，历史上的一切卑鄙行为和道德败坏的根源都在于科学与艺术的发展。他为此专门写了一篇文章，题

---

① 庄子：《庄子》，孙海通译注，中华书局，2007，第203页。

② 庄子：《庄子》，孙海通译注，中华书局，2007，第204页。

③ 庄子：《庄子》，孙海通译注，中华书局，2007，第207页。

④ 这一征文中所提到的艺术一词对应的英文是"art"，这个词也可以翻译成"技艺"。

目是《论科学与艺术的复兴是否有利于敦化风俗》，被后人简称为《论科学与艺术》。卢梭在这篇征文中详细阐述了科学与艺术的发展对人类道德带来的负面影响。这篇征文主要有两个部分，在第一个部分中，卢梭主要从对历史考察的角度出发，告诉人们科学与艺术的发展败坏了风俗。在第二个部分中，卢梭从科学与艺术本身的角度出发，告诉人们科学与艺术会让人们堕落。卢梭这样说道："当生活日益舒适、工艺日臻完美、奢侈之风开始流行的时候，真正的勇敢就会削弱，尚武的德行就会消失，而这些也还是科学和种种艺术在室内暗中起作用的结果。"①没有想到卢梭竟然因为这篇文章而获得了征文的一等奖。这篇文章也使卢梭在巴黎社会声名鹊起。在整个人类文明史上，卢梭是第一个对现代性价值进行反思和批判的哲学家。他的这篇文章在今天我们这个科技文明获得飞速发展的时代更有必要得到人们的重视。到了20世纪，大家都知道，在西方世界，虽然科学技术发展迅猛，但是西方思想家关于科学技术的反思一直都没有停止。在20世纪比较有影响的流派就是法兰克福学派和技术哲学。

在今天，关于科技发展所带来的伦理问题已经引起了很多人的重视，科技伦理在很多高校已经成为一门课程。这门课主要就是反思科技发展给人类在道德行为选择方面所带来的困境和挑战，人类应该如何去更好地面对很多新兴的科学技术的出现，如何更好地做出道德选择。当然，如果深入这门课程内部，我们也会看到科技发展给人们在道德选择方面带来的诸多困境。

第七节　小　结

在上文中，笔者主要从六个方面对道德相对主义在现代社会流行的原因进行了简单的分析。道德相对主义这样的观念已经不是一个我

① 卢梭：《论科学与艺术》，何兆武译，商务印书馆，1963，第28页。

们可以轻易去否认的存在，已经体现在现代人生活的方方面面。现代性价值的确立、事实与价值的二分、后现代性价值对现代性价值的反叛、人类学家关于不同文化中道德的理解、社会转型、技术的发展等等，都使我们当代人在道德判断上容易陷入道德相对主义的窠臼。面对这些新的挑战，我们不得不面对这样一个问题：现代人是否必然接受道德相对主义这样的观念？

德国社会学家马克斯·韦伯对现代社会的确立曾经进行过这样一种解释：现代社会最为典型的特征就是"理性"，现代社会成长的过程就是一个不断理性化的过程。马克斯·韦伯将现代社会建立的过程称为世界的"祛魅"。简单来说，"祛魅"就是消解知识的神秘性、神圣性、魅惑力，按照人的理性去做出各种各样的判断，将那些无法用人的理性去解释的东西悬置起来。韦伯在这里所说的理性主要指的是运用理智去思考和判断。韦伯在《新教伦理与资本主义精神》这本书中提出，工具理性行动和价值理性行动构成了人的行动的两种最主要的方式。工具理性行动强调行为目的、手段和过程的合理性，强调做事行动过程中的效率，强调行动过程中目的和手段的可控性。价值理性行动强调价值的优先性，认为不论付出什么样的代价都要把认为有价值的行动给做好。韦伯认为，现代社会产生的过程就是工具理性不断膨胀、价值理性不断萎缩的过程。对工具理性的过分强调，容易导致意义和价值的缺失。正如韦伯所言："我们这个时代，因为它所独有的理性化和理智化，最主要的是因为世界已被祛魅，它的命运便是，那些终极的、最高贵的价值，已从公共生活中销声匿迹，它们或者遁入神秘生活的超验领域，或者走进了个人之间直接的私人交往的友爱之中。"①从中我们可以看出，韦伯对现代社会价值缺失充满了担忧。那些终极价值和高贵价值的缺失很容易让人们甘于平庸。在工具理性的世界观之下，人们的价值观念变得多元，更加崇尚效率。个人利益至上原则受到推崇，终极价值和高贵价值退隐。

① 马克斯·韦伯：《学术与政治》，冯克利译，生活·读书·新知三联书店，1998，第193页。

在现代性价值确立的过程中，人们在道德方面抛弃了过去道德的基础，将道德建立在理性的基础之上，特别是在工具理性的基础之上。更多的人只是将道德理解为个人的选择和个人的修养。很多人主要从自己的需要角度出发来看待道德选择的问题。在这一过程当中，道德的混乱和无序凸显出来，道德的相对主义获得了很大的生存空间。但是，在笔者看来，只要一个社会想要健康稳定地发展，那么就需要确立一定的社会秩序，让人们知道在具体的社会场景中做出合适的选择。道德和伦理作为社会秩序最为重要的表达方式，绝对不是可有可无的，绝对需要在社会生活中占据其应有的地位。如果现在的马路上没有红绿灯，我相信行人和车辆都不知道何去何从，人们的出行也会变得非常困难和糟糕。如果道德秩序变得可有可无，那么我相信社会生活也将难以维系下去。笔者将在下一章对道德相对主义的错误进行深入的剖析，从而指出，即使在现代社会，只要我们想要让社会健康有序地发展，那么我们仍然需要确立一定的道德秩序。道德绝对不是可有可无的东西，而是社会可以良序运行的先决条件。

第 五 章

道德相对主义的
基础是否坚实
可靠

笔者在第一章曾经对道德相对主义的批判做过一个简单的综述，从那一综述中，读者可以非常明确地看到，在主流的道德哲学发展历史中，道德相对主义仍然是道德哲学的敌人。有很多在道德哲学上做出巨大贡献的学者都将反对道德相对主义作为自己构建道德哲学体系的一个主要目标。很多学者也从不同的角度对道德相对主义的错误进行了批评。在当今社会最为重要的伦理学流派中，我们都能够找到反对道德相对主义的代表人物，不管是基督教伦理学、规范伦理学、元伦理学还是德行伦理学，都有很多学者从各自的立场出发来反驳道德相对主义的做法。笔者在本书中对道德相对主义的反驳，主要基于笔者在第四章中关于道德相对主义存在的原因来展开。笔者将通过对道德相对主义存在原因的这些剖析来阐述这一观点：即使在现代社会，道德相对主义并没有像我们想象的那样必然成为我们在道德问题上的立场或者真理，道德相对主义这样的社会思潮仍然是值得批判的，虽然道德相对主义对人们的道德生活产生了非常大的影响，虽然道德相对主义成为当今社会一种非常有影响的社会思潮，虽然道德相对主义在当代的道德哲学中获得了很多拥护者。

第一节　现代社会与道德确定性的寻求

笔者在本书第四章中曾经指出，道德相对主义更多的是一个现代性的问题，是随着现代性价值的确立而获得飞速发展的一种思潮。当然，这一观点并不是一个新的观点，而是一个在学术界拥有广泛共识的观点。在前现代社会，虽然我们也能够从一些道德哲学家的思想中找到道德相对主义的一些表达，但是，在前现代社会公开支持道德相对主义的思想并不多见。不管是西方的前现代社会还是东方的前现代社会都是如此。现代社会与古代社会的不同表现在方方面面，但是，从思想上来说，现代社会最重要的特征是对理性的信仰。"敢于运用自己的理性"不仅是现代社会当中最为响亮的口号，也是现代社会在思想上不同于古代社会最重要的特征。随着人类社会在思想上开始进入现代社会，人们越来越相信理性的力量，希望借助于理性去认识社会、认识自己，希望借助于理性去给人类社会的发展建构一套好的社会秩序。很多启蒙思想家都对这一问题做出过非常大的贡献。虽然今天有很多学者对启蒙运动的思想家们在道德哲学的建构上提出了很多批评意见，但是启蒙思想家们在道德哲学上的探索对整个人类的文明史来说仍然是非常重要的。

康德的伦理学无疑是在现代社会构建新的伦理学体系这一运动当中最为重要的代表。即使是在今天，康德的伦理学思想仍然是整个伦理学当中最为重要的组成部分，关于康德的研究即使是在中国这样的非德语文化圈中仍然占有非常重要的地位。只要是研究伦理学的专家，都不得不认真对待康德的伦理学思想。康德不满意当时的人们仅仅把道德规范理解为上帝的要求。康德在他的伦理学中所要做的事情就是重新为道德规范建立新的基础。康德的伦理学在道德哲学史上被认为是绝对主义伦理学的一种典型代表，而这恰恰是道德相对主义的对立面。康德的道德理论主要体现在《道德形而上学基础》《实践理性批判》和《道德形而上学》这三本书当中。其中被道德哲学家讨论最多的是《道德形而上学基础》这本书。这本书是西方伦理学史上非常重要的一部著作，当然也是非常深奥的一部道德哲学著作。康德是一位具有高度原创性的哲学家，他的哲学生涯最重要的成就，就是创立了"批判哲学"的哲学体系。康德"批判哲学"的主要目的就是要对人类理性的本质、范围和限度进行系统的批判。康德在其批判哲学中分别对人的理论理性、实践理性和判断力进行了"批判"，主要回答了人能够认识什么、人能够做什么以及人能够希望什么。当然，这里所说的"批判"主要指的是"划界"，即告诉大家理性的界限和范围，并非普通人所理解的"批评"。

在康德的道德哲学思想中有一个重要的主张：在进行道德选择的时候应该是完全"自主的"。这一命题意味着两点：第一，我们并不需要外在的权威告诉我们什么是对的、什么是错的，一个行为是正确的还是错误的，只要我们诉诸我们的理性就可以找到答案。第二，我们可以通过自己的理性能力为自己的行为立法。从道德自主性的概念中，康德也引出了一个重要的思想：有一些行动是我们必须履行的行动，不管我们是否想要履行那些行动。康德认为，道德发展不是任何外在权威强加给我们的，而是体现了理性的要求。一旦我们认识到一个道德法则的理性必然性，我们就必须采取行动来满足那个法则的要求。康德将道德想象为在理性的要求和感性的欲望之间的斗争。在康德那里，德行是按照斗争来定义的。我们受到各种感性欲望的诱惑，一旦意志在克服那种诱惑时展现了按照道德法则来行动的力量，我们就可以说具有了德行。

在《道德形而上学基础》这部著作的序言中，康德告诉读者，他在这本书里的主要任务是要寻求和确立最高的道德原则。他在这本书中把这个计划分为三个阶段，分别对应这本书的三个章节。在第一章中，通过分析我们日常的道德意识，康德试图对"最高的道德原则"提出一个表述。在第二章中，康德的目的是要为所谓的"道德形而上学原则"奠定一个基础。康德认为，尽管他所要寻求的那个最高原则已经隐含在日常的道德意识当中，但日常的道德意识往往把经验的东西与先验的东西混淆起来，因此，他的首要目的就是要澄清那些混乱，然后表述和讨论那个最高原则所能采取的几种形式。在第三章中，康德试图为道德提供一个辩护，以便表明道德并不是"我们头脑中的一个幻觉"。

康德的伦理学对很多人都产生了非常大的影响，特别是学院派道德哲学的发展深受康德道德哲学思想的影响。即使是在我们所生活的当代，康德伦理学的复兴者和倡导者仍然是今天学院派伦理学的主流。例如，当代最有影响的美国道德哲学家与政治哲学家罗尔斯所发表的《正义论》一书被认为是康德伦理学在当代的伟大复兴。

罗尔斯在20世纪70年代所发表的《正义论》当之无愧是整个20世纪伦理学著作中最有影响的一部。这本书出版之后，引起了学术界广泛的讨论。关于《正义论》研究的二手文献据说已经超过了五千种。罗尔斯在这本书里面所要做的事情其实没有那么复杂，主要就是阐明现代社会应该建立在什么样的原则基础上才能健康地运行下去。罗尔斯在构建其正义理论的时候，采取了跟历史上契约论传统相同的做法。契约论的理论家认为，道德原则是人们为了社会的发展而制定出来的，而不是像真理那样是被思想家们发现出来的。人们之所以要设计这样的一些道德原则，在很大程度上是因为这些原则可以更好地捍卫每个人的合法权益。这样的观点跟以往的道德理论的基础很不相同。以往的道德理论往往依赖于超验的存在或者建立在对于人性的理解之上。社会契约的思想因为托马斯·霍布斯、洛克、康德、卢梭等思想家的经典著作而被人们所熟知。

当今社会，罗尔斯是社会契约论最重要的代表人物。罗尔斯的理论创新其实主要不是表现在他的正义理论的实质性内容上，而是更重要地体现在这部著作显示出来的方法论意义上。继罗尔斯之后，一些当代理论家试图利用社会契约的基本观点来构造一种契约论的道德理论。按照罗尔斯的设想，如果人们不知道自己将在一个什么样的社会当中生活，也不知道在这样一个社会中自己会处于一种什么样的地位，也就是在进入社会生活之前，大家都生活在他所设想的"无知之幕"后面，那么，在罗尔斯看来，作为理性人，大家都会倾向于选择一种正义的社会制度。这种社会制度主要由两条原则组成：第一条原则是平等自由原则，第二条原则是机会的公正平等原则和差别原则的结合。第二条原则其实由两条原则组成，这两条原则分别被称为机会公正平等原则和差别原则。在这三条原则之间，第一条优先于第二条，第二条优先于第三条。也就是说，即使我们没有关于上帝的预设，即使我们没有形而上学的依据，即使在思考问题的时候不考虑宇宙秩序和天道，我们仍然可以根据人的理性选择一套最好的社会制度，做出符合道德要求的行为，让人们在现代社会也不至于无所适从，不知道该如何安身立命。我们也知道，罗尔斯所构建的社会契约论面临很多批评，但是，这一理论本身在现代社会仍然具有非常强的说服力。

现代社会之所以出现很多混乱，在理性主义者们看来，恰恰是因为我们不敢运用理性或者说理性运用不当的结果。或者，按照当代德国哲学家哈贝马斯在《现代性：一个未完成的方案》中所说的那样，现代性是一个未完成的方案，我们仍然需要像康德那样，将一切都放在理性的天平上进行审视。对于现在的中国人来说，我们在自己的精神生活中，也同样需要重视理性的力量。很多时候，道德生活的混乱恰恰是不依据理性要求的结果。作为一个现代人，一方面我们要看到理性的局限；另一方面，我们确实也要对理性有信心，相信按照理性的要求，我们会在道德上做出正确的选择，也能够对一个行为是否符合道德的要求做出正确的评价。

第二节　事实与价值并不是截然二分

在第四章中，我们可以看到，事实与价值的分裂这一理论假设导致道德变成了一种主观领域的事情，道德等价值观念跟客观的事实之间没有必然联系。在中国的语境中，价值主要指的是物对于人的有用性。这个词最早出现在西方古典经济学中，因为马克思而被国人所熟知。这样一来，价值很容易被理解为个人主观的表达。甚至，社会科学在研究的过程中都要保持必要的价值中立或者价值无涉，也就是说，在研究的过程中，不能因为个人主观的感受和想法而对自己的研究产生干扰。这种立场似乎已经假定研究可以完全不带有研究者的主观意图。如果道德只是一种主观的表达，就像我们在第二章中所讲的那种道德主观主义一样，那么，我们就很难对道德的命题和行为做出进一步的判断。这样导致的结果就是，道德判断成为个人意见的主观表达，道德判断的客观有效性就被瓦解了。在第四章中，笔者对事实与价值二分这一重要命题的历史进行了回顾，并且将这一命题在整个20世纪伦理学史上的地位以及这个问题给伦理学理论所带来的困境和挑战进行了说明。

但是，事实与价值之间是否有一条不可以跨越的鸿沟呢？事实与价值之间真的是彼此不相关的吗？对于事实与价值之间的关系，其实有不少哲学家和伦理学家都做出过进一步的分析和论证，很多学者也并没有将事实与价值的二分当作一个不可以怀疑的哲学命题而接受。在20世纪伦理学发展的历史中，有很多学者都对事实与价值二分这一命题进行过各种各样的批判。2016年去世的美国著名哲学家希拉里·普特南曾经写过《事实与价值二分法的崩溃》一书，在这本书中，普特南对这一命题进行了详细的剖析，指出事实与价值并不像很多哲学家所想的那样是一个必须被接受的哲学前提。普特南在这本书导论的开篇就明确提出自己的观点，并且对事实与价值二分这一命题进行了直接的批判。他写道：

> "价值判断是主观的"，这个观念是一种逐渐被许多人像常识一样加以接受的哲学教条。在慎思明辨的思想家手中，这种观念能够而且已经以不同的方式得到了发展。有一种我将要考察的观点认为，"事实陈述"是能够"客观为真的"，而且同样能够被"客观地保证"，而根据这些思想家的观点，价值判断不可能成为客观真理和得到客观保证。在事实与价值二分法的最极端的倡导者看来，价值判断完全在理性的领域之外。本书试图表明，这些观点一开始就依赖于站不住脚的论证和言过其实的二分法。（希拉里·普特南：《事实与价值二分法的崩溃》，应奇译，东方出版社，2006，第1页。）

普特南在他的这本书中，对事实与价值之间到底是一种什么样的关系进行了认真的分析，在普特南看来，"是与应当"或者"事实与价值"这一问题毫无疑问肇始于休谟，这与笔者在第四章中所说的没有什么区别。普特南主要通过经济学的发展来探讨事实与价值二分所造成的影响和所存在的问题。经济学在20世纪获得了飞速的发展，并且在整个人文社会科学中都占有非常重要的地位，甚至被有些学者称为第一社会科学。普特南也注意到，在经济学中，占有统治性地位的观点仍然是事实与价值的二分。为了证明他的这一看法，他列举了一位经济学家莱昂内尔·罗宾斯（Lionel Robbins）在这一问题上的观点。莱昂内尔·罗宾斯认为，当我们涉及价值问题的时候，论证就没有任何的用武之地了。但是，与此同时，他又列举了另一位在当代影响重大的经济学家在这个问题上的看法，这位重量级的经济学家就是阿马蒂亚·森，他曾经在1998年获得诺贝尔经济学奖。普特南指出："阿马蒂亚·森多年以来一直在倡导和捍卫一种强有力的论证，他所辩护的是关于福利经济学中的伦理问题的理性论证的必要性和可能性。"①

由此可见，即使是在经济学领域，也并不是所有的经济学家都认同事实与价值二分这一命题。1974年诺贝尔经济学奖获得者冈纳·缪尔达尔（Gunnar Myrdal）也曾经说过："价值赋予永远与我们同在，不带任何偏向的研究从来没有过，也不可能有。我们的价值取向决定了我们解决问题的途径，决定了概念的意义、模型选择以及对观察的挑选等。"②从这句话中，我们也可以看出，单纯的实证研究或者事实研究是不存在的。我们对事实的研究其实都是渗透着我们的价值观念的。事实与价值之间的关系问题并不只是一个学术问题，还是一个与我们的生活密切相关的大问题。

在《事实与价值二分法的崩溃》这本书中，普特南不仅分析了事实与价值二分这一命题如何在历史上获得辩护以及对人类的经济活动所产生的影响，而且分析了事实与价值二分这一命题背后的哲学基础，即"分析"判断和"综合"判断的二分法。"分析"和"综合"的二分法主要是源于康德的认识论。"分析"命题可以产生真理，而"综合"命题只能是对"事实"的陈述。在此基础上，普特南进一步指出："'事实判断对价值判断'和'事实真理对分析真理'这两个二分法已经败坏了我们关于伦理推理和有关世界的描述的思考，特别是妨碍了我们看清评价与描述是怎么缠绕在一起并且相互依赖的。"③也就是说，普特南认为，事实与价值二分的背后所隐藏的哲学基础是有问题的，事实与价值在很多时候是互相纠缠在一起的，人们并不能够完全将事实与价值给区分开来。

在普特南看来，美国哲学家奎因自1951年开始攻击分析与综合二分法之后，大多数学者已经承认这样的二分法是不能够成立的，已经

① 希拉里·普特南：《事实与价值二分法的崩溃》，应奇译，东方出版社，2006，第2页。

② 转引自华民主编《公共经济学》，机械工业出版社，2007，第4-5页。

③ 希拉里·普特南：《事实与价值二分法的崩溃》，应奇译，东方出版社，2006，第3页。

认可了奎因所做的工作。在《事实与价值二分法的崩溃》的第二章，普特南列举了大量的事例来证明事实与价值是纠缠在一起的，这样的一种现实毫无疑问会否认这一观点，即认为事实陈述和价值判断之间存在无所不在和重大的鸿沟。普特南在这本书中进一步对坚持事实与价值二分的逻辑实证主义进行了全面的批评。

在20世纪西方哲学史上，有很多学者都对事实与价值二分这一命题进行过批判。比如笔者所熟悉的麦金太尔教授，他不仅专门写文章讨论过事实与价值二分的问题，而且从各种角度对这一命题进行了反驳。在其最有影响的《追寻美德：伦理理论研究》一书中，麦金太尔在批评情感主义伦理学及其哲学基础的时候，就从历史的维度和现实的维度对事实与价值的二分进行过批评。笔者曾经在2006年发表过一篇文章讨论麦金太尔对情感主义伦理学的批评。在这篇文章的第三部分，笔者曾经尝试着分析麦金太尔对情感主义伦理背后哲学基础的批评，即对事实与价值二分的批评①。

中国也有不少学者对这个问题的解决做出了自己的贡献，对事实与价值二分这一命题提出了各种批评，甚至希望通过自己的研究来解决这一难题。

陈晓平教授在《"是—应该"问题及其解答》一文中认为，如果我们仅从形式逻辑的角度出发来看待休谟所提出的"是—应该"问题，那么这个问题很明显是成立的，如果我们从长远利益的角度出发考虑这一问题，那么这一问题很明显是不能成立的②。陈晓平教授主要从情感主义出发来论证"是"与"应该"之间是可以沟通的，他甚至借鉴了在经济学中比较流行的博弈论来对这个问题进行论证。在"是与应该"这个问题上，陈晓平教授最后给出了这样一个结论："是—应该"问题最终是不能彻底解决的，在这个意义上，休谟的"是—应该"论

---

① 参见张言亮、陈瑾：《麦金太尔对情感主义的批评》，《科学·经济·社会》2006年第4期，第80页。

② 参见陈晓平：《"是—应该"问题及其解答》，《现代哲学》2002年第3期，第92页。

题是正确的。但是，在另一种意义上，"是—应该"问题是可以解决的，即对于那些已经把长远利益作为追求目标的人而言是如此。因为对他们来说，追求长远利益已经是一个事实，因而必须考虑与他人或社会的合作，订立或承认社会契约。共同利益感使他们原有的同情心得到加强，从而产生名誉感和自尊心，这使他们在任何时候都不愿违反诺言，进而达到正义和仁慈的德行。这样便从追求长远利益的"是"得出正义和仁慈的"应该"①。

韩东屏教授对休谟问题关注也比较多，他在休谟问题上发表过多篇文章。在《实然·应然·可然——关于休谟问题的一种新思考》一文中，韩东屏教授对历史上关于休谟问题的回答进行了总结，通过他的这篇文章，我们可以看到很多学者在解决休谟问题上所做出的贡献。

第一种方法被称为"惯例事实法"，这种方法的代表人物是当代哲学家约翰·塞尔，约翰·塞尔将事实分为惯例事实和自然事实。在塞尔看来，惯例事实中包含惯例，而惯例本身就内含一些规则，因此由惯例事实可以推导出价值判断。

第二种方法被称为"本质发现法"，代表人物是美国人本主义心理学家马斯洛和当代美国道德哲学家麦金太尔。马斯洛认为，"是"命令"应该"，事实决定应该，对事实认识清楚了之后就知道应该如何去做了。麦金太尔的看法与马斯洛的看法类似，用亚里士多德在理解人的时候所强调的"功能"这一概念来弥补事实与价值之间的鸿沟。一个扮演某个角色的人就意味着要按照某个角色所赋予的功能去尽善尽美地完成任务。

第三种方法被称为"事实价值互渗法"，韩东屏教授提到的代表人物有中国教育部前部长袁贵仁、F. 福特和哈贝马斯。笔者在前面所提到的普特南也可以被当作这一种方法的重要代表人物。这些学者普遍认为没有单纯的事实与价值，事实与价值往往都是互相渗透在一起的。

---

① 参见陈晓平：《"是—应该"问题及其解答》，《现代哲学》2002年第3期，第101页。

第四种方法被称为"主词分析法",代表人物是李德顺和王玉梁。这种方法强调在"是"和"应该"之前加上主词进行分析。在"是"前面的主词可以有不同的类型,但是在"应该"前面的主词只有一种,即人或主体,这样一来,只要考虑到人的利益,将人的利益与事实联系起来,就能够从事实推论出应该。

第五种方法被称为"逻辑创新法",这种方法的主要代表人物是孙伟平。孙伟平教授2000年曾经在中国社会科学出版社出版了一本专著,书名就是《事实与价值:休谟问题及其解决尝试》。2016年,这本书被重新修订出版。在这本书中,孙伟平教授认为,事实与价值的关系问题本质上是一个实践问题。在主体的具体的、历史的社会实践中,事实与价值之间的鸿沟是不存在的。人们在社会实践过程中,都会根据其需要对各种事实进行价值评价。实践的解决对休谟问题具有决定性意义,只要对之加以总结、提炼,逻辑上的解决也是完全可能的。孙伟平教授特别强调一点,在社会实践中,事实判断和价值判断是紧密相关的,而且,从事实判断到价值判断或将价值判断变成事实判断,这样的过程并不是单向的、片面的,而是双向的、相互的。随着主体(人)的具体的、历史的社会实践的发展,事实与价值、事实判断与价值判断就不断在新的水平上双向过渡,达到统一①。

韩东屏教授接下来对以上他所概括的这五种方法进行了分析和评述,指出各种方法的优点和缺点,在此基础上,给出他关于这个问题的解答。韩东屏教授认为,在逻辑上我们可以从"实然"推出"应然",但是,在实践问题上,作者认为只能从需要解决的"应然问题"推导出"应然",从"可然"到"应然"的过渡是这一推导过程中的关键步骤。

"事实与价值"这个问题在伦理学中比较复杂也比较重要,并不是一个容易解决的问题,也吸引了很多学者的注意。孙伟平教授在2016

---

① 关于这五种解决方法的概括,参见韩东屏:《实然·应然·可然——关于休谟问题的一种新思考》,《江汉论坛》2003年第11期,第58页。关于孙伟平教授的观点,参见《事实与价值:休谟问题及其解决尝试》(社会科学文献出版社,2016年)一书。

年修订出版的《事实与价值：休谟问题及其解决尝试》一书有将近400页的篇幅。笔者以前读博士的同窗好友刘隽围绕休谟问题写过相关的博士论文，并且于2013年由中国大百科全书出版社出版①。

笔者在本书中反驳道德相对主义的一个理论基础的时候涉及了休谟问题。在笔者看来，虽然现在关于休谟问题的争论还是比较激烈，但是，我比较赞同普特南和麦金太尔等人对于休谟问题的解决。笔者认为，事实与价值之间并不是截然二分的，事实与价值在很多时候都是互相缠绕在一起的。美国当代哲学家普特南对这一论点有着非常好的论证，笔者在此不做赘述。

第三节　道德多样性事实并不必然
得出道德相对主义结论

在第四章中，笔者曾经谈到文化上的多样性与道德相对主义的问题，笔者还指出，现在很多人对道德相对主义的论证都是从道德的多样性和道德的差异性开始的。对于现代人来说，作为规范的道德在不同文化中确实有一些不同的表现形式，甚至在某些未被我们今天的"文明世界"所影响的地方，存在一些令现代的文明人很难接受的一些道德规范。不同的文化模式中存在不同的道德规范这是很难否认的一个事实。但是，不同的道德规范表现形式是否意味着道德是可有可无的呢？在这里，我们有必要在道德多样性或道德差异性与道德相对主义之间做出区分。道德的多样性可以推论出道德的差异性，但是，道德的多样性和道德的差异性并不能够从逻辑上推演出道德相对主义这一结论，最多能够推演出道德具有相对性这一结论。我们确实很难否认这一点，即不同的地方文化和不同的地域中存在不同的道德价值和道德规范，例如，我们很容易发现，在不同的文化中存在不同的对待

---

① 刘隽：《怪异的道德："休谟问题"的缘起研究》，中国大百科全书出版社，2013。

道德相对主义的挑战与克服

老人的方式，不同的对待陌生人的态度。我们会在不同的文化中发现很多不同的道德规范模式，但是，在这些表面上的差异背后并不必然意味着他们所坚持的道德价值不同或者就无所谓道德不道德。为了对这一个观点做出更详细的说明，笔者将举一个在人们谈到道德相对主义的时候经常使用的一个例子，这个例子来源于古希腊历史学家希罗多德曾经记载的一个故事：波斯王大流士与希腊人和卡拉丁人的恶作剧，这个恶作剧又被称为大流士的恶作剧①。笔者在这里借这个故事进一步证明这一观点，即道德的多样性和道德的差异性与道德相对主义并不是一回事。

古希腊伟大的历史学家希罗多德记载了一个很有意思的故事。在波斯王大流士所统治的年代，希腊人和卡拉丁人在对待死去亲人所采取的方式是完全不同的。希腊人会举行火葬，而卡拉丁人则要吃掉死去的亲人。有一次，大流士将他统治下的部分希腊人和卡拉丁人叫到跟前，他首先问希腊人，给多少钱可以让他们吃掉死去的亲人，希腊人认为不管什么样的代价都不会让他们做出这样的行为。大流士又问卡拉丁人，给多少钱可以让他们烧掉他们死去的亲人，卡拉丁人同样也认为不论什么样的代价都不会让他们做出这样的行为。希罗多德最后用品达（Pindar）的诗句总结人们的习惯："习俗君临万物。"希罗多德借此批评那些不尊重宗教和风俗的事情。他说，任何一个人，当他想在全世界一切风俗中找出最好的，在做完全部考察之后，最终会认为自己的风俗习惯是最好的。

根据这个例子的说法，我们可以得出这样一个简单的结论：在不同风俗习惯当中，人们所恪守的道德规范并不相同，人们不应该用自己文化中的道德规范去要求其他文化中的人按照类似的道德规范来行事。但是，如果我们问这样的问题：卡拉丁人和希腊人对待死去的亲人的方式是否意味着一种方式尊重死去的亲人，而另一种方式不尊重

---

① 徐向东教授和程炼教授在他们谈论道德相对主义的时候都曾经在书中提到这个事例。参见徐向东：《自我、他人与道德——道德哲学导论》，商务印书馆，2007，第47–48页。程炼：《伦理学导论》，北京大学出版社，2005，第47页。

死去的亲人？虽然希腊人和卡拉丁人在如何对待自己死去亲人的方式上存在很大差异，但是这两种不同方式背后所隐含的对待亲人和生命的尊重却是同样的。

文化多样性背后不一定存在根本性的、不可化解的道德分歧，这也是对文化道德相对主义最为有力的反驳。卡拉丁人和希腊人对待死去亲人遗体风俗的不同，可能都表达了接近的伦理原则——如尊重故去的亲人，这些原则再加上不同的宗教或形而上学的信念，就会产生不同的实际做法。当然，在这里并不是说在所有各种不同的道德表现形式背后所隐藏的道德价值都是相同的，但是，至少各个文化共享一些最为基本的核心价值。

在20世纪90年代以来兴起的普世伦理风潮所做的事情就是找到不同文化中共同遵守的一些价值，进而把这些价值推广开来。在学者们探讨普世伦理或者全球伦理的背后，隐含的一条最为重要的预设就是，人们相信在不同的文化当中，可以找到相同的或类似的道德规范或道德价值。经过学者们的不懈努力，他们找到了一条伦理学金规则，即"己所不欲，勿施于人"。这条金规则在不同的文化中有不同的表达形式，在西方主要通过康德的可普遍化原则来表达。通过这一伦理学的金规则，我们可以得出这样的结论，或许在不同文化当中，人们对于道德规范的理解并不相同，但是，对于任何的文化发展模式来说，只要这一文化模式想要生存下去，必须肯定并且遵守某种形式的道德原则与伦理秩序。如果缺乏对于道德原则最低限度的肯定和认同，那么这一文化模式将很难维系其生存。

第四节　后现代主义思潮未必是人类
在思想上必然的选择

后现代主义思潮在很大程度上是作为现代思想的批评者而出现的，后现代思想家们看到了很多现代社会的弊端，以及在现代社会架构后面的现代性思想的弊端。自20世纪60年代以来，后现代主义的发展确实也吸引了很多学者的关注，甚至有些学者认为后现代主义将会成为未来哲学的主流话语，甚至代表未来哲学的发展方向。当然，也有一些哲学家对此并不认同，甚至有些学者认为后现代主义思潮完全是人类思想史上的闹剧。比如，达拉斯·L.奎恩（Dallas L. Quren）曾经在美国哲学促进会的通讯上发表过一篇题目为《评"建设性后现代主义哲学的奠基者"》的文章，在这篇文章中，作者公开对后现代主义思潮进行了批评，并且认为某些后现代主义者的观点完全是"胡说八道"。

虽然对后现代主义的内涵和外延有不同的界定，甚至在不同学者那里存在非常大的差别，但是，有一点是可以肯定的，就是后现代主义思潮都反对西方近代出现的体系化的哲学倾向，特别是反对现代哲学中所倡导的理论倾向，所以，很多后现代主义的哲学家又被称为反理论倾向的哲学家。

后现代主义思潮是否能够成为新时代的主流话语或许需要新的时代来检验，但是，从理性的角度出发，后现代思想家的很多观点确实值得商榷，后现代思想家根据他们的思想所构建的伦理生活秩序或许并不像很多人想象的那样适合人类生存，后现代思想家所提出的各种新奇的思想也未必会得到大多数人的认同。

法国哲学家德里达是20世纪后现代主义思潮当中的风云人物，影响了很多人，甚至被称为20世纪伟大的哲学家之一。1992年，英国剑桥大学准备授予德里达荣誉博士学位的时候，来自西方世界的很多学者联名给剑桥大学写信，反对授予德里达荣誉博士学位，他们反对的最为重要的理由就是，德里达是整个西方精神和价值的掘墓人，甚至法国当代最为重要的一位社会学家布尔迪厄也宣称"德里达是在玩火"。进入21世纪之后，我们会发现，后现代主义思潮已经不再那么有影响力了，更多的人还是希望学者们的研究能够解决现在人类所面临的各种生存方面的困境。

在整个后现代主义思潮中，对后现代伦理学有所贡献的思想家不少，而其中最有影响的莫过于齐格蒙特·鲍曼。鲍曼关于后现代伦理学的建构主要体现在他所发表的两本专著中，即《后现代伦理学》和《生活在碎片之中——论后现代道德》。这两本书都已经被翻译到中文世界之中。这两本书和《后现代性及其缺憾》一书被澳大利亚学者贝尔哈兹称为鲍曼的"后现代性三部曲"。笔者在本书的第一章中曾经对鲍曼的后现代伦理学做过简单的介绍，在这里就不重复介绍了。正如鲍曼的书名所揭示的，后现代的道德很有可能是一种碎片式的存在。虽然鲍曼在书中力图证明，后现代的这种道德才是真正的道德，是对道德生活更正确的理解，但是，这样一种道德估计很多人都不愿意接受。

第五节　社会转型之中的人们迫切
需要重建社会秩序

社会转型是我们现在所面临的时代难题，也是当代中国人不得不面对的由时代所提出的挑战。社会转型也构成了我们今天认识这个社会的一种重要的背景。社会转型不管从什么时代来说，都是一种过渡性的社会状态，笔者相信很多人都不希望生活在缺乏安全和稳定的社会当中。对于社会生活来说，如果人们不知道自己的行动会有什么样的预期，人们没有办法去判断自己的行为究竟是正确的还是错误的，那么这样的社会状态将是危险的，也是不可能持续的。社会转型在摧毁旧有道德秩序的同时，也迫切需要重建道德秩序，让社会走上和谐有序的发展轨道。关于社会转型与道德重构方面的著作和文章是20世纪90年代以来中国伦理学界讨论的热点话题，很多学者都希望能够在这个问题上做出自己的贡献。

社会转型是一个很好的解释框架，既可以解释现代社会中出现的很多以前没有遇到的社会问题，也可以解释现代社会中的道德混乱与无序，但是社会转型不是支持道德相对主义的理由。社会转型中出现的各种各样的问题，恰恰向我们说明了构建新的道德秩序是一件非常重要的议题。

日裔美国学者弗朗西斯·福山曾经写过一本探索在社会转型期间人们重建社会秩序的著作，即《大分裂：人类本性与社会秩序的重建》。在这部作品中，福山不仅探讨了后工业社会的到来对人们价值观方面所产生的深远影响，而且还探讨了人们如何在社会秩序被破坏后重建社会秩序。福山在书中说道：

> 社会秩序一旦遭到破坏，就会再次得到重建，而且许多情况表明这种事情今天正在发生。我们可以期待发生这种事情，原因也很简单：从本性上说，人是社会的产物。人的大部分基本驱力和本能导致他们创立出道德法则，而这些道德法则又使他们自己结为团体。从本性上讲，人也是有理性的。人所具有的理性容许他们创造出自发地与他人相互合作的方式。（弗朗西斯·福山：《大分裂：人类本性与社会秩序的重建》，刘榜离、王胜利译，中国社会科学出版社，2002，第6页。）

在这本书中，福山也注意到，大分裂所造成的价值观方面的混乱和崩溃也会过去。人们总会为新的时代找到新的秩序。他在书中说道：

> 今天已有同样的迹象表明，20世纪60年代到90年代发生的大分裂正在开始减弱。在美国和其他国家，犯罪过去一度十分猖獗，而今已急剧下降。离婚率自80年代以来也已下降。有迹象表明，私生子（至少在美国）如果没有降低的话，现在也已经开始稳定下来。在90年代，人们对主要公共机构的信任程度已有所提高，文明社会显现出了欣欣向荣的气象。另外，许多含有轶事趣闻的证据表明，一些保守的社会规范已卷土重来，70年代出现的比较极端的个人主义形势已经失宠。（弗朗西斯·福山：《大分裂：人类本性

与社会秩序的重建》，刘榜离、王胜利译，中国社会科学出版社，
2002，第8页。)

在这部著作的第二章中，福山认真从人类生物学的本性出发论述如何重构社会秩序。有意思的是，福山在从人的生物学本性出发去论述人们如何重构社会秩序的时候，也对相对主义的历史渊源进行了分析。从福山的论述和他所提供的各种证据中，我们可以看到人类在社会转型过程中重构社会秩序的需求和能力。

在当代中国社会中，我们也会看到有很多学者讨论中国道德问题的文章。自从中国进行改革开放以来，我们在经济生产方面取得了非常伟大的进步。现在我国经济总量已经处于世界第二位，然而，在经济不断发展的同时，人们也不断感叹世风日下、道德沦丧、人心不古。20世纪90年代，有很多学者就对中国的道德现状深表担忧。从下面一些文章的标题我们可以有所体会：《道德在"哭泣"》《当代中国道德观念大错位》《救救道德》《反"反道德思潮"》等等。在这些文章中，读者一方面可以感受到在社会转型过程中人们对于道德失范的担忧，另一方面也可以读到学者们对于重建道德秩序的渴望。笔者相信，中国人有足够的智慧重构一套适应于现代社会的道德学说和道德体系。

第六节　技术社会同样需要
道德哲学的引导

在今天，"科学技术是第一生产力"这样的口号已经成为大多数人的信条，很少有人会怀疑这一信条的正确性。每个国家都将科学技术的提高摆在了首要的位置，国家与国家之间的竞争在很大程度上变成了高科技与人才的竞争。毫无疑问，技术是我们这个时代最为重要的特征，现在各种各样的技术也在不断改变和塑造我们新的生活。现代技术的发展不仅给我们带来了难以想象的物质财富，同时也极大地改

变了人与世界之间旧有的关系。人与自然之间的关系变成了人借助技术对自然进行统治和征服。在人类利用各种技术手段创造物质财富的同时，人类也被技术所奴役。人类变得越来越脆弱，越来越离不开技术。技术作为人类改造自然的工具，在给人类带来力量与便利的同时，也使人类所生活的环境变得越来越差。很少有人意识到，随着人类改造自然力量的增大，我们现在所生活的时代并不是一个太平盛世，而是危机重重。按照今天的生物学家的说法，因为人类对自然环境的过分开发和严重破坏，我们可能正进入第六次物种大灭绝阶段。据不完全统计，在我们今天所生活的时代，全世界每天有75个物种灭绝，每小时有3个物种灭绝①。

在当今社会，随着计算机信息技术、生物技术、纳米技术、基因技术等的发展，人类已经可以在最为基础的层次上干预大自然的发展，甚至在可以预见的未来，人类完全可以按照对基因技术的理解制造出大自然中从来没有过的物种。随着生物技术的发展，人类在将来完全可以设计新的物种，甚至对人类的身体进行各种科学的改造。科学技术的飞速发展已经向人类展示了在未来的各种可能性。但是，"人"是否能够被设计与制造？可以预见的是，在不久的将来，人类将会拥有按照自己的意愿进行设计生命体的能力，那么，那个时候的人类是否能够按照自己的意愿来设计自己的身体？一直以来，技术的发展都将"突破身体的局限"作为主要的目标，但是，这样的做法是不是毋庸置疑的？这些改造往往意味着各种潜在的危险。当然，技术的发展给人类带来的挑战不仅是生态环境的破坏，还有人类面临的一些伦理困境问题。

对于科学技术的反思和批判自从20世纪以来就是哲学探究的一个热点话题，很多非常有名的哲学家都在这个议题上做出过各自不同的贡献。不管是20世纪刚刚开始的法兰克福学派还是现代非常流行的科

---

① 关于物种灭绝数据方面有不同的说法。笔者所采用的这一数据主要参考的是百度百科里面关于物种灭绝这一词条的解释。具体网址如下：https：//baike.baidu.com/item/%E7%89%A9%E7%A7%8D%E7%81%AD%E7%BB%9D/1526491?fr=aladdin。

学技术社会研究，都有很多这方面的探索。笔者在这里只是简单谈一下海德格尔这位在20世纪非常有影响的德国哲学家在这个问题上的反思。海德格尔关于技术的思考主要发生在第二次世界大战之后，体现在《技术的追问》以及《科学与沉思》这两篇文章中。这两篇文章都被收入《演讲与论文集》中，由孙周兴教授于2005年在生活·读书·新知三联书店翻译出版。笔者主要通过《技术的追问》一文来简单介绍一下海德格尔对于技术的反思和批判。

在《技术的追问》一文中，海德格尔主要考虑的是技术的本质到底是什么这样一个抽象的问题。在海德格尔看来，关于这个问题通常有两种回答：第一，技术是合目的的手段；第二，技术是人的行为①。简单说来，技术就是人们所使用的各种手段或工具。在过去，这样的回答并没有太多的问题，海德格尔在这篇文章中回顾了希腊人和罗马人在过去是如何认识技术的。在这一回顾之中，海德格尔将技术与存在联系起来，认为技术不仅仅是一种手段，"技术乃是一种解蔽方式"②。解蔽这个词对于不熟悉海德格尔术语的读者来说可能不太好理解，读者不清楚海德格尔到底在说什么。在海德格尔的思想体系中，"解蔽"是一个非常重要的词汇。想要理解"解蔽"，就要知道与"解蔽"相关的另一个词"无蔽"。"无蔽"正是海德格尔认为的希腊人所理解的真理状态。简单来说，"解蔽"就是使事物的本来面目凸显出来。在海德格尔看来，现代技术也是一种解蔽。而且，只有我们从解蔽的角度出发，才能更好地了解现代技术新的特征③。现代技术在很多方面都不同于古代技术。

首先，现代技术是一种"促逼"，而不是简单地展开事物的本来面目，海德格尔说道："在现代技术中起支配作用的解蔽乃是一种促逼，

---

① 海德格尔：《技术的追问》，载《演讲与论文集》，孙周兴译，生活·读书·新知三联书店，2005，第4页。

② 海德格尔：《技术的追问》，载《演讲与论文集》，孙周兴译，生活·读书·新知三联书店，2005，第10页。

③ 关于这一观点，参见海德格尔：《技术的追问》，载《演讲与论文集》，孙周兴译，生活·读书·新知三联书店，2005，第12页。

此种促逼向自然提出蛮横要求，要求自然提供本身能够被开采和贮藏的能量。"①也就是说，现代技术使人能够蛮横地要求自然，按照人的意图来使用自然，而不是听从自然的安排。为了更好地理解这一点，海德格尔举了一个关于"耕作"的例子来对"促逼"进行进一步说明。在过去，"耕作"意味着关心和照料。海德格尔说道："农民的所作所为并不是促逼耕地。在播种时，它把种子交给生长之力，并且守护着种子的发育。而现在，就连田地的工作也已经沦于一种完全不同的摆置着自然的订造的漩涡中了。它在促逼意义上摆置自然。于是，耕作农业成了机械化的食品工业。空气为着氮料的出产而被摆置，土地为着矿石而被摆置，矿石为着铀之类的材料而被摆置，铀为着原子能而被摆置，而原子能则可以为毁灭或者和平利用的目的而被释放出来。"②从这一个形象的对比当中，我们可以看到，在过去，人与自然之间是一种相对来说比较和谐的关系，但是，随着现代技术的发展，人与自然之间已经充满了紧张。在这里，海德格尔又使用了一个新的术语，即"摆置"。这个术语在理解海德格尔的技术观方面也非常重要。这是现代技术的另一个重要方面。通过促逼，海德格尔将"摆置""订造"和"持存"等一系列晦暗不明的术语联系起来。这些术语的使用，都是为了强调现代技术与古代技术的不同特点。

其次，技术在本质上是一种"集置（das Ge-stell）"。"集置"这个词是理解海德格尔技术观的核心。海德格尔把那种促逼着的要求，那种把人聚集起来、使之去订造作为持存物的自行解蔽者的要求称为"集置"③。在中文语境当中，"das Ge-stell"这个词经常被翻译成"座架"。孙周兴在翻译这个术语的时候，曾经对这个术语有一些介绍，他甚至提到英译者一般把这个词翻译为"enframing"，而把这个英语的词

①海德格尔：《技术的追问》，载《演讲与论文集》，孙周兴译，生活·读书·新知三联书店，2005，第12-13页。

②海德格尔：《技术的追问》，载《演讲与论文集》，孙周兴译，生活·读书·新知三联书店，2005，第13页。

③海德格尔：《技术的追问》，载《演讲与论文集》，孙周兴译，生活·读书·新知三联书店，2005，第18页。

语翻译到中文世界中用的名称更多的是"座架"。

"集置"这个由孙周兴教授制造出来的中文术语很多时候让人不明白这个词背后的意思。按照笔者的理解，海德格尔用这个"术语"来概括技术的本质的时候，他主要是说，技术在给人类带来力量和便利的同时，也不断束缚着人、要求着人，使人成为整个技术世界中的一个环节，使人无法真正进入无蔽状态，进而陷入解蔽状态而不能自拔。在这样的情况下，人类在技术的统治之下必然陷入危险的境地。

正如海德格尔在文章中所说的那样："今天人类恰恰无论在哪里都不再碰得到自身，亦即他的本质。人类如此明确地处身于集置之促逼的后果中，以至于他没有把集置当作一种要求来觉知，以至于他忽视了作为被要求者的自身，从而也不去理会他何以从其本质而来在一种呼声领域中绽出地实存，因而绝不可能仅仅与自身照面。"[1]从这段话中，我们可以看出海德格尔对在技术统治时代人类命运的担忧。表面上看来，是人类在使用、操纵和设计技术，但是，从深层次上来说，人类已经成为技术的一个环节，很多人被技术摆布，被技术促逼着完成很多事情。海德格尔在后面进一步说道："所以，说到底，凡集置占统治地位之处，便有最高意义上的危险。"[2]当然，为了给人类以希望，海德格尔接下来借用荷尔德林的一句诗说道："但哪里有危险，哪里也生救赎。"[3]当然，关于如何将人们从技术的牢笼中解救出来，海德格尔也开出了一些药方，这些药方主要体现在他对于艺术和诗的强调。当然，要理解他的思路需要回到他的整个思想体系当中。

海德格尔作为当今非常有影响的哲学家，他的思想体系无疑是复杂的，笔者并不想在这里花太多的笔墨继续下去。不过，在笔者看来，海德格尔的药方似乎很难解救技术对人类的统治和奴役。其实，对于

---

[1] 海德格尔：《技术的追问》，载《演讲与论文集》，孙周兴译，生活·读书·新知三联书店，2005，第27页。

[2] 海德格尔：《技术的追问》，载《演讲与论文集》，孙周兴译，生活·读书·新知三联书店，2005，第28页。

[3] 海德格尔：《技术的追问》，载《演讲与论文集》，孙周兴译，生活·读书·新知三联书店，2005，第28页。

现在的人来说，最大的问题是很多人并没有意识到技术有可能给人类带来的危险。很多人在看到技术发展给人类带来种种危害的时候，不是对技术进行反思，而是认为我们现在的技术发展得还不够，我们需要更好的技术革新来解决现有技术带来的问题。在这样一种思路的指引之下，人类将在技术的牢笼中越陷越深而不能自拔。不过，也有越来越多的学者认识到科技发展可能给人类的未来带来的各种危险，他们也尝试着从人类幸福繁荣的长远角度出发来引导和规范科学技术的发展。不管从什么样的角度来说，都不能认为科技的发展可以让人们在道德问题上无所谓正确与错误。科学技术在顺利发展的同时，需要将人类的幸福繁荣考虑进去，威胁到人类幸福繁荣的科学技术不应该得到发展的空间。

第七节 小 结

通过上面六个维度的分析，我们很容易得出这样的结论：道德相对主义的产生虽然有着各种各样的原因，学者们可以从不同的角度来解释道德相对主义在现代社会盛行的原因，但是，这些解释因素本身并不能完全从学理上证明道德相对主义是一种正确的道德理论。笔者通过对道德相对主义背后这些根源的深入分析，可以得出这样的结论：道德相对主义并没有像我们所想象的那样必然在这个时代流行起来，相反，支撑道德相对主义存在的各种解释并不是放之四海而皆准的真理，同样存在各种各样的问题。

从逻辑的角度来说，道德相对主义是自相矛盾的。现在，我们从形式逻辑的角度来展开对这一命题的分析。按照道德相对主义的说法，普遍的道德真理是不可能存在的，那么，接下来的问题是：道德相对主义这一命题本身是不是普遍正确的呢？如果答案是"是"，那么至少存在着一个普遍的真理；如果答案是"不是"，那么道德相对主义就自己否定了自己的主张。很明显，道德相对主义这一思想必然陷入逻辑的悖论之中。

英国学者盖尔纳在《相对主义与共相》一文的开篇也说过一段类似的话："一个幽灵，相对主义的幽灵在人类思想中徘徊。如果真理有许多面孔，那么它们之中没有一个值得信赖或尊重。"[①]也就是说，如果我们承认相对主义是一种真理，那么真理就会失去人们的信赖和尊重。在这篇文章中，盖尔纳主要从寻求共相的角度出发来解决相对主义所带来的问题。盖尔纳认为，真理具有唯一性和客观性。我们不能因为世界的多样性而否认真理的唯一性与客观性。在文章中，他从认识论的证明和社会学的证明这两个角度出发，证明相对主义这样的观点是不成立的。

对于道德哲学来说，人们不只是从逻辑和理性的角度出发来考虑道德规则的有效性和正确性，很多时候我们还需要看一下坚持某种道德原则会带来一些什么样的在实践上的结果。我们之所以反对道德相对主义，在很大程度上是因为坚持道德相对主义会带来非常糟糕的后果。如果我们坚持道德相对主义是一种有效的道德理论，那么对于现实生活中的一些非常明显的错误行为，我们就没有充足的理由去进行控告或者指责。伦理道德的一个重要作用就是为生活在共同体中的人们提供秩序，如果共同体中不存在人们共同坚守的秩序或者认同的价值，那么这个共同体很快会陷入崩溃的境地。如果我们坚持道德相对主义，那么我们就无法通过理性的分析来解决道德分歧，无法对其他文化中存在的一些不好的道德实践进行批评，无法对不同的道德理论和道德实践进行比较和评价。

研究伦理道德不仅是为了确立一套秩序，而且是为了让生活于某个共同体当中的人们过一种好的生活，不断提升人们的幸福水平。不管是何种文化模式，都不得不承认这样一个事实：如果想要更好地生存下去，并且实现繁荣昌盛，那么有一些最为基本的道德原则就必须

----

① 盖尔纳：《相对主义与共相》，杨富斌译，《哲学译丛》2000年第1期，第16页。

得到尊重。例如，必须尊重每个人最为基本的生存权利，不能随便剥夺别人的生命。如果人们的生命权利得不到最为基本的尊重，那么很多人都会害怕失去自己的生命，就会生活在恐惧当中，这样的社会中每个人都在为保有自己的生命而奋斗，很难想象这样的社会会获得繁荣。一些基本的道德规范构成了这个社会正常运转的基础，如果人与人之间充满不信任、互相欺骗，那么这样的社会注定将无法正常运转下去。由此，我们可以说，道德相对主义这种思潮对于社会的良序运作来说是一个巨大的挑战，为了让我们栖居的社会更好地运转下去，人们必须在理论和实践上反对道德相对主义。

毫无疑问，道德具有相对性、地方性和多样性，但是，我们不能因为道德的相对性、地方性和多样性就公开支持道德相对主义，特别是支持在道德上无所谓善恶对错之分这样的观点。假如我们支持道德相对主义，那么随之而来的就是承认我们无法找到判断善恶是非的合理标准。如果我们承认道德相对主义是一种正确的理论，那么我们就很难对日常行为中一些明显错误的理论和行为提出批评和指控。对于任何一个运行良好的社会来说，必然存在一些普遍有效的道德规范，告诉人们在什么时候该做什么样的事情。现代性的发展，一方面摧毁了旧有的道德秩序；另一方面也让人们认识到在理性的基础上建立道德规则的重要性。很多现代思想家都为确立适应现代社会的道德规则做出了贡献。

当然，在我们反对道德相对主义的同时，我们也要认识到这一点，即道德相对主义的对立面也未必是正确的。作为相对主义的对立面，道德绝对主义认为道德是永恒的，是超越历史与文化的相对性而存在的，这样的做法在今天也是不能够被接受的。我们可以承认，在不同的文化、不同的历史阶段中，任何一种文化模式中都能找到类似于道德秩序的东西，但是，这些具体的道德秩序在不同文化、不同历史时期无疑有着非常大的差异性。很多启蒙思想家都试图通过理性的分析和论证来构建适应于所有人类的道德体系，但是毫无意外都失败了。当然，我们也不能因为启蒙思想家的失败而放弃寻求道德共识的尝试。

　　笔者相信，通过对历史上各种道德哲学思想的研究，我们可以找到一条克服道德相对主义的道路，而这条道路的形成建立在真实的道德生活之上。诚信、正义、智慧、勇敢、节制这些美德仍然在生活中起着重要的作用，不管我们是否认同这些美德的价值，这些美德都深深地影响着人们的生活。没有这些美德的存在，人类的社会生活就会出现各种问题，无以为继。在下一章中，笔者将着力考察如何在理论上解决道德相对主义，如何通过理性的对话和分析来寻求判断行为正确性的合理标准，如何在价值多元的时代寻求道德方面的共识。

第 六 章

价值多元时代
道德共识的
求索

在第五章中，笔者主要针对第四章中关于道德相对主义在现代社会流行的根源进行了剖析，指出道德相对主义产生的根源并没有很多现代学者所认为的那样可靠。笔者不仅认真分析了道德相对主义在现代社会盛行的理论依据，而且从逻辑分析的角度和社会实践后果的角度进行了深入的分析。经过这些深入的剖析，笔者指出从逻辑的角度来说，道德相对主义必然陷入逻辑的混乱；从道德实践后果的角度来说，道德相对主义必然导致人们在现实生活中失去秩序的指引，行为陷入混乱无序之中。笔者认为，如果我们想要在理论上解决道德相对主义，那么就要找到在当今这个时代达成道德共识的有效途径。如果人们能够通过理性的分析来达成道德共识，那么道德相对主义的观点就会失去市场。如果我们发觉在现代社会无法就某一个时间达成道德共识，那么道德相对主义无疑就会大行其道。笔者在这一章中主要探讨以下三个问题：第一，何谓"道德共识"；第二，在现代社会寻求道德共识的几种可能途径；第三，一种可能的达成道德共识的探索。

第一节　何谓"道德共识"

在现代社会，人们发现越来越难以在道德方面达成一定程度的共识。在人们的日常生活中，道德共识存在危机，在过去被大多数人认可的道德准则现在也被处于怀疑之中。人们不仅在现实生活中遇到无法达成道德共识的困扰，而且在理论上，自启蒙运动以来，虽然有很多道德哲学家都在尝试着重新建构一套适应现代社会要求的道德体系，但是不管哪种道德哲学体系都没有获得广泛的认同。如何重建道德共识，这已成为困扰着整个当代道德哲学的一个核心课题。目前国内关于道德共识这一问题的探索已经形成了相当可观的研究成果。国内很多学者都意识到这个问题的重要性和复杂性。有学者对道德共识的根源进行了深入的分析，并且指出解决道德共识的有效途径，比如贺来、王艳秀等学者[①]。有学者从西方伦理学的角度出发，对现代西方道德哲学中很多哲学家在建构道德共识方面所做的努力进行了深入的分析和研究，特别是对哈贝马斯和罗尔斯在道德共识建设方面所做的努力进行了深入的研究，比如刘峰在《道德共识何以达成——哈贝马斯的商

---

① 参见贺来：《道德共识与现代社会的命运》，《哲学研究》2001 年第 5 期，第 24-30 页。在这篇文章中，贺来教授分析了现代社会出现道德共识危机的根源，分析了现代社会为解决道德共识所做的努力以及他自己在建构道德共识方面所做的思考。王艳秀：《论道德共识及其认知内涵》，《江西社会科学》2007 年第 7 期，第 55-58 页。在这篇文章中，王艳秀分析了在现代社会人们无法达成道德共识的主要原因，然后，主要分析了当代哲学家罗尔斯和哈贝马斯在解决道德共识方面所做的努力。王艳秀在 2008 年以"道德客观性及其限度——后形而上学时代的良善生活问题研究"为题的博士论文获得博士学位。在这一篇博士论文中，她从三种不同的角度出发分析如何在现代社会为道德的客观性奠定基础。同时，王艳秀也对道德客观性的限度进行了必要的思考。

谈伦理及其现实道路》①一文中，对哈贝马斯如何通过商谈伦理来达成道德共识进行了深入的思考。张向东在《哈贝马斯商谈伦理中道德共识的形成逻辑》②一文中，认真分析了商谈伦理达成道德共识的内在逻辑线索。还有一些学者对如何形成道德共识进行了探索，比如甘绍平教授在《道德共识的形成机制》③一文中对如何形成道德共识进行了深入思考；白文君在《试论道德共识的可能性》④这一篇硕士论文中对如何形成道德共识也进行了一些有益的探索；王桂娟在《道德相对主义的困境及其道德共识的重建》⑤这一篇硕士论文中对如何在现代社会重建道德共识进行了有益的探索。当然，我们还能看到有很多学者从其他的维度对如何在现代社会达成道德共识进行了深入的思考。

当代国外学者对道德共识的寻求主要有以下几种途径：

第一，从元伦理学的角度来反对道德相对主义，建构有效的道德推理。20世纪著名元伦理学家理查德·黑尔教授是这一做法的典型代表人物。

第二，从康德伦理学的角度出发来构建道德哲学体系，达成道德共识，美国哲学家约翰·罗尔斯是这一做法的典型代表人物。罗尔斯在《正义论》和《政治自由主义》中提出以重叠共识的方式寻求道德共识。

第三，从亚里士多德伦理学的立场出发构建道德哲学体系，反对道德相对主义，当代美国哲学家阿拉斯戴尔·麦金太尔是这一做法的代表人物。麦金太尔认为"启蒙筹划"使道德陷入相对主义的混乱之

---

① 刘峰：《道德共识何以达成——哈贝马斯的商谈伦理及其现实道路》，《武汉科技大学学报》2011年第6期，第643–647页。

② 张向东：《哈贝马斯商谈伦理中道德共识的形成逻辑》，《道德与文明》2009年第4期，第72–74页。

③ 甘绍平：《道德共识的形成机制》，《哲学动态》2002年第8期，第26–28、45页。

④ 白文君：《试论道德共识的可能性》，硕士学位论文，湖南师范大学，2003。

⑤ 王桂娟：《道德相对主义的困境及其道德共识的重建》，硕士学位论文，吉林大学，2005。

中，为了使道德推理成立，我们必须求助于亚里士多德的道德哲学资源重新来理解道德哲学。

第四，诉诸现代性的精神遗产，进一步发挥理性的作用以达成道德共识，德国当代著名哲学家哈贝马斯是这方面的典型代表，他主张诉诸交往理性来寻找道德共识。

第五，从宗教伦理学的角度，特别是基督教伦理学的角度出发，构建道德共识。以德国哲学家孔汉斯为代表的普世伦理派是这一做法的典型代表。

与古代社会相比，道德在现代社会最大的一个特色就是缺乏客观性和有效性。现代社会价值的多元性和相对性，导致出现马克斯·韦伯所说的"诸神之争"的问题。如何在世俗化的时代寻找道德共识和道德基础，一直以来都是近代道德哲学家们思考的核心问题。但是，正如麦金太尔所说，自启蒙运动以来的这些道德哲学家的尝试都是以失败而告终的，我们现在无疑生活在道德碎片之中，如何寻求道德共识和道德基础将仍然是道德哲学家最为重要的任务和使命。笔者希望通过自己的研究为人们在价值多元的时代寻求道德共识提供参考，找到评价道德行为的标准和尺度，从而为形成符合新时代要求的道德奠定基础。

在朱贻庭先生主编的《伦理学大辞典》中，笔者并没有找到"道德共识"这一词条。在很多伦理学的教科书中，我们似乎也很难找到关于"道德共识"这一术语的介绍和论证。当然，如果我们纵观道德哲学发展的历史，就会发现，不同的道德哲学家对什么是道德、什么是判断道德对错的标准以及什么是善这些道德哲学中最为根本性的问题都给出了自己的答案。也就是说，对于每一位在伦理学思想史上留下重要足迹的哲学家来说，他们都对什么是"道德的"给出了自己的解释。但是，纵观整个伦理学发展的历史，我们对这一情况也必须保持清醒的认识，即不同的道德哲学家对什么是"道德的"这一问题的回答并不相同。不同的哲学家基于不同的宇宙论、存在论、认识论和人性论给出了很多种不同的回答。从认识的角度来说，如果什么是

"道德的"是一种客观可靠的知识，那么人们关于什么是"道德的"答案应该是唯一的。毫无疑问，纵观道德哲学发展的历史，我们看到道德哲学家们关于什么是"道德的"这个问题并没有一个唯一的答案。那么，我们到底该如何去看待这些不同的回答呢？

从笔者目前关于伦理学的理解来说，伦理学所研究的对象是道德规范。作为伦理学研究对象的"道德"主要体现为一定的行为规范，特别是人应该如何去做某些事情的一些规范性要求。人们对于道德规范的理解在很大程度上不仅跟他们关于人性的认识密切相关，而且跟他们对于整个宇宙的理解也密切相关。人们关于宇宙以及关于人性的认识处于不断的变化中，随之而来的是，人们关于道德规范的理解也就不断处于变化之中。但是，不管人们关于道德规范的理解如何发生变化，有一点是不会变的，就是不管在什么时代，在有限的时间和空间范围内，人们关于行为对错的标准在一定程度上是能够达成共识的。如果不能够达成共识，那么人类的行为毫无疑问必然陷入混乱之中。下面，笔者将简单回顾一下在西方伦理学发展历史中道德哲学家们对于道德的理解。

在原始社会，因为人们的力量有限，人们关于自然和社会的知识还非常贫乏。那个时候，人们将人的行为的正确性跟对超验神灵的信仰联系在一起。即使在后来很多有文字记载的历史中，我们仍然可以看到这样一些关于道德的理解。在柏拉图的《申辩篇》和《欧绪弗洛篇》中，我们可以很清楚地看到这一点。

《申辩篇》主要是柏拉图记载苏格拉底在法庭上为自己行为所进行的辩护。苏格拉底也很清楚，他的很多做法对于当时的希腊人来说是没有办法理解的。从世俗的观点来看，他的很多做法也很难被当时的希腊人所接受。他是如何为他的不合群进行辩护的呢？苏格拉底认为他是完全按照"神"的要求来这样做的。苏格拉底将自己比作牛虻。他自称是神特意将他指派给雅典，雅典好像一匹良种马，身形巨大且行动迟缓，因此需要牛虻的刺激而活跃起来。神把他指派给雅典，希望他能够起到牛虻的作用，能够让希腊人不要过得那么自在，能够让希腊人认识到自己的不足和无知。

《欧绪弗洛篇》的故事发生在苏格拉底接受审判之前。苏格拉底想去法庭了解一些情况，遇到了当时的大祭司欧绪弗洛。话端是一个雇佣成了杀人凶手，被死者的家主（欧绪弗洛之父）所缚，家主未得神巫指示应如何处置此人之前，此人死于缧绁之中，死后家主之子（欧绪弗洛）为死者告发己父杀人。对于苏格拉底来说，欧绪弗洛这样的做法是非常让人震惊的一种做法，他迫切想知道欧绪弗洛这样做的依据何在。欧绪弗洛本人对于自己的做法也非常有信心，他认为他这样的做法完全是听从神的安排的结果，他是出于对神的"虔敬"而做出这样的事情来的。在欧绪弗洛看来，"虔敬"构成了行为正确性的基础。

接下来，苏格拉底按照他一贯的方式，就什么是"虔敬"这个问题向欧绪弗洛请教。欧绪弗洛在苏格拉底的追问和诱导之下，对什么是"虔敬"下了三个定义。关于虔敬的第一个定义：我认为所谓虔敬就是像我现在所做的这种事，起诉杀人犯或偷窃圣物的盗贼，或者任何类似的罪犯，不论犯罪的是你的父母，还是其他任何人。第二个定义：凡是令诸神喜悦的就是虔敬的，凡不能令诸神喜悦的就是不虔敬的。第三个定义：凡诸神全部痛恨的就是不虔敬的，凡诸神全部喜爱的就是虔敬的，而有些神喜爱、有些神痛恨的事物就既是虔敬的又是不虔敬的，或者既不是虔敬的又不是不虔敬的。当然，苏格拉底对这三个定义并不满意，最后他们也没有达成关于什么是"虔敬"的共识。不过，从这个故事中，我们可以很明显看出神对于人的行为正确性具有某种基础性。

随着人类对于世界以及人自身的知识越来越多，学者们关于人的行为的解释也越来越充满了理性。柏拉图建构其伦理学体系主要是参考当时的数学知识。亚里士多德建构其伦理学体系主要是基于他关于人类灵魂的认识。在欧洲的启蒙时代，不同的道德哲学家主要是基于他们关于人性的理解来建构他们的道德哲学体系的。康德将道德行动建立在人的理性基础之上。休谟基于人的同情心来构建自己的道德哲学体系。百科全书派的狄德罗基于人的欲望来理解人的行为。存在主义之父克尔凯郭尔则将人的选择作为人的行为的基础。在《追寻美德：伦理理论研究》一书的第四章和第五章，麦金太尔教授分别对这些人的做法进行了分析，并且指出他们必然陷入失败的命运中。随着现代科学的发展，人类对于世界的认识有了更多解释力更强的理论。

在今天伦理学的研究中，还有一些学者尝试着从生物进化论、基因技术以及博弈论的角度来解释人们的行为。虽然这些学者关于人类道德起源的解读给出了似乎比较科学的说明，甚至很多书也成为畅销书，但是关于人类行为正确性的问题在今天似乎变得更复杂了，如果我们从当今人们所面临的道德理论和道德实践的现状出发来看待这些问题的话。

密尔在《功利主义》一书的开篇就谈到关于道德理解的复杂性和不一致性。密尔认为功利主义可以很好地为人类行为的正确性提供一个正确的答案。不过，遗憾的是，从整个20世纪伦理学发展的历史和现状来看，密尔所提出的这个问题在今天仍然需要有人不断地进行回应。

在研究人类认知的当前进展中，还很少有这样一种情况：人们对之寄予厚望，但是在关于它的主要问题上依然徘徊不前，依然处于落后状态，没有多少进步，这就是关于正确与错误标准的争论。自从哲学诞生之日起，关于至善的问题，或者这样说也一样，即关于道德基础的问题，一直是思辨理论关注的焦点，它占据了那些最具天分的人物的心灵。在这个问题上，不同人的观点不同，他们各执己见，互相攻讦。两千多年来，这场争论仍在继续，哲学家们依然站在各自的立场，看来，无论是思想家还是大众在这个问题上都没有达成一致，还是与苏格拉底在年轻时聆听老普罗塔哥拉时的情形一样。苏格拉底用功利主义理论反对当时流行的所谓哲者的道德学说（如果柏拉图对话记录的是真实的话）。（约翰·斯图亚特·穆勒：《功利主义》，刘富胜译，光明日报出版社，2007，第3-4页。）

密尔关于道德基础所提出的这样一个问题确实值得我们深思。作为一门有着两千多年历史的学科，伦理学将善恶对错这两组概念作为其核心问题来对待。但是，正如密尔所说的那样，虽然这些问题是争论的焦点，但是似乎并没有统一的答案。密尔尝试着在《功利主义》一书中给出他的答案，即他在《功利主义》一书中提到的幸福最大化原则。虽然密尔的思想在今天的社会生活中影响深远，但是仍然有很多学者从不同的角度对他的思想展开各种各样的批评。

作为密尔思想的继承者，乔治·摩尔在1903年出版的《伦理学原理》开启了当代西方伦理学的序幕。这本书被认为是20世纪伦理学当中非常重要的著作。在这本书中，他开创了研究伦理学新的思路，即从语言分析的角度来分析伦理学问题。在《伦理学原理》一书的序言中，摩尔宣称他在这本书中的主旨是："任何可能以科学自命的未来伦理学导论。"[1]

接着，摩尔在序言中谈到伦理学中一个经常会遇到的难题。摩尔指出："照我看来，在伦理学上，正像在一切哲学学科上一样，充满其历史的困难和争论主要是由于一个简单的原因，即由于不首先去精确发现你所希望回答的是什么问题，就试图作答。"[2]他对已有的伦理学著作很不满，他认为以前的伦理学著作在科学性方面都还不足，所以，他想要创建一套科学的伦理学体系。

在摩尔看来，伦理学同样以"善恶"为研究对象，但是，他认为很多学者对于"善"是什么并没有给出很好的答案。他甚至认为，以前的伦理学家对"善"进行的探索是错误的，他根据他对于语言的分析认为，"善"是不可以定义的。摩尔提出："我的论点是：'善'是一单纯的概念，正如'黄'是一单纯的概念一样；正像决不能向一个事先不知道它的人阐明什么是黄的一样，你不能向他阐明什么是善的。"[3]也就是说，人们对于善的认识只能通过直观来实现，不能借助

---

① 乔治·摩尔：《伦理学原理》，长河译，上海人民出版社，2005，第3页。

② 乔治·摩尔：《伦理学原理》，长河译，上海人民出版社，2005，第1页。

③ 乔治·摩尔：《伦理学原理》，长河译，上海人民出版社，2005，第11页。

于其他事物或性质来进一步进行说明。我们不能用"自然性事实"或别的东西来定义善。然而，在摩尔看来，历史上的伦理学家都没有注意到这样的区分，用"自然性事实"或别的东西来定义善，以至于犯了摩尔所说的"自然主义谬误"。

摩尔作为元伦理学的奠基人，他其实在很大程度上宣判了道德哲学关于善和行为正确性探索的彻底失败，如果他关于"自然主义谬误"的判断能够被所有伦理学研究者所接受的话。摩尔凭借着他在元伦理学方面开创性的贡献，拉开了现代伦理学发展的大幕。虽然在当代出现了形形色色的各种伦理学理论，甚至出现类似于中国春秋战国时代百花齐放、百家争鸣这样的局面，但是，仍然没有出现一种占据主导性的伦理学理论。相反，寻求道德共识变得更艰难。

上面笔者主要谈论了一下20世纪之前的伦理学家在解决道德共识这个问题方面所做的努力。在本章的第二部分，笔者将详细阐述当代最有影响的一些道德哲学家在道德共识这个问题上的探索。

简单来说，笔者所说的"道德共识"主要是在一个确定的时间和空间范围内，人们能够共同认可对某一确定范围内道德规范和道德评价的标准。这样一种共同认可意味着人们对行为对错能够在很大程度上达成共识。也就是说，在一定的时空范围之内，人们关于一个行为的对错是可以进行理性判断和理性评价的。

在究竟什么是"道德共识"这个问题上，国内有不少学者做出过各自的界定。南京师范大学的高兆明教授在《制度公正论：变革时期道德失范研究》一书中将道德共识界定为："基准道德共识，只不过是道德认同的另一种表述，它所表达的是公民对社会最基本的道德规范要求与道德品质的共同认同。"①从这句话中，我们很明显可以看出，高兆明教授将道德共识与公民对社会最基本的道德规范和道德品质的共同认同联系在一起。

清华大学万俊人教授在《寻求普世伦理》一书中，将道德共识界定

---

① 高兆明：《制度公正论：变革时期道德失范研究》，上海文艺出版社，2001，第310页。

为："道德共识，是对某一确定范围内道德'公度'（common measure）的共同认可。"①从这一界定中，我们可以看出，万俊人教授所理解的道德共识主要侧重于道德"公度"的共同认可，也就是说，道德规范可以放在理性的天平上进行比较和测量。

何怀宏教授将道德共识界定为："（道德共识）从性质上说是道德的，从范围上说是政治的，从内容上说是规范的，从程度上说是底线的。"②何怀宏教授主要从不同的维度出发对什么是道德共识进行了界定。他关于道德共识的理解更多的是强调从底线伦理的角度出发来达成道德共识。当然，底线伦理本身在何怀宏教授看来就是道德共识的产物。底线伦理是何怀宏构建起来的适应现代社会要求的一种伦理学学说，这一学说深受当代美国政治哲学家罗尔斯的影响。

在"道德共识"这一问题的研究中，曾经在湖南师范大学读研究生的白文君做过一些比较集中的研究。白文君在 2003 年写成的一篇硕士论文《试论道德共识的可能性》中，对现代社会道德共识出现的时代背景、道德共识的可能性及其限度进行了认真的理论分析。

白文君在论文的开篇就交代了我们今天讨论道德共识问题的迫切性。在他看来，我们今天之所以要讨论道德共识这样的话题，在很大程度上是因为我们今天所面临的困境。我们今天生活在一个价值多元的社会中，道德学说也变得多元甚至具有很大的差异性。这样一来，不同的道德学说之间的分歧和冲突就无法避免。这样的现象迫使道德哲学家要想办法在不同的有冲突的道德学说之间做出选择③。社会的多元化和价值的多元化是我们今天无法逃避的现实境况。价值观念的多元化必然导致道德学说和道德规范的多元化。面对多元化的道德规范和道德学说，我们如何能够达成道德共识呢？

白文君为了回答这个问题，首先对什么是"道德共识"进行了简

①万俊人：《寻求普世伦理》，商务印书馆，2001，第 30 页。

②何怀宏：《什么是伦理学》，北京大学出版社，2002，第 84 页。

③白文君：《试论道德共识的可能性》，硕士学位论文，湖南师范大学，2003，第 1 页。

单的界定。在白文君看来："道德共识也具结果意义上和程序上的两个标志；寻求道德共识是在多元社会的背景下解决或超越道德冲突、分歧的一种比较理想和可行的方式；它是一种无奈的、被动的但似乎又是唯一可行的选择。暂且循着这样的理解进一步反思道德共识。"[①]这个定义指出了道德共识的两个标志，以及为什么要寻求道德共识，如何寻求道德共识，但是，白文君并没有清晰地给出道德共识的内涵。在随后的论述中，白文君给出了道德共识的三个特征[②]：（1）在其主体上具有多属性。也就是说，达成道德共识的主体必须在两个或两个以上。道德共识是多方主体共同妥协的产物。（2）在其对象上具有有限性。在文章中，白文君主要从两个角度对道德共识的对象进行了界定。第一个角度是，道德共识是与价值判断相关的，不是与事实判断相关的。第二个角度是，道德共识的对象是公共性的话题，而不是私人性的话题。（3）在其内容上具有开放性。也就是说，道德共识并不是一开始就决定好了的，而是所有参与者共同讨论的结果。

白文君认为，人们在寻求道德共识的过程中应该遵循四个最为基本的原则，这四个基本原则是：（1）自愿原则；（2）平等原则；（3）立场一贯原则；（4）一致认同原则[③]。

在交代完什么是道德共识，道德共识有一些什么样的特征以及达成道德共识所应该遵循的基本原则之后，白文君在论文的第二部分着力论证了达成道德共识的可能性。他主要从以下三个角度展开论证：第一，共生共存的需要。在多元社会，虽然大家会有一些分歧，但是，这些分歧应该让位于人类的共生共存。达成道德共识对于人类的共生共存至关重要。第二，道德共识需要一种特殊的主体，这种特殊的主体是一种关系性的存在，也是一种互相理解式的存在。第三，道德价

---

① 白文君：《试论道德共识的可能性》，硕士学位论文，湖南师范大学，2003，第11页。

② 白文君：《试论道德共识的可能性》，硕士学位论文，湖南师范大学，2003，第13-14页。

③ 白文君：《试论道德共识的可能性》，硕士学位论文，湖南师范大学，2003，第14-15页。

值方面的共识是可能的，这导致道德共识成为可能。白文君主要从三
个角度出发论证了这一点。这三个角度分别是：一是从道德价值本身
的角度看，道德价值共识是可能的；二是从道德层次性的角度看，道
德价值共识是可能的；三是从共享性的道德价值的角度看，道德价值
共识是可能的[①]。

在论文的第三部分，白文君指出了达成道德共识的有限性。在白
文君看来，达成道德共识要满足很多条件，而这些条件恰恰体现为道
德共识的有限性。道德共识的有限性主要体现在三个方面，即现实限
度、逻辑限度和理论限度。在论文的第三部分，白文君分别对这三个
限度进行了讨论。

虽然笔者在上文中简单介绍了白文君在其硕士论文中就道德共识
进行的探讨，但是，这并不意味着笔者认同白文君的做法。笔者将在
本章的第三节中阐述关于如何达成道德共识的一些探索。之所以在这
里花费一些篇幅介绍白文君的论文，在很大程度上是因为进一步展开
自己论述的需要。白文君的做法其实跟当代最有影响的政治哲学家和
道德哲学家罗尔斯的做法非常像，甚至在参考罗尔斯做法的同时加入
了一些当代德国哲学家哈贝马斯的成分。

其实，对于道德哲学这门学科来说，任何一种道德理论的建立，
都是希望能够给出一种关于道德规范可靠的解释和说明。虽然纵观人
类道德哲学发展的历史，我们拥有多种不同的关于道德规范和道德判
断的理解，但是，在不同的历史时期，在不同的文化当中，那些在人
类文明史上留下足迹的道德哲学家，都希望能够对人类行为的正确性
给出可靠的答案。在第二节中，笔者将尝试着梳理一下当代西方最为
重要的道德哲学家在构建道德共识方面所做的努力。

---

① 关于这一部分论证的概括，参见白文君：《试论道德共识的可能性》，硕士学
位论文，湖南师范大学，2003，第二部分。

第二节　在现代社会构建道德共识的尝试

我们今天生活在一个价值多元的时代，这是我们今天的一个常识。在这样一个价值多元的时代，人们的价值观念毫无疑问也变得更多样。当然，随之而来的就是，如何在多元价值之间寻求道德共识就成为一个很严肃的理论问题。当然，价值多元主义并不一定是道德相对主义，很多价值多元主义者也未必承认道德相对主义。在本书的第二章中，笔者对这一问题有所探讨，在此不做赘述。作为当代非常重要的道德哲学家，阿拉斯戴尔·麦金太尔在《追寻美德：伦理理论研究》一书中，对我们今天所生活的世界中的道德混乱情况进行了说明，他对我们生活时代的道德碎片化状态的分析可谓是一针见血。正如笔者在第一章中所阐述的那样，道德相对主义成为我们这个时代最为重要的一个特征。面对道德相对主义的挑战，当代很多道德哲学家在这个问题上做出过非常重要的尝试。在这一节中，笔者主要梳理一下当代重要的五位学者在这个问题上的看法。

一、理查德·黑尔的普遍约定主义

理查德·黑尔是20世纪最为重要的一位元伦理学家，他的伦理学研究始于对情感主义伦理学的批判，最终目的是为道德寻找客观有效的基础。在《道德语言》一书中，他坦言写作的目的就是"反对现代元伦理学中的非理性主义，特别是史蒂文森的极端情感主义"[1]。在欧阳康主编的《当代英美著名哲学家学术自述》一书中，黑尔将自己的学术追求概括为"走向道德客观性"[2]。黑尔关于自己学术自述的标题

---

① 理查德·黑尔：《道德语言》，万俊人译，商务印书馆，1999，第3页，中文版序言。

② 欧阳康主编《当代英美著名哲学家学术自述》，人民出版社，2005，第191页。

就是"走向道德客观性"。黑尔继承了摩尔的观点，将价值和事实进行了二分，认为道德判断是一种价值判断，而不是一种事实判断。但是，他不满意元伦理学中的情感主义和直觉主义的看法，他认为这两种看法都过分强调了道德的主观性一面，忽视了道德的客观有效性一面。当然，他也从情感主义和直觉主义那里吸收了一些养料，比如关于事实判断与价值判断之间的区分。但是，黑尔尝试着从对道德语言的分析中找到道德语言背后的逻辑和普遍性，从而使道德推理在理性上成为可能。黑尔在吸收元伦理学前辈一些观点的同时，提出了一种"普遍规定主义"的理论以使理性的道德推理成为可能。这种理论认为，道德语言不仅具有规定性而且具有普遍性。说道德语言具有规定性主要指的是：道德语言在被人们使用的时候，可以用来指导人们的行为。说道德语言具有普遍性主要指的是：对于那些描述特征相同的情形，我们无法做出不同的道德判断。在普遍化这一意义上，我们无法否认道德的客观有效性。道德语言所具有的"可普遍化"这一特性决定了我们可以在形式上实现道德客观性。黑尔不满足于道德语言在形式上的客观性，他后来又在其理论中加入了功利主义的元素，提出"偏好功利主义"的观点，使道德推理在内容上也具有了客观性。黑尔在伦理学研究中所做的工作颠覆了我们的一个观点，即认为元伦理学只是从事语言分析，不解决实际的道德问题。其实，黑尔恰恰要使用元伦理来直面现实生活中所遇到的道德难题。

黑尔如何运用普遍规定主义来避免道德相对主义呢？在这里，笔者借用一下杨志华在《元伦理学的终结——黑尔伦理学思想研究》一书中关于这个问题的回答。杨志华认为，黑尔解决道德相对主义问题主要通过三个步骤来完成[1]：首先，黑尔将非描述主义和主观主义这两个概念进行了明确的区分。很多学者都会将非描述主义等同于主观主义，在黑尔这里，这两个概念之间并不存在等号这一关系。其次，黑尔将描述主义与客观主义进行了区分，认为这两者也不能等同起来。

---

① 杨志华：《元伦理学的终结——黑尔伦理学思想研究》，中央编译出版社，2009，第89-90页。

最后，在对形式的逻辑问题和实质的道德问题进行区分的前提下，黑尔提出："伦理学理论的关键问题是我们如何着手理性地决定要认可哪一个标准，或真值条件，或准则，或原则。因为正如我们已看到的，不同文化具有不同的标准、真值条件、准则或原则。"①从中，我们可以看出，黑尔认为我们可以找到一条标准来进行道德推理。黑尔认为，在道德语言中有一种规定性的形式逻辑特性，这种规定性的形式逻辑特性使道德的推理成为可能。按照黑尔的说法："为什么一种规定主义理论能够避免陷入相对主义的理由在于，道德语句意义的规定要素，特别是它的形式，能够在具有不同道德观念的文化之间被共享，而描述意义是不能被共享的。正是因为所有不同的文化都是在规定，并且是以一种普遍形式（他们共享他们道德语句的意义的那一部分）在规定，所有在他们的推理中，他们都受他们所说的话的形式逻辑特性所约束，不管他们道德观的内容是什么，这些形式逻辑特性是相同的。"②从黑尔的这句话中，我们可以看出，黑尔主要是诉诸道德语言中的规定性和可普遍化的逻辑规则来确立道德的客观性。当然，黑尔在这里所理解的客观性并不同于我们通常所理解的客观性。黑尔说道："对于伦理学来说，也许'客观的'一词最关键的意义（如果存在的话），便是一种本来与事实性无关，能够同样应用于规定的，但至少与'无偏见'这种意义紧密类似的意义。"③由此我们可以看出，黑尔所强调的客观性在很大程度上是一种形式上的，并不是事实上的。当然，黑尔这样的做法其实跟康德在伦理学上的做法很像。康德的伦理学在很大程度上也是一种形式上满足理性要求的道德律。黑尔在其道德理论的建构中还加入了大量功利主义的元素，试图将功利主义和康德伦理学进行有效的结合。

① R. M. Hare, "Rationalism," in *Sorting out Ethics* (Oxford: Clarendon Press, 1997), p.138.

② R. M. Hare, "Intuitionism," in *Sorting out Ethics* (Oxford: Clarendon Press, 1997), p.102.

③ 理查德·黑尔：《道德思维》，黄慧英、方子华译，远流出版事业股份有限公司，1991，第273页。

二、约翰·罗尔斯的重叠共识

在整个20世纪的伦理学发展中，约翰·罗尔斯无疑是影响最大的一位。他在1971年发表的《正义论》毫无疑问是20世纪伦理学史上影响重大的一部伦理学和政治学著作，这本书的发表引起了学术界广泛的讨论。现在关于《正义论》的二手研究文献用多如牛毛来形容一点都不过分。之所以有那么多的学者关注罗尔斯的《正义论》，在很大程度上是因为罗尔斯通过《正义论》这本书的写作重新阐述了现代资本主义社会运转背后所应该坚持的价值和制度安排。在《正义论》写作之前，美国社会正处于各种价值观念的冲突之中。对于当代世界历史比较熟悉的人都很清楚，在20世纪60年代的美国发生了一系列影响深远的运动，诸如女权运动、民权运动、反对越战运动、黑人运动等等。价值观念的冲突导致人们缺乏道德共识，让人很容易陷入分裂和冲突之中。如何重新寻找道德共识成为当时学者面临的一个重要议题。罗尔斯的《正义论》正是在这样的社会背景之下应运而生的。正如中文版译者在译者前言中所说的那样："罗尔斯《正义论》中所探讨的平等自由、公正机会、分配份额、差别原则等问题，恰以一种虚拟或抽象的方式提出了一些解决问题的建议或希望。"[1]确实，罗尔斯从一种理想的角度出发，通过诉诸康德伦理学的基本精神和对人类理性的普遍信仰，希望能够找到一种公平正义的社会制度，以便社会和谐有序地发展。众所周知，罗尔斯所构建的作为公平的正义理论主要包含以下三条原则：最大平等基本自由原则（the principle of greatest equal basic liberties）、公平的机会平等原则（the principle of fair equality of opportunity）以及差异原则（the difference principle）。简单说来，第一条原则主要强调公民应该在最大程度上平等地享有自由等基本的权利。第二条原则强调机会的公正平等。第三条原则强调在机会不公正平等的条件下，机会和各种资源应该向弱势群体倾斜。在这三条原则之间

---

① 约翰·罗尔斯：《正义论》，何怀宏、何包钢、廖申白译，中国社会科学出版社，1998，第3页，译者前言。

有着严格的排序，其中第一条原则优先于第二条原则，第二条原则又优先于第三条原则。按照中文译者的介绍，这三条原则分别对应着启蒙运动时期所提出的"自由、平等、博爱"这一口号①。对于罗尔斯的正义原则所体现的现代社会的核心价值，这是毫无争议的。在这三条原则当中，被人批评最多的是最后一条原则。当然，在这里，笔者并不想就这三条正义原则本身进行争论。罗尔斯最大的贡献是指出了作为一个理性人或者现代人，我们必定会选择他所提出的正义原则作为社会制度运行的基础。罗尔斯对康德、洛克、卢梭等人的社会契约论思想进行了改造，提出了"无知之幕"这样一种设想用以替代"自然状态"。按照罗尔斯的推论，在"无知之幕"下，大多数人都会选择他所提出的正义理论。

然而，在后来他所面对的批评中，他越来越意识到他所建构的正义论面临的一个最大的理论问题，即现代社会价值多元的事实和多种正义理论的事实与他所构建的正义论之间产生了矛盾和冲突，甚至麦金太尔教授专门写了一本名为《谁之正义？何种合理性?》的著作来对他所提出的正义理论进行了批评。如何在价值多元的社会中寻求道德共识成为一个重要的问题，而这个问题恰恰是罗尔斯在《政治自由主义》一书中要解决的关键问题。罗尔斯提出："一个由自由而平等的公民——他们因各种尽管互不相容但却合乎理性的宗教、哲学和道德学说而产生了深刻的分化——所组成的稳定而正义的社会怎样才能长治久安?"②这个问题恰恰是"重叠共识"提出的基础。我们之所以要讨论"重叠共识"，在很大程度上是因为要解决价值多元所带来的挑战。在《政治自由主义》一书的导言中，罗尔斯坦言："现代民主社会的特征不仅存在多元的完备性宗教学说、道德学说和哲学学说，而且存在着多元的且互不相容的完备性学说。这些学说中的任何一种都不能得到全体公民的普遍认可。任何人都不能期待在可预见的将来，这些学

---

① 约翰·罗尔斯：《正义论》，何怀宏、何包钢、廖申白译，中国社会科学出版社，1998，第26页，译者前言。

② 约翰·罗尔斯：《政治自由主义》，万俊人译，译林出版社，2000，第3页。

说中的一种或几种会得到所有公民或几乎所有公民的认可。"①罗尔斯关于现代民主社会这一价值多元的描述确实是容易被人们所接受的。对于这样的特征，罗尔斯称为"合理性的多元主义的事实"。这一事实很容易导致人们无法在政治实践中达成"共识"，从而有可能会威胁到整个社会的稳定发展。罗尔斯指出："为了了解一个秩序良好的社会怎样达到统一和稳定，与政治的正义观念一道，我们引进了另一个政治自由主义的基本观念，即合理性的全面性学说的重叠共识的观念，在这样一种共识中，合理性的学说各自从它自己的观点出发赞同这个政治理念。社会团结是建基于这种对政治观念的共识之上的。"②也就是说，重叠共识这样的想法与价值多元并不是完全冲突的，相反，重叠共识构成了价值多元的基础。不同的价值观念和各种学说都能够找到共同接受的东西，这些共同接受的东西在罗尔斯那里就是政治自由主义。罗尔斯在《政治自由主义》一书中明确指出："所谓重叠共识是指：这种政治的正义观念是为各种理性的然而对立的宗教、哲学和道德学说所支持的，而这些学说自身都拥有众多的拥护者，并且世代相传，生生不息。"③从罗尔斯关于"重叠共识"的概述中，我们可以得出这样的结论：他所提出的作为公平的正义的理论一方面能够独立于特定的宗教学说、形而上学学说和认识论学说；另一方面，这一理论也能够被所有的这些学说所接受。

罗尔斯所提出的"重叠共识"理念主要包含以下三点：第一，"此种共识应当包括一个公共正义标准，以便规范或评价基本结构的设定"④。第二，"它应当包括一个能够得到共同认可的针对该标准的道

---

① John Rawls，*Political Liberalism*（New York：Columbia University Press，1996），p.xviii.

② John Rawls，*Political Liberalism*（New York：Columbia University Press，1996），p.38.

③ 约翰·罗尔斯：《作为公平的正义——正义新论》，姚大志译，上海三联书店，2002，第55页。

④ John Rawls，*Political Liberalism*（New York：Columbia University Press，1996），p.xvi.

德证成，这种道德证成应当足够浅薄，以便能够与更多宗教、道德和哲学完备性学说相协调"①。第三，"它还应当包括由公共正义标准规范和引导的基本结构"②。通过对"重叠共识"的强调，罗尔斯找到了公共政治生活中达成共识的基础。罗尔斯在《政治自由主义》一书中还就达成"重叠共识"的可能性及其有效途径进行了讨论，笔者在此不做赘述。

三、阿拉斯戴尔·麦金太尔的德行伦理学

阿拉斯戴尔·麦金太尔因为其对现代西方道德哲学内在困境的洞见和彻底的批评而引起很多学者的注意。1981年，《追寻美德：伦理理论研究》一书的发表吸引了整个世界范围内学者的广泛注意。这本书在内容上主要分为两个主题，前一个主题是麦金太尔对现代西方道德哲学的批判与反思，特别是对启蒙筹划的道德哲学的批判与反思；后一个主题是麦金太尔在亚里士多德美德伦理学的立场上的理论建构。麦金太尔认为现代道德哲学之所以出现困境，在很大程度上是因为遗忘了亚里士多德的思想财富。正如杰恩·波特（Jean Porter）在《阿拉斯戴尔·麦金太尔最近著作中的传统》一文中所说的那样，麦金太尔的《追寻美德：伦理理论研究》一书主要有两个目的："第一是为了逐步呈现出他对当前现代思想不妥之处的诊断，第二则是为了提供一份草图，以描绘一种被适当重塑的亚里士多德主义的备选方案可能是个什么样子。"③

---

① John Rawls, *Political Liberalism* (New York: Columbia University Press, 1996), p.xvi.

② John Rawls, *Political Liberalism* (New York: Columbia University Press, 1996), p.xvi.

③ Jean Porter, "Tradition in the Recent Work," in *Alasdair MacIntyre* (Cambridge: Cambridge University Press, 2003), p.9.

麦金太尔在《追寻美德：伦理理论研究》的第九章中有明确的论述①。
麦金太尔在《追寻美德：伦理理论研究》一书的第一章中通过一个大
胆的想象，即自然科学遭受了一场浩劫之后会出现的一些可怕的场景，
提出这一假设："我们身处其中的现实世界的道德语言，同我所描绘的
这个想象世界的自然科学的语言一样，处于一种严重的无序状态。"②
麦金太尔所提到的这一想象和所提出的这一假设在人类发展的历史上
确实会经常出现。在随后的内容中，麦金太尔也用历史的事实和历史
的叙述很好地证明了这一假设。当然，麦金太尔也意识到这样断言的
风险，他有可能站在绝大多数学者的对立面，而且很难找到自己的盟
友。不过，他还是希望能够让所有学者都意识到这一点，即我们现在
所使用的道德语言已经完全处于碎片化的状态，道德语言已经陷入无
序的状态之中③。麦金太尔希望通过《追寻美德：伦理理论研究》这部
著作让人们清晰地认识到现代社会道德混乱和道德无序的现状，从而
认识到解决道德无序和道德混乱的紧迫性。麦金太尔在《追寻美德：

---

① 在《追寻美德：伦理理论研究》一书的第九章中，麦金太尔以"尼采抑或亚
里士多德？"这样一个问题开始。在麦金太尔看来，尼采看到了现代道德哲学只不过
是主观意志的表达，他不仅反对休谟将道德建立在情感和良心基础上的做法，也反对
康德将道德建立在理性的可普遍化基础之上，从而彻底颠覆了启蒙筹划关于道德的建
构。尼采进一步将道德理解为纯粹意志的表达。关于尼采思想的这一概况，参见麦金
太尔：《追寻美德：伦理理论研究》，宋继杰译，译林出版社，2003，第142-143页。
麦金太尔在追溯了尼采等现代思想的主旨之后指出："哲学论证与历史论证相结合所
揭示的是，人们要么全部追随启蒙筹划的各种不同思想的抱负及其崩溃直至仅剩下尼
采式的诊断与尼采式的疑难，要么主张启蒙筹划不仅是错误的，而且从来就不该发
生。再没有第三种选择。"关于麦金太尔观点的这段引文，参见麦金太尔：《追寻美
德：伦理理论研究》，宋继杰译，译林出版社，2003，第149页。麦金太尔在这一章
的最后指出，我们应该从亚里士多德的思想遗产出发来重新写作一部道德哲学发展的
历史。

② 参见麦金太尔：《追寻美德：伦理理论研究》，宋继杰译，译林出版社，2003，
第2页。

③ 关于麦金太尔这一思想的概况，参见麦金太尔：《追寻美德：伦理理论研究》，
宋继杰译，译林出版社，2003，第5页。

伦理理论研究》一书的后半部分也给出了解决方案。不过，当代有些伦理学家并不认同他所提出的解决方案，甚至还有一些伦理学家认为这一解决方案将会加剧道德混乱和无序的现状。麦金太尔在《追寻美德：伦理理论研究》的第19章（即第二版跋）中专门就道德相对主义的指责进行了回应①。笔者曾经专门就麦金太尔的追寻美德筹划与道德相对主义之间的关系问题写过博士论文，并且博士论文最终在2016年出版②。在这本专著中，笔者主要通过对麦金太尔美德伦理学思想和道德探究观的研究来指出麦金太尔并不是一位道德相对主义者，相反，麦金太尔尝试着从特殊主义的进路出发来解决道德相对主义的问题。

在这一专著中，笔者主要解决了以下三个方面的问题：第一，从六个不同的方面对道德相对主义进行了界定；第二，分析麦金太尔的追寻美德筹划思想与道德相对主义之间的关系；第三，分析麦金太尔追寻美德筹划背后的道德探究观与道德相对主义的关系问题。

通过研究，笔者得出以下几个结论：（1）笔者所说的道德相对主义主要指的是在上述专著第二章中所阐明的那种道德相对主义，这种对于道德相对主义的理解与许多学者并不相同。有些学者并没有对道德相对主义这个词语给予足够的区分。笔者在这里所批评的道德相对主义是一种强意义上的相对主义。联系在专著第二章中对道德相对主义的划界工作，我们可以把麦金太尔看作一种弱意义上的道德相对主义者，他坚持道德的相对性、多元性与地方性立场，并坚持在此基础上讨论道德问题。而根据笔者在本书第二章中对道德相对主义的界定，麦金太尔的这种道德哲学思想并不属于道德相对主义的范畴。（2）在专著第三章中，笔者主要分析了麦金太尔的美德伦理思想并不必然导致道德相对主义，美德伦理学并不一定和规则伦理冲突，美德伦理学同样可以给人提供正确的行为指导，并不会陷入道德相对主义当中。

---

① 关于麦金太尔对美德与相对主义问题的回应，参见麦金太尔：《追寻美德：伦理理论研究》，宋继杰译，译林出版社，2003，第347-353页。

② 张言亮：《麦金太尔追寻美德筹划与道德相对主义之争》，兰州大学出版社，2016。

（3）在专著第四章中，笔者着重分析了作为道德探究观的传统与道德相对主义之间的关系。麦金太尔强调传统并不是说传统之间不可交流、不可比较。麦金太尔强调传统之间的不可公度性并不意味着不同传统之间无法通过对话达到某些共识，我们可以通过不同传统之间的交流来发现一个传统优于另一个传统的地方所在。

笔者曾经在《甘肃社会科学》上面发表过一篇文章，主要探讨麦金太尔为什么不是一位道德相对主义者以及麦金太尔如何解决道德相对主义。在这篇文章中，笔者首先分析了有些学者认为麦金太尔是一位道德相对主义者的主要理由：第一，麦金太尔不承认最低限度的道德客观性；第二，麦金太尔基于传统的道德探究会导致道德相对主义；第三，麦金太尔的德行伦理思想会导致道德相对主义。针对这些学者的批评和反驳，笔者从麦金太尔的思想文本出发，对这些观点进行了逐一的批评，进而指出：第一，麦金太尔坚持道德真理，反对道德相对主义；第二，麦金太尔对传统的强调并不必然陷入道德相对主义；第三，麦金太尔的德行伦理学并不必然陷入道德相对主义之中。

在文章的最后，通过对麦金太尔思想文本的分析和论证，笔者得出这样一个结论："他（指麦金太尔教授）并不像道德相对主义者那样认为'善恶'是相对的，道德上没有绝对的正确与错误。相反，他站在亚里士多德实践哲学的立场上，坚持道德真理的概念，认为在不同传统之间可以进行交流和对话，也可以比较不同传统在道德探究和道德实践方面的优劣，他所倡导的德行伦理思想对于解决我们今天所面临的各种道德困境具有非常重要的现实意义。"[1]

2014 年 8 月，笔者与麦金太尔教授谈到道德相对主义这个话题的时候，麦金太尔教授对此有六条相关回应[2]。

---

① 张言亮：《基于真理、传统与德行的道德探究——试论麦金太尔为何不是一位道德相对主义者》，《甘肃社会科学》2015 年第 3 期，第 9 页。

② 下面这六条回应是笔者与麦金太尔教授在 2014 年 8 月的一次对话中他明确提出来的。笔者当时在圣母大学跟随麦金太尔学习，差不多每周都会和麦金太尔教授见面一次，就他的文章和笔者所关心的问题向他请教。

第一，麦金太尔关于真理的理解依据的是托马斯·阿奎那的观点，即把真理理解为思想和独立现实之间的关系（参见："Truth as a good：A reflection on Fides et Ratio"，chapter 10 in Volume One of Selected Essays，*The Tasks of Philosophy*）。

第二，什么是道德普遍核心的真理？首先，如果人类想要繁荣，他们需要拥有美德并且实践美德（参见：*After Virtue*，Chapters 14 and 15，and D*ependent Rational Animals*，Chapters 9 and 10）。其次，如果人类想要获得他们共同的善，并且为了繁荣，他们需要这样做，他们需要遵守自然法的戒律（参见：*Dependent Rational Animals*，Chapter 9，and "Intractable Moral Disagreements"，Sections Ⅰ-Ⅴ，in *Intractable Disputes about the Natural Law*，ed. Lawrence S. Cunningham）。

第三，我们如何知道这些真理？通过对我们实践的反思，我们一方面必须习惯于正确的实践，同时，我们也必须被某些传统的探究所教化（参见：*Whose Justice? Which Rationality?*，Chapter ⅩⅧ，and *Three Rival Versions of Moral Enquiry*，Chapter Ⅵ）。

第四，个人主义的实践、行动者概念以及现代性的实践拒斥托马斯·阿奎那式的亚里士多德主义所坚持的核心道德真理和道德探究传统（参见：*After Virtue*，Chapter 16，*Whose Justice? Which Rationality?*，Chapter ⅩⅦ）。

第五，没有普遍有效的标准，就像强迫所有理性行动者诉诸来自不同立场的相互竞争的道德观点无法被裁定一样，这些不同的立场有休谟主义、康德主义、功利主义以及托马斯·阿奎那式的亚里士多德主义（参见：*Whose Justice? Which Rationality?*，Chapters ⅩⅦ-Ⅹ，"Intractable Moral Disagreements"，Sections Ⅷ-Ⅹ）。

第六，所有的相对主义者都坚持第五条，但是不同于麦金太尔在第二条和第三条中的观点。这些相对主义者认为麦金太尔在第二条中所主张的和他在第五条中所主张的观点之间是不相容的，所以，根据他们的观点，麦金太尔是前后矛盾的。

从麦金太尔教授的这一回应中，我们可以清楚地看到，麦金太尔有自己所坚持的立场和观点，麦金太尔的思想并不同于道德相对主义的观点。他也非常清楚有些学者批评他犯了道德相对主义错误的论证过程和误解所在。通过这些分析，我们也可以明确指出，麦金太尔教授并不同意道德相对主义的理论和学说。

我们的道德探究也必须从某个特殊的地方开始，每个人都带着不同的背景在这个世界上行走。我们需要有一个明确的思想坐标，而这个思想坐标的形成总是跟我们所处的时代背景和文化传统密不可分。笔者在与麦金太尔谈论道德相对主义问题的时候，麦金太尔教授也谈到了这一点①。万俊人在《道德谱系与知识镜像》一文中也说过，道德知识首先是一种地方性知识，而且总是以传统的方式生长和传承着。因此，在此一传统中被视为正当或者善的行为在彼一传统中却可能被看作是不当或者恶的行为②。我们在进行道德哲学探究的时候，最好能够将我们的道德探究跟我们的生活实践和传统文化结合起来，不能一味地脱离我们自己由之而来的传统文化来思考道德问题。

麦金太尔在传统与实践的双重维度中考虑道德问题，将道德哲学的探究变得具体而实在。在笔者看来，麦金太尔找到了一条道路，一条重新探索道德哲学问题的道路。麦金太尔的道德哲学探究有助于我们更好地理解道德哲学，让我们对道德哲学的思考获得清晰的思想坐标。

四、尤尔根·哈贝马斯的商谈伦理

尤尔根·哈贝马斯在继承现代性精神方面与罗尔斯一脉相承，他在当代主要是作为现代性价值的辩护者而出现的。在后现代主义大行

---

① 张言亮：《张言亮与麦金太尔教授就道德相对主义问题的对话》，《哲学与文化月刊》2010年第10期，第177-192页。这一对话发生于2008年5月，当时笔者利用在美国学习的机会专门去拜访了麦金太尔教授，就麦金太尔教授的道德哲学思想和道德哲学探究观与道德相对主义之间的关系问题同麦金太尔教授进行了一次对话。在这一对话中，麦金太尔明确指出，他并不是一位道德相对主义者，他恰恰想要解决道德相对主义所给当今的道德哲学带来的混乱局面。

② 万俊人：《道德谱系与知识镜像》，《读书》2004年第4期，第99-100页。

其道的时候，他在《现代性的哲学话语》一书中大声疾呼，"现代性仍然没有完成"。作为当代重要的思想家，他在很多方面都做出了贡献。在伦理学方面，他试图建构一种新的伦理学学说。他主要是基于康德伦理学来构建其伦理学学说的。在他看来，康德伦理学毫无疑问是近代以来规范伦理学的典范，但是，康德伦理学在他看来仍然面临很多问题。康德建构其伦理学主要从人的主体性角度出发，这也是近代哲学重要的遗产。从个人主体性的角度出发构建哲学体系其实是从近代哲学的奠基者笛卡尔那里就开始了。笛卡尔所提出的"我思故我在"这一命题及其背后对主体性的强调，标志着近代哲学的开端。康德将主体性抬得更高，在人要敢于运用自己的理性这一启蒙口号的号召之下，康德不仅在认识论领域提出"人要为自然立法"，而且在伦理学中提出"人要为人立法"。康德将所有的知识都放在理性的法庭那里进行审判，从而通过诉诸人的理性来构建新的认知体系和行动体系。这样的认知体系和行动体系对于现代社会来说至关重要。康德毫无疑问也是现代精神在哲学上重要的奠基者。康德通过对主体性的强调为人的认知和人的行动构建了新的哲学基础。这样的哲学最大的特征就是对人的"主体性"和由之而来的"自主性"的强调。不过，对主体性的过分强调，导致哲学在后来的发展中出现一些问题。例如，在后来哲学发展的过程中，尼采将自我意志作为伦理学的基础，萨特将自我选择作为伦理学的基础。这些表面上看来是反对理性的，其实在这些哲学主张背后仍然是现代价值的体现，即对主体性的凸显。这些哲学在道德哲学方面的体现就是道德哲学变得主观化和个体化。在康德那里，人通过理性所建立起来的道德原则可以很好地普遍化，但是，在尼采和萨特那里，道德原则变成了自我的意志和个人的选择，无法普遍化。

以康德为代表的现代性伦理学所面临的问题被以麦金太尔为代表的当代亚里士多德伦理学的复兴者所批评。在麦金太尔对现代西方道德哲学的批评中，我们发现，今天我们面临的道德相对主义和道德主观主义的根源恰恰在康德伦理学所代表的启蒙运动传统之中。康德伦理学的传统所信奉的理性和自主性并不能够给人提供普遍有效的道德。关于麦金太尔的这一观点，笔者在书中多次提及，在此不做赘述。张向东在《哈贝马斯商谈伦理中道德共识形成的逻辑》一文中，也对现代道德的弊端进行了说明，他指出："以抽象的个体性为基础的现代道德理论，它的正当理由的终点无法得到进一步的合理论证，是一种没有标准指导的选择，所以每一个行动者都以自己的第一原则作为普遍原则，而这样的第一原则无疑是个人意志的表述，同时个体自身的自明性，无须他者就可以获得证明，所以个体间并不存在一种目的性的关联，他者仅仅是一种作为手段的存在，现代性道德共识体现为多元化和不可通约性，非个人化、客观性的道德标准在现代社会已不复存在。"①张向东的这一论断与麦金太尔对启蒙筹划的批评有很多类似之处。从我们常说的角度出发，也可以清楚地看到康德伦理学所面临的最为直接的诘难。对于我们日常生活中所信奉的道德原则，大部分都不是人通过理性来建构起来的。人们所信奉的大部分道德原则是我们所生活的家庭和共同体赋予我们的。在我们还不能进行理性思考的时候，我们的父母已经告诉我们什么是对的、什么是错的。我们对道德原则的选择也无法跟我们生活于其中的社群和文化传统相隔绝。

哈贝马斯在继承康德思想遗产的时候，不得不对这样的问题进行回答，即如何从个人理性出发得到普遍可靠的伦理规范？在哈贝马斯建构其商谈伦理学的时候，他是从什么地方出发寻求现代社会的道德共识的呢？

首先，哈贝马斯对原子式的个人主义进行了批评。哈贝马斯认为，个体是现实的、具体的、历史的个体，不是抽象的、原子式的个体，而且个体只有在与共同体其他成员的交往过程中才能实现其确定性。哈贝马斯强调："只有采用他者的角色，我们才能回到自身。"②从这

---

① 张向东：《哈贝马斯商谈伦理中道德共识形成的逻辑》，《道德与文明》2009年第4期，第72–73页。

② 哈贝马斯：《后形而上学思想》，曹卫东、付德根译，译林出版社，2001，第202页。

句话中我们可以看出，哈贝马斯很好地接受了当今政治哲学中社群主义的思想资源，能够避免原子式的个体主义所面临的各种批评。哈贝马斯将主体性转变成主体间性，突破了近代哲学所确立的主体中心模式。

其次，哈贝马斯所理解的道德与以往的道德也有所不同。哈贝马斯特别强调在交往对话中达成道德共识。当然，这样的交往对话是有一定条件的。哈贝马斯提出："我提出的商谈伦理学所主张的恰恰是话语的共识必须满足下列条件：每一个有语言和行为能力的主体在自觉地放弃权力和暴力使用的情况下，自由、平等地参与话语的论证，并且，在此过程中，人人都必须怀着追求真理、服从真理的动机和愿望。不但如此，通过话语共识建立起来的规则，还必须为所有人所遵守，每个人都必须对这种规则的实行所带来的后果承担责任。"①哈贝马斯所提出的商谈伦理的条件其实是比较苛刻的。很多时候，人们的对话并不是为了追求真理，也不是为了达成共识。对话的双方或者多方很多时候也并不是完全平等、自由的。

"交往合理性"这一概念是理解哈贝马斯商谈伦理学的关键之所在。哈贝马斯所说的交往合理性主要指的是通过社会交往来确立合理性。这样的思想也是他在《交往行为理论》一书中反复强调的。哈贝马斯认为，现代社会不仅有工具合理性和目的合理性，还有交往合理性。哈贝马斯通过交往合理性来为人们的行为规范确立新的基础。在哈贝马斯关于交往合理性的思考中，普遍语用学构成了交往合理性思想的规范来源。在哈贝马斯的思想中，普遍语用学主要指的是关于语言符号及其使用的一种学说。哈贝马斯在使用"普遍语用学"的时候，特别强调在交往和互动中来研究语言的意义。对语言的关注是整个20世纪哲学最为重要的特征。在我们今天这个时代，语言哲学及其分析哲学仍然是哲学研究中重要的流派之一。在哈贝马斯看来，语言交往是人类活动中重要的一种形式，通过语言交往，人们可以互相理解，进而达成一定程度的共识。在哈贝马斯看来，沟通"是具有言语和行

---

① 章国峰：《哈贝马斯访谈录》，《外国文学评论》2000年第1期，第27—32页。

为能力的主体相互之间取得一致的过程"，"沟通过程所追求的是共识，它满足了合理同意表达内容的前提，一种通过交往而达致的共识具有合理的基础"①。从哈贝马斯关于交往和沟通的阐述中，我们很容易看出，哈贝马斯主要是希望诉诸人们的交往和沟通来寻求道德共识。

最后，哈贝马斯提出了商谈伦理学的两条基本原则，即可普遍化原则和话语伦理学原则，通过这两条原则，我们就很容易达成道德共识。可普遍化原则主要指的是理性的统一性，即通过理性的论证取得意见的一致性。哈贝马斯在这里所强调的普遍性源于康德伦理学，但是又不同于康德伦理学。哈贝马斯主要是希望通过在人们主体间的实践、对话中来寻求道德规范的普遍性。话语伦理学原则主要指的是，在正常的社会交往中，人们通过对话来达成一致。

当然，哈贝马斯关于交往合理性的探索还有很多，他的理论在很多细节方面都有非常详细的论述。笔者在这里只是把他通过商谈来寻求道德共识的探索进行了简单的总结和概括，并没有完全深入哈贝马斯论证的细节中，也没有对哈贝马斯所提出的理论进行必要的批评和反驳。在国内关于哈贝马斯道德哲学理论的研究中，笔者发现，很多学者都将哈贝马斯的道德哲学理解为道德乌托邦的一种重构。例如，人民大学的龚群教授在2003年出版了一本研究哈贝马斯交往伦理思想研究的专著——《道德乌托邦的重构——哈贝马斯交往伦理思想研究》（商务印书馆）。吉林大学关桂琴在2009年5月份提交的博士论文题目为：《通向解放的乌托邦之路——哈贝马斯交往思想研究》。诉诸主体间的交往和沟通来达成道德共识确实有乌托邦的成分存在。虽然乌托邦不是现实中存在的，但是，乌托邦反映了现实中人们的心声。只要我们敢于运用自己的理性，我们还是能够通过对话、交流与沟通达成道德共识的。

---

① 哈贝马斯：《交往行动理论（第一卷）——行动的合理性和社会合理化》，洪佩郁、蔺青译，重庆出版社，1994，第364页。

五、孔汉思的世界伦理构想

公元2000年左右，在人类即将进入下一个千年之际，关于世界伦理的构想成为国内外学术界讨论的一个焦点话题。学术界就普世伦理的问题开展过多次的研讨会，发表过很多与此相关的学术文章。世界伦理之所以能够成为一个焦点话题，在很大程度上是因为"没有世界伦理，则人类无法生存"①，这句话是孔汉思在《世界伦理构想》前言中所说的第一句话。也就是说，世界伦理的构想或者提出在很大程度上是给整个地球上的人类提供生存所要遵守的最为基本的道德原则。如果在整个地球上，人类没有普遍遵守的伦理规则，那么人类必然陷入各种争斗之中。孔汉思在《走向全球伦理宣言》中提出："我们所说的全球伦理，并不是指一种全球的意识形态，也不是指超越一切现存宗教的一种单一的统一的宗教，更不是指用一种宗教来支配所有别的宗教。我们所说的全球伦理，指的是对一些有约束性的价值观，一些不可取消的标准和人格态度的一种基本共识。"②从这句话中，我们可以看出，孔汉思的全球伦理构想其实是希望能够找到所有文明都能够接受的伦理原则，也就是找到所有文明中的道德原则的最大公约数。众所周知，在不同的文明当中，人们信奉的道德观念有很多不同的方面。在不同的文明当中，我们是否能够找到所有文明都信奉的道德原则？我们是否能够找到不同文化中道德原则的最大公约数？在孔汉思看来，虽然人类的文明有很多种，但是，在这些文明的背后，我们可以找到所有文明都共享的一些价值观念，这些共享的价值观念构成了全球伦理可能的基础。在《世界伦理构想》一书中，孔汉思教授系统表达了他关于世界伦理建构的主要思想。孔汉思教授关于世界伦理的构想可以用三句话来表达："没有世界伦理，则没有人类的共同生活；

---

① 汉斯·昆：《世界伦理构想》，周艺译，生活·读书·新知三联书店，2002，第3页，前言。

② 孔汉思、库舍尔编《走向全球伦理宣言》，载《全球伦理：世界宗教议会宣言》，何光沪译，四川人民出版社，1997，第12页。

没有宗教间的和平，则没有世界的和平；没有宗教间的对话，则没有宗教的和平。"①孔汉思既是一位学者也是一位基督教的神学家，他主要从基督教出发，诉诸宗教间的对话来达成道德共识。孔汉思本人也积极与世界范围内不同的宗教信徒展开各种对话。

其实，在很早以前，孔汉思就曾经为构建全球伦理做过很多工作。早在1989年，孔汉思就在联合国教科文组织学术研讨会提交的论文中指出，"没有宗教和平，就没有世界和平"。在1990年2月瑞士举行的达沃斯世界经济论坛上，孔汉思做过一个演讲，题目为"我们为什么需要伦理标准"，在这篇演讲中就提出了"全球伦理"的构想。1991年，他发起成立世界伦理基金会，1993年，他被邀请起草《走向全球伦理宣言》。从20世纪90年代开始，他身体力行，积极参与世界范围内的各种学术活动，积极推进全球伦理的建构。2000年9月，孔汉思在中国人民大学就中国传统伦理与全球伦理问题，与来自中国的20多位学者进行了座谈和研讨。2001年，孔汉思又带着自己的著作《政治与经济的"全球伦理"》与中国学者在第二届中国传统伦理与全球伦理大会上进行了交流。在这一次的讨论上，孔汉思看到了中国传统伦理对全球伦理建构有可能起到的巨大作用。孔汉思在中国文化中找到了全球伦理的核心价值基础，即"和而不同"，同时，将"仁"和"推己及人"作为全球伦理的基本原则②。

当然，在这里有一点需要注意的是，孔汉思在建构全球伦理的过程中，主要强调从各种不同的宗教中来寻找道德共识，而中国的大部分学者在参与到全球伦理构建过程中更多地会强调理性在构建全球伦理过程中所起的作用。当然，也有很多学者会从宗教伦理的角度出发来探讨全球伦理的话题，比如从佛教的角度出发来探讨全球伦理的

---

① 这三句话出现在《世界伦理构想》一书中文版的封面上。《世界伦理构想》一书主要分为三个部分，这三个部分分别围绕这三句话展开论述。

② 以上关于孔汉思为全球伦理所做的工作，参见《文汇报》驻京记者王乐在2009年11月9日第9版上《孔汉思：致力倡导全球伦理的大学者》的相关报道。

问题①。

我们在今天探讨全球伦理的意义更明显，因为现在我们生活在一个全球化的时代，国家与国家之间的联系日益紧密。世界市场已经逐步形成，没有哪一个国家可以将自己封闭起来发展。随着科学技术的迅速发展，特别是互联网、高铁、飞机等技术的发展，地球已经逐渐变成一个"村落"。这样的现状使得对全球伦理的探索成为可能。全球伦理所做的主要工作就是希望能够找到不同文化中的道德共识，而且，全球伦理确实也取得了很大进展。

第三节　价值多元时代道德共识的探索

在本章的第一节和第二节，笔者对道德共识以及道德共识在道德哲学史上的探索进行了阐述。在本节，笔者将详细阐述笔者自己在这个问题上的回答。对于人文社会科学工作者来说，我们今天所处的社会最大的问题聚集点就是社会转型。不管是我们现在所生活的中国社会，还是作为我们参照系的西方社会，都处于社会转型的过程中。在这一社会转型的进程中，过去人们所信任的道德秩序被破坏，人们为

① 万俊人教授为此写作了一本专著，即《寻求普世伦理》，在这本书以及相关的一系列文献中，他主要通过从多元文化对话到理性共识这一方法来寻求普世伦理的建构。按照他的说法，这是一种"弱伦理模式"或低度普世化的立场。这一说法参见万俊人：《普世伦理如何可能》，《现代哲学》2002年第1期，第37–46页。翟振明教授在《为何全球伦理不是普遍伦理》一文中，对通过宗教对话来寻求普遍伦理的做法进行了反驳，提出寻找普遍伦理只能诉诸人类的实践理性。这篇文章载于《世界哲学》2003年第3期。赵敦华教授早在1997年就发表了一篇文章对孔汉思的全球伦理构想提出了各种批评性的意见，参见赵敦华：《也谈"全球伦理"，兼论宗教比较的方法论——从孔汉思的〈全球责任〉谈起》，《哲学研究》1997年第12期，第12–20页。清华大学的圣凯教授曾经写过一篇文章，题目为《佛教伦理：一种全球伦理资源的意义》，发表于《北京行政学院学报》2004年第3期。这篇文章主要探讨了佛教伦理作为一种全球伦理资源的必要性、可能性及其意义。

了适应新的时代要求而构建起来的道德秩序还没有得到大多数人的认同。这种现状就导致这样一种后果：人们对一个行为是否合乎道德和伦理的规范就有了不同的判断，在某些时候这些不同的判断会陷入极端的对立和矛盾之中。在社会转型的过程中，道德相对主义无疑获得了巨大的市场。在本书的第四章，笔者对这一问题曾经进行过详细的论述。道德相对主义一方面给了人们选择的自由和权利；另一方面也让人们无法做出清晰的道德判断，甚至让很多人想当然地认为无所谓善恶判断。人们对很多问题无法给出一个确定的对和错的答案，基本的是非观念、善恶观念被扭曲，整个社会在一定程度上陷入道德的混乱当中。这样下去，整个社会就会陷入危险当中，人们不知道该如何去行动才是对的，甚至有些时候，有些人打着正义的旗号做着危害整个人类社会的事情。

张华夏教授在《现代科学与伦理世界——道德哲学的探索与反思》一书中，曾经尝试建构一套适应于现代社会可能的基本伦理原则，他尝试将当代道德哲学中几个主要学派的观点进行综合，以形成他自己的道德哲学体系。在他看来，当代道德哲学中的功利主义、道义主义和情景主义等几个学派都有各自的问题，但是，如果将这几个学派的各种观点进行一定的综合，可以形成一种更好的伦理学体系。他提出四项基本的伦理学原则以确保现代社会的健康和稳定发展[1]。

有限资源与环境保护原则（R1）：一个调节社会基本结构的原则以及调节政府与公民行为的准则是正当的，它必须趋向于保护生物共同体的完整、稳定和优美，否则就是不正当的。这个原则称为利奥波尔德原则。

功利效用原则（R2）：一个调节社会基本结构的原则，以及调节个人与集体的行为与行为的准则是正当的，它必须趋向于增进全体社会成员的福利和减轻他们的痛苦，否则就是不正当的。这个原则被称为边沁、密尔功利主义原则。

---

① 张华夏：《现代科学与伦理世界——道德哲学的探索与反思》（第二版），中国人民大学出版社，2010，第303页。

社会正义原则（R3）：社会的所有基本价值，包括自由和机会、收入和财富、自尊的基础，都要平等地分配，起码对其中一些价值的不平等分配大体上有利于最不利者。一种调节社会基本结构和人们行为的原则是正当的，它必须符合这个原则，否则就是不正当的。这个原则称为康德–罗尔斯作为公平的正义原则。它包括平等的自由原则、机会均等原则和适度差别原则三者。对于适度差别原则，即最不利者也受益原则，我们加以弱化，并不要求毫不例外地执行，只要求"大体上"如此。

仁爱原则（R4）：一种调节社会基本结构和人们行为的原则是正当的，它就必须促进人们的互惠和互爱，并将这种仁爱从家庭推向社团，从社团推向社会，从社会推向全人类，从全人类推向自然，否则它就是不正当的。我们可以将这个原则称为孔、孟博爱原则，因为它最早是由孔子提出来的。

张华夏教授认为，这四项基本的伦理学原则可以帮助我们建立适应现代社会的伦理价值概念。社会制度和行为规范是否正确的合理标准就是：是否满足这四项基本的伦理学原则，是否能够从这四项基本的伦理学原则中推论出来。笔者尝试着借用一下张华夏教授的思路，重新构建一套适应于现代社会的道德推理模式。当然，笔者所借用的伦理学理论主要有以下五种在伦理学发展历史上影响较大的伦理学说：功利主义、道义论、契约论、德行伦理学以及宗教伦理。这五种伦理学说都有其不同的关于人性的假设，都有不同的形而上学基础，都有不同的关于人的行为的解释。笔者在构建一套新的道德推理模式的时候，并不能完全按照这些理论背后的理论基础来接受和运用这些理论。笔者在构建新的道德推理模式的时候会将这些理论与其背后的理论基础和形而上学假设分离开来。笔者在构建理论的过程中，将道德理解为人行为的规范，也就是说，人应该如何去行动的一些要求。这样一来，笔者考虑的最为核心的要素是一个"道德行为"。笔者在这里所说的"道德行为"主要是涉及价值评判的行为，不涉及价值评判或者跟价值评判没有任何关系的行为并不在笔者所考察的范围之内。对于一个"道德行为",从横向的角度来说,可以分为三个要素,即行为前、行为后和行为者;从纵向的角度来说,一个"道德行为"要考虑的是底线和无限超拔的问题。这样我们就可以从五个不同的角度出发来对一个行为的道德正确性进行衡量。今天,笔者非常清醒地意识到构建道德理论有可能面临的各种困难和诘难。笔者所构建的伦理学体系可以围绕下面这五个要素展开,这五个要素分别对应五种人类历史上最为重要的道德理论和五条道德原则。笔者将在下面的内容中详细展开这一理论建构的探险之旅。

行为超拔

行为前　行为者　行为后

行为底线

这五个要素围绕的核心元素是人的"道德行为"。对于行为前,可以结合道义论来考虑;对于行为后,可以结合功利主义来考虑;对于行为者,可以结合德行伦理来考虑;对于行为底线,可以结合契约伦理来考虑;对于行为超拔方面,可以结合各种宗教伦理来考虑。

对于伦理学这样一个学科来说,这五种伦理学的理论是在西方伦理学说历史上最为重要的五种理论。当然,这五种理论是完全不同的理论,每种理论背后的形而上学预设和人性假设都很不同,这五种理论之间也充满了紧张和冲突。将这五种理论结合起来进行衡量道德行为的正确性本身就是一件充满挑战性的做法。笔者完全清楚,这种做法也会面临很多批评和责难。这也是为什么笔者在进行构建适合我们这个时代的道德推理的时候,强调只是借用这些理论的部分内容,而且要把这些理论的内容与其背后的形而上学假设相剥离。当然,为了能够更好地将这五种不同的理论结合起来,笔者也会对这些理论做出一些改变。在下面的内容中,笔者尝试着从这五个不同的维度出发来构建一套新的道德推理模式。

第一,行为前应该出于善意,不能出于恶意,"己所不欲,勿施于人"。这条道德原则的提出主要参考的是康德在构建其道德形而上学时的做法。众所周知，康德在构建其道德形而上学的时候，将善良意志作为其道德哲学体系的出发点。在康德建构其道德形而上学的思想体系中，善良意志是一个前提，而且是一个大家都能够接受的前提。在《道德形而上学原理》一书第一章的开篇，康德说道："在世界之中，一般地，甚至在世界之外，除了善良意志，不可能设想一个无条件善的东西。理解、明智、判断力等，或者说那些精神上的才能勇敢、果断、忍耐等，或者说那些性格上的素质，毫无疑问，从很多方面看是善的并且令人称羡。然而，它们也可能是极大的恶，非常有害，如若那使用这些自然禀赋，其固有属性称为品质的意志不是善良的话。"①康德所说的这个道理很多人都很清楚，如果没有好的意图，一些性格上令人称羡的素质很有可能成为做坏事的有力帮凶。在我们今天的生活中，我们经常会看到许多高智商犯错的事件。这些人之所以犯错，在很大程度上都是因为其做事的意图出现了偏差。康德从善良意志开始构建其道德形而上学体系，随着其思想的不断深入和展开，康德得出了其道德哲学中最为核心的一条原则，我们今天很多伦理学家也将这条原则称为伦理学金规则。这条金规则在全球重要的文化形态中都能找到类似的表达，在中国文化中的表达是《论语》中的"己所不欲，勿施于人"，在康德那里的表达是："要只按照你同时认为也能称为普遍规律的准则去行动"②或者"你的行动，应该把行为准则通过你的意志变为普遍的自然规律"③。这条原则说得简单一些就是，你想别人怎么对待你，你就怎样对待别人。这条规则强调换位思考，强调站在理性存在者的角度考虑问题，而不只是站在个人的角度考虑问题。

如果每个人在做事的时候都能够站在理性的角度，都能够换位思考，都能够站在他者的角度考虑问题，都能够出于善良意志去做事，笔者相信，这个社会的生活将会变得更和谐，人与人之间的紧张和冲突也不会那么严重。如果每个人都带着好的动机去行动，笔者相信，

① 康德：《道德形而上学原理》，苗力田译，上海世纪出版集团，2005，第8页。
② 康德：《道德形而上学原理》，苗力田译，上海世纪出版集团，2005，第39页。
③ 康德：《道德形而上学原理》，苗力田译，上海世纪出版集团，2005，第40页。

即使这样的行为最后会导致一些不好的结果，大家仍然能够从理性上接受这样的行为。如果有人在做事之前，就带着邪恶的或者损害别人的目的或意图去做事，那么笔者相信，这样的行为即使会产生好的结果，也不会得到大多数人的认同。

第二，行为者应该立足于自我和社群的完善和繁荣来做事，不能立足于自我和社群的堕落和毁灭来做事。这条原则的提出主要源于功利主义的理论。人类不同于动物的地方，恰恰在于人类能够预见，能够对事情进行谋划。在做每一件事情之前，对于一个成熟的有理性的人来说，他一般都会认真考虑这件事情有可能会导致什么样的后果。对于康德伦理学来说，人不同于动物的地方在于人有理性，人的理性总是要求人按照某种准则去做事。当个人的准则能够普遍被所有理性人所接受的时候，个人的准则就变成了道德的原则。功利主义认为人在本质上都是趋乐避苦的，人的理性能力主要体现在对于行为后果的预见上面。当然，有些时候，有些可能会出现的后果或许会超出人们的预料之外。功利主义同样兴起于社会的剧烈变革时期。在西方从神圣社会进入世俗社会的这一转变过程当中，在新兴的资产阶级不断兴起的过程当中，当时的有识之士迫切需要给社会的变革寻找依据。功利主义的提出就是希望能够告诉大家我们进行社会变革的依据到底在什么地方，从而对社会发生的变革进行道德的评价。对于功利主义来说，好的变革和不好的变革之间最大的差别在于是否能够增进整个社会的福利水平。功利主义将"效用"或"幸福最大化"原则当作道德的基础。按照这一原则，如果一个行动倾向于以某种成比例的方式促进幸福，那么该行动就是正确的；如果它倾向于产生幸福的反面即痛苦，那么该行动就是错误的。功利主义的这一原则非常容易被现代人所接受。虽然在今天功利主义受到了很多挑战，比如罗尔斯等学者对功利主义的批评等，但是功利主义仍然是规范伦理学当中非常有影响的学派，而且功利主义这一伦理学流派对整个世界都产生了非常重大的影响。不管我们是否认同，很多人在做出某种决定的时候，一般都会考虑这一行动可能产生的后果，希望产生好的后果大于坏的后果。

功利主义将行为的正确性与是否促进整个社会的福利联系起来。这样的一种关于道德正确性的理解是非常直观的，也不会与我们的常识相违背。正如我们在做事的时候经常所说的那样，"两害相权取其轻"。我们在做事的时候，都会考虑行为产生的后果，如果我们所采取的行为不能够产生好的后果，那么毫无疑问，这样的行为是不合理的，是不太容易得到理性辩护的。这个原则虽然简单清楚，但是我们在用这个原则来指导我们做事的很多时候，面临的最大问题是，我们关于行为后果的判断有些时候并不一定准确。有些时候，我们以为我们是按照产生好的后果的行为去做事，然而，因为我们对于整个事件的理解不够，我们行动产生的后果跟我们行动前的预期并不相同。我们是按照实际产生的结果还是按照预期的结果来评价行动呢？在这个问题上，功利主义的理论家持有不同的观点。一般来说，我们可以区分两种形式的后果主义：一种后果主义按照实际产生的效应来评价后果；另一种后果主义按照预期产生的效应来评价后果。不过，即使会出现这样的情况，我们也不会完全认为按照好的后果去做事无法得到辩护。相反，如果一个人在行动的时候是按照预期的坏的后果去行动，那么我们无论如何也没有办法对这样的行为进行辩护。

第三，行为者在做事的过程中应该按照一个社会所认同的德行来行动，不能违反其所生活社会中大家共同遵守的德行。德行伦理学是古代社会伦理学的主要理论形态。今天的伦理学理论形态主要以规范伦理学为主。在中国过去的思想文化资源中，关于"德行"的培养占据着核心位置。在西方道德哲学发展的源头，不管是苏格拉底、柏拉图还是亚里士多德，他们关于伦理学的思考大部分都跟什么是"德行"以及如何培养"德行"密切相关。

《大学》，作为中国文化中重要的经典，在开篇的时候就说道："大学之道，在明明德，在亲民，在止于至善"，这三条构成了理解《大学》的"三纲"。从这里可以看得出来，在中国古代的教育中，最为重要的是培养人的德行，让人去不断提高修养以成为君子。在西方，如果读者对柏拉图对话录与亚里士多德的伦理学和政治学有所了解的话，就会知道，柏拉图和亚里士多德在他们与伦理学思考相关的文本中，思考最多的就是什么是"德行"以及如何培养"德行"的问题。柏拉图在其代表作《理想国》中，所讨论的核心问题是"正义"这一希腊社会中最为重要的德行。通过对于"正义"这一德行的讨论，确立了希腊社会最为重要的四个德行，即正义、智慧、勇敢、节制。在《美诺篇》中，柏拉图通过苏格拉底之口，讨论的是"美德是否可教"这一重要的问题。在《欧绪弗洛篇》中，讨论的核心问题是什么是"虔敬"。当然，在柏拉图的对话录中还有很多类似的讨论。亚里士多德直到今天仍然是德行伦理学重要的代表者。虽然在20世纪西方伦理学世界出现了很多德行伦理学的倡导者，但是，他们大多将他们的思想源头回溯到亚里士多德所建构的德行伦理学传统之中。在现有的人类文明史上，德行伦理学一直都是一种主要的伦理学理论形态。

规范伦理学是我们现在社会的主流伦理学形态，主要关注的问题是人到底该怎样行动才是对的。规范伦理学所做的主要事情就是给人的行为提供正确与错误的标准。德行伦理学在这方面不同于规范伦理学，德行伦理学讨论的核心问题有两个：一是"成为一个怎么样的人"，二是"人应该过一种怎么样的生活"。德行伦理学之所以能够在现代社会复兴，在很大程度上是因为这样一个事实：不管我们确立多么完备的法律条文和道德规范体系，那些对规则缺乏敬重的人总是能够找到法律条文和道德规范的漏洞。如果人没有好的德行，那么再完备的法律与道德都无法保证社会良序运转。相反，如果一个人有足够好的德行，即使社会的制度存在一些漏洞，他也不会利用这些漏洞来为自己谋福利。社会的良序运转，不仅需要完善的社会制度安排，还需要培养人的德行。

在现代社会，我们在说"道德"的时候，很多时候都指向的是某种行为规范，并不会指向某种"德行"或"品德"。但是，我们知道，在传统社会，人们在说"道德"的时候，大多指向的是某种"德行"或"品德"。当然，即使是在今天，我们也不能说"德行"或"品德"在道德哲学中没有位置。众所周知，从20世纪50年代开始，在西方伦理学研究中有一种非常明显的趋势，即"德行伦理学"的复兴。英国学者安色库姆所发表的《现代道德哲学》[1]一文被公认为是当代美德伦理学复兴的开端。当然，也有学者将"德行伦理学"当作规范伦理学的一种，比如当代美德伦理学家罗莎琳德·赫斯特豪斯。她在1999年出版了一本名为《美德伦理学》的著作，在这本书中，她对美德伦理学有一个非常大的贡献，她告诉人们，美德伦理学可以和规则伦理学一样，能够为人们的行为正确性提供必要的指导[2]。不过，我们很容易看到，德行伦理学在很多方面并不同于规则伦理学。即使是在今天，我们仍然需要重视德行的培养。

党的十八大报告在谈到教育问题时，不仅把教育放在改善民生和社会建设的首位，而且对教育的使命进行了一个明确的定位，指出："把立德树人作为教育的根本任务，培养德智体美全面发展的社会主义建设者和接班人。"首次确立"立德树人"为教育的根本任务，是对党的十七大"坚持育人为本、德育为先"教育理念的深化。教育绝不只是知识的传授，教育更重要的还有品格、德行的培养。在新时代，我们在强调立德树人的时候，不仅要求教育工作者教给学生知识和技能，还要把社会主义核心价值体系融入整个教育体系之中，引导学生树立和践行富强、民主、文明、和谐，自由、平等、公正、法治，爱国、敬业、诚信、友善的社会主义核心价值观。

第四，行为者在做事的过程中应该遵守最起码的道德底线，不能违背最低限度的道德底线。这条原则的提出主要受益于底线伦理这样的伦理学说，底线伦理这样的思想在中国的倡导者是北京大学的何怀宏教授。何怀宏教授在1998年出版了一本专著，书名就是《底线伦理》。何怀宏教授所说的底线伦理主要指的是什么呢？他为什么要倡导

---

① G.E.M. Ansecombe, "Modern Moral Philosophy," in *The Collected Philosophical Papers of G.E.M. Anscombe, iii. Ethics, Religious and Politics* (Oxford: Basil Blackwell. 1981), pp.26-44.

② 关于罗莎琳德的这一论证，详细参见 Rosalind Hursthouse, *On Virtue Ethics* (New York: Oxford University Press, 1999), pp.28-29.

底线伦理呢？在《一种普遍主义的底线伦理学》一文中，何怀宏教授对他所倡导的"底线伦理"进行了简单的介绍。首先，何怀宏教授指出，在传统社会，不论是东方还是西方的传统社会，道德大多数都是针对少数精英或者贵族的要求，而在现代社会，毫无疑问，道德应该是适应于所有人的，所有人在道德面前都是平等的。其次，按照何怀宏教授的说法："所谓道德'底线'是相对于人生理想、信念和价值目标而言的，人必须先满足这一底线，然后才能去追求自己的生活理想。"①也就是说，道德底线是做事最为基础、最为优先的部分。当然，强调不能突破道德底线并不意味着反对人们追求崇高和神圣。何怀宏教授说道："但强调道德的底线并不是要由此否定个人更崇高更神圣的道德要求，那完全可以由个人或团体自觉自愿地在这个基础上开始，而那些追求不应再属于可以在某种范围内有法律强制的社会伦理。"②何怀宏认为："作为社会的一员，即便我思慕和追求一种道德的崇高和圣洁，我也须从基本的义务走向崇高，从履行自己的应分走向圣洁。"③也就是说，何怀宏所提出的底线伦理其实是给人的行为设定了一条不能够突破的红线。在做事的时候，不管一个个体是怀着怎样崇高的理想和怎样神圣的追求，如果去做伤害别人的事情，无论如何都不能在道德上得到辩护。有一些最为基本的道德规范，无论在什么情况下都应该被遵守。对于这种底线伦理，何怀宏教授总结道："这种底线伦理学同时也是一种普遍主义的伦理学，它要面向社会上的所有人，对社会的每一个成员提出要求，而不是仅仅要求其中的一部分人——不像较为正常的传统等级社会那样仅仅要求其中最居高位或最有教养的少数人，也不像在历史上某些特殊的过渡时期、异化阶段那样仅仅要求除一个人或少数人之外的大多数人。"④通过何怀宏教授对"底线伦理"的这一总结，我们可以看到，何怀宏关于道德的这种理解跟罗

① 参见何怀宏：《底线伦理》，辽宁人民出版社，1998，第4页。

② 参见何怀宏：《底线伦理》，辽宁人民出版社，1998，第5页。

③ 参见何怀宏：《底线伦理》，辽宁人民出版社，1998，第5页。

④ 参见何怀宏：《底线伦理》，辽宁人民出版社，1998，第6页。

尔斯在《正义论》中所强调的"重叠共识"有很大的相似之处。何怀宏也坦然承认："我（指的是何怀宏本人）遵循的方向可能大致也正是西方从康德到罗尔斯、哈贝马斯探寻一种共识伦理的方向，这一探寻也为世界上各个文明、各种宗教、各个民族的思想者所共同承担。"①

笔者在这里所说的底线伦理是一种什么样的伦理要求呢？笔者认为，在人们的行为当中，有些底线性的东西是不能触碰的，比如，不能伤害别人，不能侵犯别人，不能侮辱别人等等。而且，对于每一个成年人来说，这是行为的红线。只要突破了这样的红线，哪怕为了某个高尚或理想的目的，也无法在道德上进行辩护。每一个人在社会上都拥有一些不可以被侵犯的权利。当然，笔者在这里所说的主要指的是生活中属于道德领域的行为，并不包括法律领域中的行为或者军事领域中的行为。对于那些触犯了法律的恶徒来说，必要的惩罚还是需要的。当然，我们在给行为树立底线的同时并不能仅仅将目光锁定在底线的寻求上。作为万物之灵，我们还要给自己更高的追求。我们不能仅仅坚守道德底线，碌碌无为，混吃等死，浪费自己的生命和才华，对于崇高目标和理想信念的追求还是应该要有的，但是不是完全被界定下来的。

第五，行为者在做事的过程中应该对超验的维度有所敬畏，不断提升自己。这条原则的提出主要受益于人类文明史上形形色色的宗教伦理。众所周知，在当今世界，存在各种各样的宗教。按照宗教学教科书的说法，在当今世界上，拥有各种宗教信仰的人占全球人口的比重仍然很大。当然，在中国，我们现在各种宗教信徒的人数并不是特别多。大部分中国人都是无神论者，不太相信各种宗教。在这里，笔者并不是想探讨是否应该信仰宗教的问题或者信仰哪种宗教的问题，笔者想要阐述的是，很多道德规范的来源跟宗教信仰是密不可分的，跟神圣的存在或维度也是紧密相关的。

在很多普通人的眼中，大多数宗教都是对某个神的信仰，其实宗

---

① 参见何怀宏：《底线伦理》，辽宁人民出版社，1998，第9页。

教的主要内容也包含一套完善的道德规范体系。在人类文明史上留下
重要足迹的宗教大多都有一套完整的道德规范体系，规定信徒的行为
准则。普通大众对于宗教比较直观的认识在很多时候都跟这些宗教所
主张的伦理规范有关。正如池田大作和威尔逊所说的那样："宗教既直
接在教义中阐述伦理规范，又以教义为依据，间接地制定了各种伦理
规范。总之，宗教在现实社会中所表现出的影响力主要在于它的道德
规范，另外，道德规范也是宗教的坚实基础。"①恩斯特·卡西尔在其
名著《人论》中曾经说过："事实上，从一开始，宗教就必须履行理论
的功能同时又履行实践的功能。它包含一个宇宙学和一个人类学，它
回答世界的起源问题和人类社会的起源问题，而且从这种起源中引出
了人的责任和义务。"②从这两段引文中，我们可以清楚地看出，宗教
信仰和道德规范密切相关。在传统社会，人们所遵守的道德规范大多
都能找到神圣的信仰来源。宗教信仰在很大程度上构成了人们道德规
范最为直接和根本的来源。

　　笔者曾经在《甘肃社会科学》上面发表过一篇与这一话题相关的
论文——《信仰缺失之维下的道德失范》。这篇文章也是笔者所从事的
国家社科基金研究的阶段性成果。在这篇文章中，笔者针对我们今天
生活中的种种道德失范现象进行了分析。在笔者看来，在当今中国人
的生活中，道德失范这样的问题随处可见，从与我们每个人密切相关
的食品安全到政治经济生活中的各种腐败现象。面对社会生活中道德
失范现象的严重挑战，我们到底该何去何从？在笔者看来，我们在分
析道德失范的过程中，一直忽视了信仰的维度。如果人们不是发自内
心地按照道德规范的要求来办事，那么道德规范只能是外在的。"只有
发自内心地对某种道德的规范和价值有了信仰，将道德的规范和价值
看作是内在于我们自身的追求，我们才能从根本上解决道德失范的问

---

① 池田大作、威尔逊：《社会与宗教》，梁鸿飞、王健译，四川人民出版社，
1996，第414页。
② 恩斯特·卡西尔：《人论》，甘阳译，上海译文出版社，1985，第120页。

题。"①在文章中，笔者通过对中西方伦理学史进行的简单梳理，指出："伦理学的存在跟某种类型的信仰存在紧密的关联。伦理行为之所以可能的初始条件乃是对某种信仰的预设，只有预设了某种信仰，伦理才有了基础和根据，人的行为才有发生一种伟大颠倒——从自然本能的行为翻转到伦理道德的行为——的可能，因此，在道德哲学的意义上，伦理中的'信仰'层面是必不可少的，信仰是伦理行为得以可能的首要条件。"②如果我们抛弃信仰的层面，那么我们在精神生活中会面临严峻的后果，道德规范将失去最为重要的根基。没有了信仰的层面，正如俄国作家陀思妥耶夫斯基所说，"没有了上帝，没有什么是不能干的"。

在笔者看来，道德失范的现状在很大程度上跟我们所面临的信仰危机有关。为了解决道德失范问题，我们需要重视我们的精神生活中的信仰层面。虽然中国是一个无神论的国家，但是我们并非没有精神、没有信仰，我们更看重精神对于物质世界的能动作用。正如笔者在文章中所说的："伦理道德并非底线的东西，也不是为了利益最大化而采取的权宜之计。如果想让我们的伦理学有坚实的根基，就必须重新对奠定伦理学基础的信仰世界进行必要的思考。"③

在文章的最后部分，笔者指出重构精神信仰家园的三条路径：首先，要体认神圣层面；其次，要立足于我们由之而来的传统；最后，要尊重每个人独立自由的发展④。关于这三条路径的一些具体内容和具体分析，如果读者感兴趣可以在期刊网上下载笔者在这里所提到的那篇文章。现在，我们重新回到我们所探讨的核心问题。

---

① 张言亮、陈瑾：《信仰缺失之维下的道德失范》，《甘肃社会科学》2013年第3期，第50页。

② 张言亮、陈瑾：《信仰缺失之维下的道德失范》，《甘肃社会科学》2013年第3期，第50页。具体论证过程主要在文章的第二部分当中。

③ 张言亮、陈瑾：《信仰缺失之维下的道德失范》，《甘肃社会科学》2013年第3期，第50页。

④ 张言亮、陈瑾：《信仰缺失之维下的道德失范》，《甘肃社会科学》2013年第3期，第52页。

对于我们在日常生活中的道德行为来说，我们不能只是关注道德底线的内容，只是为道德行为设定一条或几条不能够突破的底线就足够了，我们还需要不断提升自己，不断地克服自己身上的惰性和各种缺点，让自己不断走向完美。虽然我们生活在一个无神论的国家，我们不会去关注各种宗教信仰方面的问题，但是我们同样需要重视我们的精神世界、我们的信仰世界。在中国这样一个无神论的语境之中，我们谈论信仰问题更多的是对精神生活和价值观念的认同。在中国现有的语境当中，我们并非没有精神信仰的维度。举个简单的例子，自从党的十八大以来，我们不断强调社会主义核心价值观建设，这其实在很大程度上就是在全社会凝聚道德共识、建设精神家园和信仰家园的努力。正如我们经常在一些媒体上看到的，"人民有信仰，国家有力量"。信仰是力量之源，没有精神信仰，很多时候人就会变成行尸走肉，没有了精神上的依靠，在现实生活中很容易迷失方向。精神力量具有强大的反作用，强大的精神力量很多时候可以创造出条件，让不可能实现的事情变得可能。

上面部分就是笔者尝试着构建的一套寻求道德共识的理论。当然，这些理论的基本思想都在人类历史上被不同的思想家表达过。笔者所做的创新主要是将这几种不同的理论结合起来用以判断行为的道德正确性，这种结合主要是通过对行为的不同方面的分析来做到的。对于上述这五条不同的道德原则，笔者可以进一步凝练为以下的一句话：如果一个行为在道德上是正确的，那么这个行为必须不能突破道德底线，是出于善意、产生了好的结果的，并且行为者是一个具有德行的人，不断提升自己的道德修养和精神境界。笔者认为，第五条原则并不是现代社会判断一个行为是否在道德上是正确的必要条件。一个非常重要的原因就是我们现在生活在一个世俗世界，不是一个宗教世界，我们的行为也并不需要宗教来进行担保。关于宗教伦理或信仰伦理部分并不是一个行为在当今社会是否在道德上具有正确性的必要条件，但是，作为个人，笔者还是希望人不能仅仅将目光集中在是否突破道德底线这个问题，作为人还需要有更高的精神方面的追求。在设计这样一个体系的时候，之所以把宗教伦理加进去，在很大程度上是因为理论完备性的需要。最为重要的是，信仰维度的加入可以让笔者所建构的这一道德哲学的理论有了提升和超拔的空间。

对于笔者来说，构建这样一个新的理论以判断和解释行为的道德正确性面临一些风险。笔者相信，很多对伦理学这一研究比较熟悉的学者也会对笔者这样的做法提出一些批评。在笔者看来，构建的这一道德理论可能面临的风险和批评主要有以下几点：第一，这一理论是由五种不同的道德理论构成的，这五种理论中的每一种理论在很多方面都是不同的，而且，这五种理论之间也是经常有各种各样的紧张和冲突。我们经常会看到，规范伦理学批评德行伦理学和宗教伦理学，底线伦理学批评宗教伦理学，作为规范伦理学主要形态的功利主义和康德伦理学之间也是经常互相批评。这样一来，这五种理论如何能够很好地融合在一起成为一种新的理论？第二，宗教伦理已经成为过去式了，现在即使是在有宗教信仰的国家，宗教伦理所起的作用也是非常有限的，在我们现在所生活的世俗时代，根本就不需要考虑宗教伦理的内容。第三，对于德行伦理来说，现在面临的最大的问题是，在现代社会，什么是"德行"是一个需要回答的问题。现代社会的伦理更多的是以一种规范的形式存在的，只要一个人不去伤害别人就行了，没有必要对这个人的德行提出更多的要求。在现代社会，我们也没有资格对一个人的德行提出要求。第四，在现代社会，我们如何判断一个人是否具有德行？我们在现代社会是否还能找到一个可靠的指标体系来判断一个人是不是一个有德行的人？第五，这一道德原则是由五条不同的理论以一种新的方式结合而成的，如果这五条理论对同一个行为产生互相矛盾的判断该如何处理？比如说，对于一个行为，从功利主义的角度来说在道德上是正确的，但是，从康德伦理学的角度来说，这样的行为在道德上是不正确的，这个时候我们该如何去判断这样的行为在道德上的正确性？我们知道，在伦理学发展的历史上，不同的道德原则对于同样一个行为在道德上是否正确确实会做出不同的回答。第六，这五条道德原则之间是否存在一定的次序，是否像罗尔斯所说的那样有一个判断的优先顺序？我们用这五条原则来对行为进行检测的时候，我们是否能够按照一定的次序来展开？按照不同的次序是否会导致自相矛盾的答案？

这是笔者站在读者的角度想到的可能面临的挑战和质疑。当然，笔者相信，在不久的将来，等笔者的这一探索顺利出版之后，不同的读者看到笔者的这一道德推理模式，应该还会有一些新的质疑。笔者先就想到的这些可能的质疑给出一些简单的回答。

对于提到的第一个问题，笔者是从道德行为的不同方面将这五种理论很好地结合起来的。在笔者看来，这五种不同的道德理论恰好可以从人的行为的不同侧面来解释一个行为是不是道德的。当然，细心的读者也会发现，笔者在使用这五种理论的时候，其实对这五种理论都做出了一些改变，而且笔者抛弃了这五种理论背后的形而上学预设和人性预设。

对于提到的第二个问题，笔者将宗教伦理的内容做了很大的改变。笔者并不会从任何一种现有宗教的角度出发来谈论道德规范的问题，而是用精神信仰替代了人类历史上存在的各种宗教。在革命战争年代，很多革命先烈为了自己的理想信念，不惜牺牲自己的生命。在现在的和平年代，我们经常看到，很多人也是非常重视精神信仰和精神文明建设的。

对于第三个问题，在现代社会是否还要强调一个人的德行？就笔者个人来说，个人德行还是非常重要的。对于中国人来说，我们在评价别人的时候，经常首先评价一个人的人品如何。在选拔官员的时候，从理论上来说，我们也要首先看一下这个人的人品如何。在日常的生活中，我们总是喜欢跟靠谱的人在一起。

对于第四个问题，即在现代社会，我们如何判断一个人是否有德行。笔者个人觉得，判断一个人是否有德行，首先是看这个人的行为是否有违背社会所倡导的各种德行。对于个人来说，我们可以按照社会主义核心价值观在个人价值方面的体现来进行判断，比如爱国、敬业、诚信、友善。如果我们进一步上升到理论层面，笔者个人觉得，麦金太尔在《追寻美德：伦理理论研究》一书中所提出的关于"德行"
的理解可以很好地用来判断一个人是否具有德行。麦金太尔在《追寻
美德：伦理理论研究》一书的第十九章中，对于什么是"美德"给出
了自己的理解："首先，将诸美德视为获得实践的内在利益所必要的诸
品质；其次，将它们视为有助于整个人生的善的品质；再次，显示它
们与一种只能在延续中的社会传统内部被阐明与拥有之对人来说的善
的追求之间的关系。"①如果我们按照麦金太尔关于什么是美德的理解
来看待今天的德行的话，那么一个人所具有的德行首先能够让人获得
内在的善，而不是外在的善。其次，这种德行使人保持一种人生的统
一性，有助于实现整个人生的善，而不是让人陷入分裂之中。最后，
这种德行必须在独立的传统之中得到理解，并且这种德行能够有助于
整个传统的延续性。

对于第五个问题，笔者认为，对于不同的道德理论来说，它们有
些时候在同一行为是否具有道德正确性的看法上确实存在一些争议。
有些时候，不同的道德理论得到的答案甚至是互相矛盾的。假设会出
现一些互相矛盾的情况，我们需要具体问题具体分析。笔者认为，这
五条原则是从行为的不同角度出发来解释行为的，很多时候是可以避
免出现分歧的。当然，假设出现了互相矛盾的情况，笔者个人觉得，
我们可以从各条原则优先性的角度出发来解决这样的争端。这五条原
则之间的优先顺序问题涉及第六个问题的回答。在对第六个问题的回
答中，笔者将给出这五条原则之间的优先顺序。

对于第六个问题，笔者认为，在判断一个行为是否道德这个问题
上，这五条原则之间应该是有一条优先顺序的。第一，任何行为都不
能突破道德底线，突破道德底线的行为毫无疑问是无法得到辩护的。

① 麦金太尔：《追寻美德：伦理理论研究》，宋继杰译，译林出版社，2003，第
347页。麦金太尔构建其美德理论主要在《追寻美德：伦理理论研究》一书的第十四
章。在第十四章中，麦金太尔有非常详细的展开过程。在第十九章中，麦金太尔主要
是回应一些学者对于第一版的批评。在这段引文中，有一个翻译译者处理得不是很
好，即关于"内在利益"的译法。在麦金太尔的文本中，对应的英文说法是"inner
good"，这个说法翻译为"内在善"更恰当一些。

第二，在做这一行为之前，如果是带着恶意，不是从善良意志的角度
出发的，那么这样的行为也是无法得到辩护的。第三，这个行为必须
产生好的结果，如果这个行为会导致不好的结果或者在事实上产生了
不好的结果，对自己和社会都带来了很多威胁或恶果，那么这样的行
为也是无法在道德上得到辩护的。第四，这个行为者本人应该是具有
德行的人，对于一个没有德行的人来说，他所做的很多行为很难在道
德上得到辩护。第五，笔者希望，对于一个有德行的人来说，他应该
不断地加强自己在德行方面的修养，不断提升自己的道德境界。这一
条是对个人在道德上更高的要求，不是必需的要求。只要一个人做到
前四条，即使没有做到第五条，笔者认为也是可以在道德上进行辩
护的。

以上就是对笔者所设想的可能遇到的六个问题的回答。为了进一
步检验笔者所构建的这一道德理论的有效性，我们可以选一个在当今
人们生活中充满争议的道德难题来进行一下检验。当然，我们可以将
这一道德理论用于现在所面对的所有有争议的道德难题的解决当中。
笔者曾经尝试着在应用伦理学这门课程中用笔者所构建的这样的道德
推理模式来解决现在应用伦理学中所面临的各种道德难题。笔者认为，
笔者所构建的这套道德推理模式确实能够让人们在各种道德难题当中
做出正确的选择，找到正确的答案。

第四节　小　结

在这一章中，笔者尝试着构建一种理论以解决道德相对主义的挑
战。为了解决道德相对主义的挑战，笔者认为，我们首先需要确立道
德共识。如果我们能够在价值多元的社会中凝练道德共识，那么道德
相对主义就不会构成挑战，行为的对错与善恶就能够得到明确的答案。
笔者在介绍了学术界关于"道德共识"的一些简单回答之后，对什么

是道德共识给出了自己的回答。简单来说，笔者所说的"道德共识"主要是在一个确定的时间和空间范围内，人们能够共同认可对某一确定范围内道德规范和道德评价的标准。这样一种共同认可意味着人们对行为对错能够在很大程度上达成共识。也就是说，在一定的时空范围之内，人们对一个行为的对错是可以进行理性判断和理性评价的。

其次，笔者探讨了在整个20世纪伦理学发展过程中，一些非常有影响的学者在寻求道德共识方面所做的努力。笔者主要选取了五位在当代伦理学发展中具有重大影响的学者在寻求道德共识方面所做出的探索。这五位学者分别是理查德·黑尔、约翰·罗尔斯、阿拉斯戴尔·麦金太尔、尤尔根·哈贝马斯以及孔汉思。这五位学者分别从不同的立场出发，提供了不同的达成道德共识的有效路径。

最后，笔者尝试着构建一套道德推理的模型来寻求在现代社会达成道德共识的有效途径。笔者在构建理论的过程中，将道德理解为人行为的规范，也就是说，人应该如何去行动的一些要求。这样一来，笔者考虑的核心要素是一个"道德行为"。笔者在这里所说的"道德行为"主要是涉及价值评判的行为。对于不涉及价值评判或者跟价值评判没有任何关系的行为并不在笔者所考察的范围之内。对于一个"道德行为"来说，从横向的角度，可以分为三个要素，即行为前、行为后和行为者；从纵向的角度，一个"道德行为"要考虑的是底线和无限超拔的问题。这样我们就可以从五个不同的角度出发来对一个行为的道德正确性进行衡量。笔者所构建的伦理学体系可以围绕五个要素展开，这五个要素分别对应人类历史上五种重要的道德理论和五条道德原则。为了理论建构的需要，笔者对这五条原则分别做了一些改动，提出如下五条原则：第一，行为前应该出于善意，不能出于恶意，"己所不欲，勿施于人"。第二，行为者应该立足于自我和社群的完善和繁荣来做事，不能立足于自我和社群的堕落和毁灭来做事。第三，行为者在做事的过程中应该按照一个社会所认同的德行来行动，不能违反其所生活社会中大家共同遵守的德行。第四，行为者在做事的过程中应该遵守最起码的道德底线，不能违背最低限度的道德底线。第五，行为者在做事的过程中应该对超验的维度有所敬畏，不断提升自己。对于上述五条不同的道德原则，笔者可以进一步凝练为下面的一句话：如果一个行为在道德上是正确的，那么这个行为必须不能突破道德底线，是出于善意、产生了好的结果的，并且行为者是一个具有德行的人，不断在提升自己的道德修养和精神境界。在这五条原则之间有一个基本的优先顺序，顺序是：第四条原则、第一条原则、第二条原则、第三条原则、第五条原则。笔者在构造了这一达成道德共识的有效原则之后，设想了可能面临的一些批评和挑战，并且对这些批评和挑战进行了回应。

第 七 章

结　语

笔者在这本书中所有的努力都是围绕着道德相对主义这一问题而展开的。在本书的最后一章，笔者将概括和总结在前面章节中所做的论证工作，梳理各个章节提出的核心观点，并对如何克服和解决现代社会的道德相对主义这个问题给出自己的回答。

在第一章中，笔者借用当代著名哲学家查尔斯·泰勒《现代性之隐忧》[①]一书的标题，从道德相对主义之隐忧开始谈起。查尔斯·泰勒在《现代性之隐忧》这本著作中所做的主要工作就是对现代性价值的反思。在查尔斯·泰勒看来，我们今天的现代文化跟启蒙运动以来所倡导的个人主体性密切相关。主体性的凸显在对抗神道主义以弘扬人道主义方面确实起了非常大的作用，也在很大程度上改变了人类的生活方式，刺激人们创造了非常灿烂的物质文明和精神文明，但是，主体性的凸显也给人类带来了非常大的隐忧。正如刘

---

① 这本书还有一个译名是《本真性的伦理》，这两个不同译名的书都是程炼教授翻译的。《现代性之隐忧》由中央编译出版社出版，《本真性的伦理》由上海三联书店出版。

擎教授在《本真性的伦理》一书的中文版导言中所说的那样："基于个
人自主性的现代文化源自一种历史性的深刻转变，人们由此获得了一
种崭新的'自我理解'，带来了空前膨胀的个人权利和自由。这是现代
性的重要成就，但同时也造成了严峻的混乱、道德规范的失序以及人
生意义的迷失。这是所谓'现代性之隐忧'的要害所在。"①刘擎教授
确实很好地把握了查尔斯·泰勒在《现代性之隐忧》这本著作中所要
探讨的主要问题。在《现代性之隐忧》这本书中，查尔斯·泰勒也花
了相当大的篇幅来谈论相对主义的问题。当然，泰勒所说的相对主义
并不只是道德上的相对主义，而且也是认识论上的相对主义。笔者在
本书中所做的工作主要是围绕道德相对主义来展开论述，在笔者看来，
道德相对主义已经在我们当代人的生活中产生了实实在在的影响，并
不只是停留在教科书或者哲学著作中的理论。在第一章中，笔者首先
阐述了道德相对主义给我们这个时代所带来的挑战。其次，笔者对当
代道德相对主义的研究做了比较详细的文献综述。这一文献综述不仅
包括笔者所能读到的一些国外的研究文献，而且包括国内的一些研究
文献。如果读者认真阅读这一文献综述，就会明白笔者所谈论的道德
相对主义问题确实是20世纪以来在道德哲学发展史上不得不面对的一
个非常重要的理论问题。通过这一文献综述，读者也能明白道德相对
主义在整个当代道德哲学探究中的重要性。最后，笔者交代了一下本
书主要解决一些什么问题，本书的章节目录以及本书在研究中所使用
的方法。

　　在本书的第二章中，笔者所要解决的主要问题是到底什么是"道
德相对主义"，对"道德相对主义"进行界定。笔者曾经于2009年与卢
风教授合作在《道德与文明》上发表过一篇类似的文章，这篇文章的
题目是《道德相对主义的界标》，本书第二章的大部分内容是在这一篇
文章的基础上进一步修改完善而成的。在第二章中，笔者将曾经发表
过的那篇文章由不到一万字扩展到差不多四万字。当然，在笔者写作

———————————

　　① 刘擎：《没有幻觉的个人自主性》，载查尔斯·泰勒《本真性的伦理学》，程炼
译，上海三联书店，2012，中文版导言第2页。

第二章的过程当中，对以前的那篇文章也做了一定的修改，并非完全照搬过来。因为"道德相对主义"这一术语由"道德"和"相对主义"这两个核心词汇构成，所以笔者首先对"相对主义"这个术语进行了考察，接着对"道德"这个术语进行了考察。对这两个关键术语的考察主要是通过对哲学史的叙述来展开的。在考察完这两个基本术语之后，笔者尝试着给"道德相对主义"下一个明确的定义。在给出笔者关于"道德相对主义"的界定之后，为了让读者更好地把握"道德相对主义"这个概念，笔者又从三个不同的维度对"道德相对主义"进行了进一步的说明。这三个维度分别是：关于"道德相对主义"的几个区分；"道德相对主义"的对立面以及"道德相对主义"的"家族相似概念"。通过从这些不同维度的阐述，笔者希望将"道德相对主义"这个复杂含混的概念明确起来，这样以后的讨论就不会误入歧途。

在本书的第三章中，笔者主要从中西方两个不同的维度出发梳理了道德相对主义在中西方不同文化背景中发展的历史谱系以及道德相对主义可能存在的不同类型。笔者对道德相对主义在中国的发生谈论较少，因为在笔者看来，道德相对主义更多的是一个西方的问题，在中国的历史上，对这个问题中国学者谈论也较少。在西方伦理学发展的历史中，道德相对主义是一个有着广泛影响的话题。笔者在写作这部分内容的时候，参考了聂文军教授在《西方伦理相对主义探析》一书中所做的部分工作。当然，因为对道德相对主义有着不同的理解，笔者并不完全赞同聂文军教授在其著作中关于道德相对主义的有些看法。笔者主要参考聂文军教授关于道德相对主义历史发展的不同阶段的区分，将道德相对主义的历史脉络区分为以下几个阶段，即道德相对主义的萌芽阶段、道德相对主义在近代的发展阶段、道德相对主义在当代发展的高潮阶段。在这一章的最后部分，笔者参考聂文军教授的一些划分，总结了部分道德相对主义的不同类型。

在本书的第四章中，笔者主要分析了道德相对主义能够在现代社会流行的主要理论依据。笔者曾经于2011年在《科学·经济·社会》杂志上发表过一篇类似的文章，这篇文章的标题是：《浅析道德相对主

义在现代社会愈演愈烈的原因》。在这篇文章中，笔者主要从三个维度
对道德相对主义在现代社会愈演愈烈的原因进行了认真的分析，这三
个维度分别是：文化上的多元主义、现代价值对传统价值的颠覆以及
后现代主义思潮的肆虐。在本书的第四章中，笔者在这篇文章的基础
上进一步深化了自己的研究，对以前所提到的三个维度进行了更深入
的挖掘，同时，又增加了三个新的维度，即事实与价值的分裂、社会
转型以及现代科学技术的发展给人类的道德实践带来的挑战。这六个
维度是学理上支撑道德相对主义在现代社会流行的主要根据。当然，
这六个不同的维度也是道德相对主义能够在现代社会流行比较合理的
解释。

　　本书的第五章主要围绕第四章来展开。在本书的第五章中，笔者
所要做的主要工作是对六个道德相对主义存在的学理上的依据进行逐
条的批驳。虽然我们可以为道德相对主义在现代社会的蔓延甚至泛滥
找到各种各样的解释，但是这些解释的理由在学理上并非无懈可击，
并非代表着必然的真理。毫无疑问，正是凸显个人主体性和理性的现
代社会的到来使道德相对主义问题变成一个严峻的问题，但是，现代
社会并不必然支持道德相对主义，诉诸个人理性的道德哲学也未必不
想寻求道德的客观性和有效性。只是在现代精神指引之下的道德哲学
家们到目前为止还没有构建出一套合适的道德哲学。当然，如果把目
光转向康德哲学，我们会发现，康德哲学所塑造的道德哲学体系在很
大程度上是可以作为现代人道德哲学的基础来进行讨论的。只是康德
哲学有着其自身时代的烙印，他的有些观念在今天并不一定适合，但
是，他诉诸个人的实践理性来构建道德哲学体系的做法在今天仍然值
得借鉴。如果读者对20世纪以来的伦理学有所了解，就会发现在20世
纪伦理学的发展历史当中，重要的道德哲学思潮仍然与康德的道德哲
学有关。不管是美国的罗尔斯还是德国的哈贝马斯，他们在伦理学方
面的建构都深受康德伦理学的影响，都可以看作是康德伦理学在20世
纪复兴的产物。当然，在20世纪出现了很多道德哲学流派，虽然有些
流派未必以康德的伦理学作为其建构的基础，比如以当代美国哲学家

麦金太尔为代表的亚里士多德主义的复兴者，他们仍然以反对道德相对主义为己任。很多从基督教立场来理解道德哲学的学者也是道德相对主义坚定的反对者。在现代社会，有不少学者在理论上捍卫道德相对主义，比如美国学者吉尔伯特·哈曼、戴维·王，澳大利亚学者约翰·麦凯，但是，这些道德相对主义的捍卫者仍然无法匹敌道德相对主义的反对者。读者可以通过第一章中的文献综述部分对这一现状有所了解。事实与价值的二分在很大程度上构成了道德相对主义的理论基础。事实与价值的二分将价值问题完全变成个人主观的表达，而事实与价值二分这样的命题在当今社会也很容易找到支持者，但是，事实与价值并不像现代人所想象的那样是完全二分的。在今天，已经有很多学者对事实与价值二分这样的命题展开了批评。笔者比较认同很多学者在这个问题上面所做的工作，赞同事实与价值并不是截然二分，在很多时候，事实与价值是纠缠在一起的，很难完全将这两者区分清楚。从道德文化多样性的事实也并不必然能够得出道德相对主义一定是正确的这样的结论。道德文化的多样性只能说明在不同文化中，人们对什么样的行为是道德的行为有不同的理解，但是，不管是哪种文化，都需要认同一定的秩序，都需要为自己的行为找到足够的理由。后现代文化或者后现代主义思潮未必会成为现代人的选择。后现代文化本身缺乏有效的建构，后现代文化的支持者更多的是在后现代的名义下对现代价值进行批评和攻击。在最近十年中，后现代主义思潮并没有形成取代现代性思想的潮流，也没有这种可能性。社会转型虽然在很大程度上促进了道德相对主义的成长，但是，社会转型并不是一个社会发展的正常状态。如果一个社会一直处于社会转型当中，那么生活在这样的社会中的人们将无法忍受社会规范的不稳定和社会价值观的不稳定。人们总是带着自己对未来的预期来做出判断和行动，如果社会一直处于变动当中，那么人们将不知道能够预期什么，人们也会失去自己的判断力。科学技术作为第一生产力确实在不断塑造着人们的生活、改变着人们的生活，并且不断冲击旧有的道德规范，不断形成新的道德要求。但是，科学技术需要道德哲学的指引，没有道德哲学的指引，说不定科学技术的发展最终会让人类走向自我毁灭。从逻辑分析的角度来看，道德相对主义必然陷入逻辑上的自相矛盾状态。从道德实践后果评价的角度来看，如果我们认同道德相对主义，那么对于人类社会中一些错误和危险的行为，我们将失去批评和谴责的根据。道德相对主义必然导致人们失去行为的指南，最终人们不知道何去何从。

在本书的第六章，笔者尝试着构建一套理论以解决道德相对主义的问题。如果我们认为道德相对主义是错误的，那么我们就需要在理论上证明：在当代我们仍然能够以一定的方式达成道德共识。第六章是整本书中建构性的部分，也是整本书的核心部分。在这一部分，笔者首先阐述什么是道德共识。笔者所说的"道德共识"主要是在一个确定的时间和空间范围内，人们能够共同认可对某一确定范围内道德规范和道德评价的标准。这样一种共同认可意味着人们关于行为对错的判断能够在很大程度上达成共识。也就是说，在一定的时空范围之内，人们对一个行为的对错是可以进行理性判断和理性评价的。其次，对当代道德哲学家们所归纳的达成道德共识的可能途径进行了简单的归纳和概括。笔者主要选取了当代最有影响的五位道德哲学家在寻求道德共识方面所做的努力。这五位道德哲学家所做的探索分别是：理查德·黑尔的普遍约定主义；约翰·罗尔斯的重叠共识；阿拉斯戴尔·麦金太尔的德行伦理学；尤尔根·哈贝马斯的商谈伦理学；孔汉思的全球伦理构想。笔者对这五位当代哲学家在寻求道德共识方面所做的探索进行了简单的梳理。最后，笔者尝试着建构一套新的达成道德共识的方法，以此来构成对任何行为进行道德评价的有效途径。笔者所构建的这样一套寻求道德共识的体系或者推理模式主要是在借鉴人类历史上现有的重要的五种伦理学理论基础上形成的。这五种伦理学理论分别是：功利主义、道义论、契约论、德行伦理学以及宗教伦理。笔者在构建新的道德推理模式的时候将这些理论与其背后的理论基础和形而上学假设分离开来。笔者在构建理论的过程中，将道德理解为人行为的规范，也就是说，人应该如何去行动的一些要求。这样一来，笔者考虑的核心要素是一个"道德行为"。笔者在这里所说的"道德行为"主要是涉及价值评判的行为，对于不涉及价值评判或者跟价值评判没有任何关系的行为并不在笔者所考察的范围之内。对于一个"道德行为"，从横向的角度来说，可以分为三个要素，即行为前、行为后和行为者；从纵向的角度来说，一个"道德行为"要考虑的是底线和无限超拔的问题。这样我们就可以从五个不同的角度出发来对一个行为的道德正确性进行衡量。笔者在此基础上形成了五条道德原则，这五条道德原则分别是：第一，行为前应该出于善意，不能出于恶意，"己所不欲，勿施于人"。第二，行为者应该立足于自我和社群的完善和繁荣来做事，不能立足于自我和社群的堕落和毁灭来做事。第三，行为者在做事的过程中应该按照一个社会所认同的德行来行动，不能违反其所生活社会中大家共同遵守的德行。第四，行为者在做事的过程中应该遵守最起码的道德底线，不能违背最低限度的道德标准。第五，行为者在做事的过程中应该对于超验的维度有所敬畏，不断提升自己。当然，这些理论的基本思想都在人类历史上被不同的思想家所表达过。笔者所做的创新主要是将这几种不同的理论结合起来用以判断行为的道德正确性。这种结合主要是通过对行为的不同方面的分析来做到的。对于上述五条不同的道德原则，笔者可以进一步凝练为以下的一句话：如果一个行为在道德上是正确的，那么这个行为必须不能突破道德底线，出于善意，产生了好的结果，并且行为者是一个具有德行的人，不断提升自己的道德修养和精神境界。对于笔者所设计的这一道德推理模式，笔者设想了有可能面临的六个问题或者六个挑战，笔者简单地对这六个问题进行了回答。笔者相信，利用这样的道德推理模式，我们在今天能够找到一条达成道德共识的有效途径，从而在根本上解决道德相对主义的问题。对于很多行为来说，并不是无关对错，而是在对错上面有着明显的界限。只要我们诉诸这样的道德推理模式，我们就能够很好地评价一个行为的对错。

　　以上内容就是笔者在第一章到第六章中所做的基本工作以及所得出的一些基本结论。笔者在第七章中对前面的工作进行了必要的总结和概括。通过这一章的总结和概括，读者可以很好地了解笔者在这一研究中所做的努力和所进行的探究。

当然，虽然笔者认为自己所构建的这一道德推理模式能够在现代社会很好地寻求道德共识，但是笔者对现代社会的现状也非常清楚。在当今社会，价值多元将是一个无法回避的现实，价值的分裂与冲突也不会那么容易被解决。变革将是我们这个时代的主旋律，科学技术的发展也在不断地改变着人们的生活方式。判断一个行为究竟是正确的还是错误的，仍然需要人们去寻找答案，因为世界在不断发生变化，人们关于世界的认识也在不断发生变化，人们关于人到底该如何生活的认识也没有理由不发生变化。即使按照笔者所构建的道德推理模式，也未必能让所有的读者都能在某一个问题上达成道德共识。笔者所进行的探索也并非要让所有人在所有问题上都采取同样的看法。道德作为人类文化生活中最为重要的一部分，不仅有理性和理论的部分，还有一些文化传统的部分，当然还有一些立场的问题。不同的人站在不同的立场上，在很多时候会对同一个问题得出不同的答案。笔者期望，不管社会发生什么样的变革，不管在将来会出现什么样的新鲜事物，人们都能够更理性地判断一个行为的对错，能够更理性地评估新鲜事物的利弊，能够让人类的文明不断走向繁荣昌盛。

在党的十九大报告中，关于社会主要矛盾的表述发生了非常大的变化。党的十九大报告强调，"中国特色社会主义进入新时代，我国社会主要矛盾已经转化为人民日益增长的美好生活需要和不平衡不充分的发展之间的矛盾"。从新中国建立之后到现在，关于当前社会主要矛盾的论述有多次变化。从对这些社会主要矛盾不同的论述中，我们可以看到，我们的社会在不断发生变化，我们的行为也要与时俱进，不断地根据时代的变化对我们的行为进行必要的调整。伦理学作为一门古老的学科，其出发点恰恰就是对于"美好生活"的反思。每个人都希望自己能够过上"美好生活"，但是，因为很多人对于"美好生活"的误解，导致他们的所作所为经常与"美好生活"背道而驰。伦理学一直以来都希望告诉大家，到底什么样的生活才是"好的"生活，人到底该如何行动才是"正确"的行动，才能过上"美好生活"。伦理学立足于对行为的"规范"找到通达"美好生活"的路径。因为时代在不断变化，人们关于"美好生活"的领悟以及通达"美好生活"的规范都在不断发生变化，这个也是毫无疑问的事实。但是，我们不能因为这些变化而否认人们在寻求"好坏""对错"的行为边界，我们不能因为这些变化而强调无所谓道德上的"好坏"或"对错"。

　　不管在什么样的时代，我们都需要对"好坏"和"对错"这些根本性的问题进行回答，而这样的工作恰恰是伦理学重要的使命。当社会无法在"善恶""对错""好坏"之间做出明确区分的时候，这个社会往往就会陷入混乱、分裂和动荡之中。在今天这个价值多元的时代，我们更迫切地想得到关于行为"对错"与"好坏"的答案，而这也恰恰就是笔者在这一研究中所一直要努力去寻找的。笔者希望通过自己的研究重新在这个时代找到回答行为"善恶""对错""好坏"的可靠答案，重新给人们在道德上行为的正确性奠定基础，让人们在变化多端的现代社会重新找到安身立命的依据，知道什么是"正确"的行为，到底如何判断一个行为在道德上的正确性。在这条探索的道路上，笔者找到了很多同道中人，也深知探索未知道路的艰辛。建构新的道德哲学理论并不是一件容易的事情，希望笔者的这一探索能够得到各位专家学者的批评和指正，进而不断完善这一理论。笔者希望这一理论能够很好地回应我们在现实生活中所面临的各种道德难题和道德困境。当今社会的道德难题与道德困境恰恰给伦理学从业者提供了努力的路标。希望在这些难题与困境的压迫之下，我们能够克服各种困难和挑战，找到通向"美好生活"的正确道路。

参考文献

英文参考文献

［1］ MARK MURPHY. Alasdair MacIntyre. Cambridge： Cambridge University Press，2003.

［2］ ALLAN BLOOM. The Closing of the American Mind： How Higher Education Has Failed Democracy and Impoverished the Souls of Today's Students. New York： Simon and Schuster，1987.

［3］ DAVID B WONG. Moral Relativism // EDWARD CRAIG. Routledge Encyclopedia of Philosophy，London： Routledge，1998（6）.

［4］ DAVID B WONG. Moral Relativity. Berkeley： University of California Press，1986.

［5］ DAVID B WONG. Natural Moralities： A Defense of Pluralistic Relativism. Oxford： Oxford University Press，2006.

［6］ ELIZABATH DEEDS ERMARTH. Postmodernism // EDWARD CRAIG. Routledge Encyclopedia of Philosophy. London： Routledge，1998（7）： 587-590.

［7］ FRANCIS J BECKWITH, GREGORY KOUKL. Relativism: Feet Firmly Planted in Mid-air. Grand Rapids: Baker Books, 1998.

［8］ FRIEDRICH NIETZSCHE. On the Genealogy of Morality. Cambridge: Cambridge University Press, 1994.

［9］ G E M. ANSECOMBE. Modern Moral Philosophy// The Collected Philosophical Papers of G.E.M. Anscombe, iii. Ethics, Religious and Politics. Oxford: Basil Blackwell, 1981: 26–44.

［10］ PAUL K MOSER, THOMAS L CARSON. Moral Relativism: A Reader. New York: Oxford University Press, 2001.

［11］ GILBERT HARMAN, JUDITH J THOMSON. Moral Relativism and Moral Objectivity. Massachusetts: Blackwell Publisher Inc, 1996.

［12］ JACK W MEILAND, MICHAEL KRAUSZ. Relativism: Cognitive and Moral. Notre Dame: University of Notre Dame Press, 1982.

［13］ JAMES E BAYLEY. Aspects of Relativism. New York & London: University Press of America, 1992.

［14］ JEAN PORTER. Tradition in the Recent Work of Alasdair MacIntyre. Cambridge: Cambridge University Press, 2003.

［15］ JOHN RAWLS. Political Liberalism. New York: Columbia University Press, 1996.

［16］ JONATHAN DANCY. Moral Realism // EDWARD CRAIG. Routledge Encyclopedia of Philosophy. London: Routledge, 1998 （6）: 534–539.

［17］ A R LACEY. A Dictionary of Philosophy. London: Routledge, 1986.

［18］ MARK T TELSON. Moral Skepticism // EDWARD CRAIG. Routledge Encyclopedia of Philosophy. London: Routledge, 1998 （6）: 542.

［19］ NORMAN L GEISLER, FRANK TUREK. I Don't Have Enough Faith to Be an Atheist. Wheaton: Cross way, 2004.

［20］ PETER KREEFT. A Refutation of Moral Relativism. San Francisco：Ignatius Press，1999.

［21］ROSALIND HURSTHOUSE. On Virtue Ethics. New York：Oxford University Press，1999.

［22］RUTH BENEDICT. Anthropology and the Abnormal. The Journal of General Psychology，1934（10）：73.

［23］PAUL K MOSER，THOMAS L CARSON. Moral Relativism：A Reader. New York：Oxford University Press，2001.

［24］TIMOTHY MOSTELLER. Relativism in Contemporary America Philosophy. New York：Continuum，2006.

［25］TOM L BEAUCHAMP. Philosophical Ethics：An Introduction to Moral Philosophy. New York：McGraw-Hill Company，1982.

［26］WILLIAM G SUMNER. Folkways. Boston：Ginn & Co，1906.

中文参考文献

［1］E.策勒尔.古希腊哲学史纲.翁绍军，译.济南：山东人民出版社，1992.

［2］阿拉斯代尔·麦金太尔.伦理学简史.龚群，译.北京：商务印书馆，2003.

［3］阿拉斯戴尔·麦金太尔.追寻美德：伦理理论研究.宋继杰，译.南京：译林出版社，2003.

［4］艾伦·布卢姆.美国精神的封闭.战旭英，译.冯克利，校.南京：译林出版社，2011.

［5］白文君.试论道德共识的可能性.长沙：湖南师范大学，2003.

［6］柏拉图.柏拉图全集（二）.王晓朝，译.北京：人民出版社，2003.

［7］保罗·法伊尔阿本德.自由社会中的科学.兰征，译.上海：上海译文出版社，1990.

［8］北京大学哲学系外国哲学史教研室.古希腊罗马哲学.北京：商务印书馆，1961.

［9］北京大学哲学系外国哲学史教研室.西方哲学原著选读：上卷. 北京：商务印书馆，1981.

［10］蔡元培.中国伦理学史.北京：商务印书馆，2000.

［11］查尔斯·狄更斯.双城记.石永礼，赵文娟，译.北京：人民文学出版社，2004.

［12］查尔斯·泰勒.本真性的伦理学.程炼，译.上海：上海三联书店，2019.

［13］常春兰.科学哲学中的相对主义及其超越.济南：山东大学出版社，2010.

［14］陈晓平".是—应该"问题及其解答.现代哲学，2002（3）：92-102.

［15］陈真.从约定主义到相对主义——评哈曼的道德相对主义.南京师大学报，2012，3（2）：26-35.

［16］陈真.道德相对主义与道德的客观性.学术月刊，2008（12）：40-50.

［17］陈真.苏格拉底真的认为"美德即知识"吗？.伦理学研究，2006（4）：47-53.

［18］程炼.伦理学导论.北京：北京大学出版社，2008.

［19］池田大作，威尔逊.社会与宗教.梁鸿飞，王建，译.成都：四川人民出版社，1996.

［20］大卫·莱昂.后现代性.郭为佳，译.长春：吉林人民出版社，2004.

［21］恩斯特·卡西尔.人论.甘阳，译.上海：上海译文出版社，1985.

［22］樊浩，等.中国伦理道德报告.北京：中国社会科学出版社，2012.

［23］方朝辉".中学"与"西学"——重新解读现代中国学术史.保定：河北大学出版社，2002.

［24］冯友兰.中国哲学史：上.上海：华东师范大学出版社，2000.

［25］弗朗西斯·福山.大分裂：人类本性与社会秩序的重建.刘榜离，王胜利，译.北京：中国社会科学出版社，2002.

［26］盖尔纳.相对主义与共相.杨富斌，译.哲学译丛，2000（1）：15-26.

［27］甘绍平.道德共识的形成机制.哲学动态，2002（8）：26-28；45.

［28］高兆明.制度公正论：变革时期道德失范研究.上海：上海文艺出版社，2001.

［29］龚群.道德乌托邦的重构——哈贝马斯交往伦理思想研究.北京：商务印书馆，2003.

［30］哈贝马斯.商谈伦理——问题与回答//哈贝马斯.对话伦理学与真理的问题.沈清楷，译.北京：中国人民大学出版社，2005.

［31］哈贝马斯.后形而上学思想.曹卫东，付德根，译.南京：译林出版社，2001.

［32］哈贝马斯.交往行动理论（第一卷）——行动的合理性和社会合理化.洪佩郁，蔺青，译.重庆：重庆出版社，1994.

［33］海德格尔.技术的追问//海德格尔.演讲与论文集.孙周兴，译.北京：生活·读书·新知三联书店，2005.

［34］韩东屏.实然·应然·可然——关于休谟问题的一种新思考.江汉论坛，2003（11）：57-62.

［35］汉斯·昆.世界伦理构想.周艺，译.北京：生活·读书·新知三联书店，2002.

［36］何怀宏.底线伦理.沈阳：辽宁人民出版社，1998.

［37］何怀宏.什么是伦理学.北京：北京大学出版社，2002.

［38］贺来.道德共识与现代社会的命运.哲学研究，2001（5）：24-30.

［39］黑格尔.哲学史讲演录：第三卷.贺麟，王太庆，译.北京：商务印书馆，1959.

［40］洪谦.西方现代资产阶级哲学论著选辑.北京：商务印书馆，

1964.

[41] 胡志刚.价值相对主义探微.上海：上海世纪出版集团，2012.

[42] 华民.公共经济学.北京：机械工业出版社，2007.

[43] 杰哈德·泽查.道德相对主义批判.张国杰，漆思，译.哲学基础理论研究，2008（1）：237-245.

[44] 康德.答复这个问题："什么是启蒙运动？"//康德.历史理性批判文集.北京：商务印书馆，1991.

[45] 康德.道德形而上学原理.苗力田，译.上海：上海世纪出版集团，2005.

[46] 柯杨.有限的相对主义：论音乐的价值、质量及其评价.北京：中央音乐学院出版社，2014.

[47] 孔汉思，库舍尔.走向全球伦理宣言//孔汉思，库舍尔.全球伦理：世界宗教议会宣言.何光沪，译.成都：四川人民出版社，1997。

[48] 李义天.当代美德伦理学研究：关于伦理多样性的论证与辩护.北京：清华大学，2006.

[49] 李义天.美德伦理学与道德多样性.北京：中央编译出版社，2012.

[50] 理查德·J.伯恩斯坦.超越客观主义与相对主义.郭小平，康兴平，赵仁方，等译.北京：光明日报出版社，1992.

[51] 理查德·黑尔.道德思维.黄慧英，方子华，译.台北：远流出版事业股份有限公司，1991.

[52] 理查德·黑尔.道德语言.万俊人，译.北京：商务印书馆，1999.

[53] 刘峰.道德共识何以达成——哈贝马斯的商谈伦理及其现实道路.武汉科技大学学报，2011（6）：643-647.

[54] 刘隽.怪异的道德："休谟问题"的缘起研究.北京：中国大百科全书出版社，2013.

[55] 刘森林.虚无主义与马克思：一个再思考.马克思主义与现实，2010（3）：16-25.

［56］卢风.道德相对主义与逻辑主义.社会科学，2010（5）：108-114；190.

［57］卢梭.论科学与艺术.何兆武，译.北京：商务印书馆，1963.

［58］露丝·本尼迪克特.文化模式.王炜，等译.北京：社会科学文献出版社，2009.

［59］约翰·罗尔斯.正义论.何怀宏，何包钢，廖申白，译.北京：中国社会科学出版社，1998.

［60］约翰·罗尔斯.作为公平的正义——正义新论.姚大志，译.上海：上海三联书店，2002.

［61］罗国杰.伦理学.修订本.北京：人民出版社，2014.

［62］洛克.人类理解论：上册.关文运，译.北京：商务印书馆，1959.

［63］马克思，恩格斯.马克思恩格斯选集：第2卷.北京：人民出版社，1995.

［64］马克思，恩格斯.马克思恩格斯选集：第4卷.北京：人民出版社，1995.

［65］马克斯·韦伯.学术与政治.冯克利，译.北京：生活·读书·新知三联书店，1998.

［66］蒙田.我不想树立雕像.梁宗岱，黄建华，译.北京：光明日报出版社，2001.

［67］摩尔.伦理学原理.长河，译.北京：商务印书馆，1987.

［68］莫里斯·曼德尔鲍姆.历史知识问题：对相对主义的答复.涂纪亮，译.北京：北京大学出版社，2012.

［69］尼采.查拉图斯特拉如是说.孙周兴，译.北京：商务印书馆，2010.

［70］尼采.论道德的谱系.周红，译.北京：生活·读书·新知三联书店，1992.

［71］尼采.论道德的谱系·善恶之彼岸.谢地坤，宋祖良，刘桂环，译.桂林：漓江出版社，2000.

［72］聂文军.西方伦理相对主义探析.北京：中国社会科学出版社，2011.

［73］齐格蒙特·鲍曼.后现代伦理学.张成岗，译.南京：江苏人民出版社，2003.

［74］乔格蒙·鲍曼.生活在碎片之中——论后现代道德.郁建兴，周俊，周莹，译.上海：学林出版社，2002.

［75］让-保罗·萨特.存在主义是一种人道主义.周煦良，汤永宽，译.上海：上海译文出版社，1988.

［76］圣凯.佛教伦理：一种全球伦理资源的意义.北京行政学院学报，2004（3）：83-87.

［77］史蒂文·卢克斯.道德相对主义.陈锐，译.北京：中国法制出版社，2013.

［78］叔本华.伦理学的两个基本问题.任立，孟庆时，译.北京：商务印书馆，1996.

［79］叔本华.作为意志和表象的世界.石冲白，译.北京：商务印书馆，1982.

［80］孙春晨.2012"最美现象"：超越道德相对主义.人民论坛，2013（3）：40-41.

［81］孙春晨.道德相对主义及其危害.中国社会科学网，2017-09-29.

［82］孙春晨.文化保守主义与道德相对主义.人民论坛，2011（1）：32-35.

［83］孙伟平.事实与价值：休谟问题及其解决尝试.北京：社会科学文献出版社，2016.

［84］汤姆·彼彻姆.哲学的伦理学——道德哲学引论.雷克勤，郭夏娟，李兰芬，等译.北京：中国社会科学出版社，1990.

［85］万俊人.道德谱系与知识镜像.读书，2004（4）：99-100.

［86］万俊人.关于美德伦理学研究的几个理论问题.道德与文明，2008（3）：17-26.

［87］万俊人.美德伦理的现代意义——以麦金太尔的美德理论为中心.社会科学战线，2008（5）：225-235.

［88］万俊人.普世伦理如何可能.现代哲学，2002（1）：37-46.

［89］万俊人.儒家美德伦理及其与麦金太尔之亚里士多德主义的视差.中国学术，2001（2）：151-181.

［90］万俊人.现代西方伦理学史：上卷.北京：中国人民大学出版社，2011.

［91］万俊人.现代西方伦理学史：下卷.北京：中国人民大学出版社，2011.

［92］万俊人.寻求普世伦理.北京：商务印书馆，2002.

［93］王桂娟.道德相对主义的困境及其道德共识的重建.长春：吉林大学，2005.

［94］王路."是"与"真"——形而上学的基石.北京：人民出版社，2003.

［95］王艳秀.道德客观性及其限度——后形而上学时代的良善生活问题研究.长春：吉林大学，2008.

［96］王艳秀.论道德共识及其认知内涵.江西社会科学，2007（7）：55-58.

［97］魏磊.中国人的人格——从传统到现代.贵阳：贵州人民出版社，1988.

［98］温克勤.略谈道德相对主义.道德与文明，2005（5）：8-10.

［99］文德尔班.哲学史教程：上卷.罗达仁，译.北京：商务印书馆，1996.

［100］希拉里·普特南.事实与价值二分法的崩溃.应奇，译.北京：东方出版社，2006.

［101］休谟.人性论.关文运，译.北京：商务印书馆，1980.

［102］徐向东.自我、他人与道德——道德哲学导论.北京：商务印书馆，2007.

［103］亚里士多德.尼各马可伦理学.廖申白，译.北京：商务印书

馆，2003.

[104] 约翰·L.麦凯.伦理学：发明对与错.丁三东，译.上海：上海译文出版社，2007.

[105] 约翰·穆勒.功利主义.徐大建，译.上海：上海人民出版社，2008.

[106] 翟振明.为何全球伦理不是普遍伦理.世界哲学，2003（3）：106-110.

[107] 詹姆斯·雷切尔斯.道德的理由.杨宗元，译.北京：中国人民大学出版社，2009.

[108] 张东荪.哲学是什么？哲学家应该做什么？——四月五日在北京大学讲演//张东荪.科学与哲学.北京：商务印书馆，2003.

[109] 张华夏.现代科学与伦理世界——道德哲学的探索与反思.第二版.北京：中国人民大学出版社，2010.

[110] 张向东.哈贝马斯商谈伦理中道德共识的形成逻辑.道德与文明，2009（4）：72-74.

[111] 张言亮，陈瑾.麦金太尔对情感主义的批评.科学·经济·社会，2006（4）：78-81.

[112] 张言亮，陈瑾.信仰缺失之维下的道德失范.甘肃社会科学，2013（3）：50-52.

[113] 张言亮，卢风.道德相对主义的界标.道德与文明，2009（1）：26-29.

[114] 张言亮.基于真理、传统与德行的道德探究——试论麦金太尔为何不是一位道德相对主义者.甘肃社会科学，2015（3）：6-9.

[115] 张言亮.麦金太尔追寻美德筹划与道德相对主义之争.兰州：兰州大学出版社，2016.

[116] 张言亮.浅析道德相对主义在现代社会愈演愈烈的原因.科学·经济·社会，2011（1）：101-104.

[117] 张言亮.张言亮与麦金太尔教授就道德相对主义问题的对话.哲学与文化月刊，2010（10）：177-192.

［118］章国峰.哈贝马斯访谈录.外国文学评论，2000（1）：27-32.

［119］赵敦华.也谈"全球伦理"，兼论宗教比较的方法论——从孔汉思的《全球责任》谈起.哲学研究，1997（12）：12-20.

［120］周辅成.西方伦理学名著选辑：上卷.北京：商务印书馆，1964.

［121］庄子.庄子.孙海通，译注.中华书局，2007.

后　记

　　本书是我主持的国家社科基金青年项目"道德相对主义的挑战与克服"（项目编号12CZX061）的结项成果。对于道德相对主义这一在现代社会流传甚广的思潮，我一直以来都在想怎样从理论上解决这一问题。从2003年在清华大学读伦理学的研究生以来，我都在想如何在现代社会为伦理学的客观性寻找更坚实的基础。这一项目从立项到结项，一共用了7年时间。虽然我在这一项目的写作过程中，尝试着为解决道德相对主义提供一套行之有效的方案，但是从结项的效果来说（本项目结项最终结果为合格），我所设想的这一解决方案似乎并没有完全说服评审专家。我曾经将我所设想的方案在一些学术会议上宣读过，也请朋友帮我提了一些批评意见，也曾经将我的这一方案给一些学术杂志投稿。从这些渠道所得到的反馈来看，我所提到的那一解决道德相对主义的道德推理模型似乎还有待进一步完善。简单来说，我所设想的那一道德推理模式是将伦理学历史上一些重要的伦理学理论以一种创造性的方式进行重组，对道德行为的不同维度进行综合的考察，通过这样一种考虑道德行为的不同层次和先后顺序来对一个行为进行道德评价。希望人们通过这样的方式能够对什么是道德的行为达成一定程度的共识。虽然我的希望是美好的，但是结果却是残酷的。在解决道德相对主义、达成道德共识、重建道德客观性的道路上，我仍然需要继续求索。

这一书稿的顺利完成离不开亲人朋友的关心和支持。兰州大学哲学社会学院是我本科就读的学院，在这个地方我留下了人生中很多非常美好的回忆。从清华大学哲学系博士毕业以后，我又来到了兰州大学哲学社会学院工作。感谢兰州大学哲学社会学院诸位领导和同事所给予我的信任与支持，让我能够在这个地方安心从事伦理学的教学与研究工作。感谢我的家人给我工作的支持和帮助，特别是我的妻子陈瑾女士。为了能够让我有更多的时间从事教学与研究的工作，她为我们的家庭付出了更多的时间和精力。2020 年 2 月 23 日，一个新的生命来到我们身边。为了能够让我们的工作不受到太多的影响，我的父母克服各种困难从老家来到兰州帮我们带孩子。父母不仅给了我生命，而且为了我的成长一直在不断地付出和牺牲。感谢我的研究生唐虎、范心悦、李景全、王红娟、刘今等同学为这部书稿的出版所做的校对工作。感谢兰州大学中央高校基本科研业务费、重点研究基地建设专项中国农业伦理前沿问题研究（2024jbkyjd011）的支持。感谢"兰州大学哲学社会科学文库"对本书出版的支持。

由于笔者的学术视野、知识结构、写作能力有限，这一书稿还有很多需要完善之处，恳请各位专家批评指正。正如我经常跟我的学生们所说的那样，学术批评是学者的福报。希望各位专家学者的批评能够让我在探索道德客观性的道路上得到更多的启发。

张言亮

2024 年 5 月 14 日